批判理性主義×正視自然本質，重新詮釋《啟示錄》，一部關於人類浩劫的預言

末日啟示錄

D. H. Lawrence
大衛・赫伯特・勞倫斯 著

程悅 譯

大衛・赫伯特・勞倫斯
論「天啟」

Apocalypse

當「殉道者」的統治時期結束，偉大的「末日」就會降臨，
整個「宇宙」終不復存在，上帝將進行「最後的審判」。

離經叛道的英國作家勞倫斯，大膽批判僵化的歐洲基督教
——「思想」尚未形成的時候，
人類一點也不愚蠢！

目錄

譯者序

　　《生命的啟示錄》（原書名是「*Apocalypse*」）是英國作家大衛・赫伯特・勞倫斯生前寫的最後一部書。在這部書裡，勞倫斯對《新約》中的《啟示錄》進行了顛覆性解讀，並以此為切入點，深刻分析了西方文明危機的根源，進而提出了他獨特的哲學思想，即生命哲學思想。這部書凝結了他一生的思考，可以成為解讀他所有文學作品的依據。

　　首先，勞倫斯運用豐富的歷史知識，把《啟示錄》還原到具體的歷史背景中去，分析這部書的成書過程，論證其內容與思想的歷史相對性，從而有力地解構了基督教正統教義的絕對性。

　　其次，勞倫斯運用精神分析理論，從《啟示錄》的文本中分析出基督教教徒集體無意識的形成過程與演變過程，並在基本史實的基礎上展開生動的想像，把耶穌、聖約翰恢復成為真實可感的歷史人物，為其思想觀點找到了人性的依據，從而消解了基督教教義的神祕感，讓讀者領悟基督教的真正價值所在，以及近現代的基督教對人性的壓抑與戕害。

　　第三，勞倫斯對西方的理性主義傳統展開了深刻的批判。在這個批判過程中，勞倫斯同樣運用了豐富的歷史知識與精神分析理論，揭示出以理性主義為根基的西方文明扼殺了人的內在活力，產生了機械性的社會結構與文化結構，把

人變成了冷漠而野蠻的「活死人」，最終必然導致全人類的徹底毀滅。

而這一點正是原書名「*Apocalypse*」（即「天啟」）的寓意所在。所謂「天啟」，是指一種宗教題材，透過描述世界末日的災難來警示世人。在這部書裡，勞倫斯指出了西方文明的危機，預言人類將面臨可怕的自我毀滅，以此來警醒世人，希望每個人都認真反思社會，反思人類文明，反思自我，並努力做出積極的改變，以實現自我的拯救乃至全人類的拯救。

第四，勞倫斯在這部書裡提出了自己的哲學思想，即生命哲學思想。他認為，人的本質是生命，宇宙萬物的本質也是生命；生命的基本特點是動態、生成與有機；而生命的對立面則是靜態、絕對與機械；他以此為根本出發點，指出了人性的本質、社會文化的本質、宗教的本質，以及人與自我、與他人、與社會、與大自然的本真關係，分析了人類心靈的演變過程，提出了健全人性應該具有的特點，以及健全社會應該具有的特點。

總之，這部書貌似為顛覆性解讀《新約啟示錄》而作，其實是在揭示西方文明的演化歷程以及西方人的心路歷程。勞倫斯的最終目的是讓世人意識到，人類在「進步」與「文明」的假象中早已經誤入歧途，可怕的危機迫在眼前。他希望人們溯本求源，在前基督教時代的異教文化中汲取靈感，

希望人們能夠認知到人以及宇宙萬物的本質是生命，並以敬畏生命、回歸生命的態度重新構建自己的身心、重新創造社會文明。

另外，需要格外指出的是，這部書語言生動優美、富於激情，充滿了恢弘壯闊、氣勢磅礴的想像，哲學思考新穎獨到、發人深省，精神分析理論運用得精妙合理。而且這部書具有一種全景式的開闊視野，其話題涉及了心理學、宗教學、歷史學、社會學、語言學、文藝學、政治學等多個領域。這部書足以證明，勞倫斯不僅是一位傑出的文學家，還是一位具有文化人類學視野的哲學家。

程悅

評約翰‧歐曼博士的《論啟示錄》

　　《天啟》[001] 是一部內容奇特且含義玄奧的書，需要有人為此做出嚴謹的考證與解讀。約翰‧歐曼博士[002] 已經開始重新編排這部書裡各章節的順序，以使這部書更加清晰易懂。他認為，《天啟》的核心內容是真偽宗教之間的抗爭，這個觀點成為他重新確定各章節順序的依據。所謂偽宗教，就是指「野蠻的世界帝國」[003] 的國教。一般來說，世界歷史中的所謂重大事件只不過是一些表象，其深處通常隱藏著更為重大而神祕的事件，而這些隱藏在歷史深處的事件完全是依照神的旨意發生的。《天啟》這部書就是用象徵符號向世人展現了一個具有雙重意義的事件，這個事件既意味著「世界帝國」的傾覆與「世界文明」的土崩瓦解，同時也展現了人逐漸取代神的過程。

　　經過歐曼博士的重新編排以及詳細闡述，《天啟》不再

---

[001] 此處指《新約》的最後一部分《啟示錄》。這部書描述了世界末日的情景。此外，在歷史上曾有很多宗教作家（包括基督教的與其他宗教的作家）以先知的身分預言世界末日，這類作家被稱為「天啟作家」，而這類書籍則通常被稱為「天啟文學」。《新約》中的《啟示錄》也屬於「天啟文學」。在本書中，勞倫斯會因觀點與論述角度的變化，時而稱這部書為《天啟》(*Apocalypse*)，時而稱這部書為《啟示錄》(*Revelation*)。譯者在譯文中保留了原文的這一特點。

[002] 約翰‧歐曼 (John Oman, 1860-1939)，蘇格蘭神學家。其主要觀點是，認為上帝的意圖並不是限制人類的自由，而是創造人類的自由，並賦予人類以創造力與責任感。

[003] 這是《啟示錄》中對巴比倫國的隱喻，《啟示錄》預言了強大的巴比倫國的傾覆，以此影射羅馬帝國必將覆滅。

像從前那樣晦澀難懂，其中的主旨一定能為我們所接受。約翰[004]對當時的社會文明表現出強烈的甚至是難以解釋的仇恨。他的仇恨之所以如此強烈，唯一原因就在於，他深深地知道，社會文明吸乾了人類的生命力。時至今日，約翰的仇恨再次激起了人類靈魂的回應。約翰懷著極大的憤慨，創造性地為《舊約》中的四位先知[005]賦予全新的象徵意義，使人們讀過之後感到如釋重負，擺脫了狹隘的現代理性的禁錮，恍然醒悟世界與人生原來是如此真實而鮮活。[006]

但是我們相信，歐曼博士對《天啟》的闡釋並非徹底而詳盡，尚有進一步深入探討的餘地。這是因為，一切象徵符號的意義都是無限豐富的，永遠解釋不盡。象徵符號不是理性思維的產物，其含義無法為理性思維所窮盡。

「天啟」類著作通常具有非常豐富的意義，應該在多個層面上解讀，而這也是天啟作家們在寫作時故意而為之的。應「上帝之言」，「世界帝國」[007]土崩瓦解 —— 這只是《天啟》的表層意思[008]。或許，僅僅停留在這個層面上解讀《天啟》會讓人感到簡單而輕鬆，但是這與《天啟》的真實含義相去甚遠。

有人認為，除「世界帝國」的傾覆與「上帝之言」的勝

---

[004] 即約翰‧歐曼博士。

[005] 《舊約》中的四位先知是：以賽亞、耶利米、以西結、但以理。

[006] 這段是對歐曼博士的觀點的概括，並非勞倫斯本人對《啟示錄》的理解。

[007] 指巴比倫國，影射羅馬帝國。

[008] 這是基督教對《啟示錄》這部書的正統解釋。

利之外，《啟示錄》中還記載了另外一個重大事件，甚至記載了很多同時發生的重大事件。令我們感到費解的是，歐曼博士為什麼要反對這樣的觀點呢？我們很愉快地接受了歐曼博士對於《啟示錄》中出現的兩個「婦人」與那些「怪獸」的解釋，但是他為什麼那麼排斥星相學角度的解釋呢？那些象徵符號為什麼不可能具有星相學方面的含義呢？而且這個重大事件為什麼不可以被解讀為宇宙背景下的人[009]所發生的重大事件，而對這個事件的描述則是以星辰為參照？

　　事實上，古老的象徵符號通常具有豐富的含義，而我們卻常常只知其一不知其二。我們對《新約》中的《啟示錄》其實也只是似懂非懂。但也正因為如此，這部書才具有永不衰減的魅力。

大衛・赫伯特・勞倫斯

---

[009]　這裡的意思是說人自身發生了重大變化。所謂「宇宙背景下的人」，勞倫斯會在後面仔細闡述其含義。

為弗雷德里克・卡特所著的 《〈天啟〉中的龍》寫的序言

　　很多年前，弗雷德里克・卡特[010]第一次把《〈天啟〉中的龍》[011]的手稿寄給了我。我記得當時我住在墨西哥的查帕拉。村裡的郵政所長派人通知我到郵局去。來的人說，能否請尊敬的「先生」[012]去郵局一趟？於是我就去了。那是四月的一個早晨，陽光灼熱，當地位於北半球的熱帶地區。郵政所長是墨西哥人，皮膚黝黑，身材肥胖，蓄著小鬍子，看上去極為彬彬有禮，但也極為高深莫測。郵局裡有一個包裹——當時我知道有包裹嗎？不，當時我不知道。一番試探性的寒暄之後，包裹當場被打開了：裡面是《龍》的列印稿，字跡嚴重磨損，裡面夾著卡特製作的幾幅線雕版畫，大多是星相學方面的內容。郵政所長小心翼翼地擺弄著這些玩意，不停地問：這是什麼，這是什麼？我回答說，這是一部書，是一部書的手稿，用英語寫的。哦，什麼方面的書呢？主要內容是什麼？我努力地解釋，用磕磕絆絆的西班牙語告訴他《龍》的主要內容以及那些線雕版畫的含義。可我的解釋沒發揮多大作用。郵政所長的臉色變得越來越陰沉，越來

---

[010] 弗雷德里克・卡特（Frederick Carter, 1885-1967），油畫畫家、蝕刻畫家。他對占星術與巫術非常感興趣，其藝術風格基本是神祕的象徵主義。勞倫斯對他的思想非常感興趣，他們曾有過面對面的深入探討。

[011] 以下簡稱為《龍》。

[012] 原文是西班牙語。

越警惕。最後他旁敲側擊地問我，是不是關於魔法的？我幾乎連大氣都不敢喘。當時的氣氛簡直就像是在搞宗教審判。我竭力與他周旋，說道：不，這部書講的不是魔法而是魔法史，記錄了歷代魔法師的思想，這些線雕版畫是魔法師們曾經使用過的圖形。—— 哦！這位所長終於放下心來。原來書裡面講的是魔法史！是一部學術著作！這些線雕版畫是魔法師們使用過的圖形！—— 他小心翼翼地用手指觸摸著這些版畫，非常著迷。

然後我步行回到家，頂著炎炎烈日，胳膊下夾著笨重的包裹，來到涼爽的露臺，開始閱讀《龍》的初稿的開頭部分。

當時這部書還不是現在這個樣子。當時這部書裡幾乎全是星相學的內容，缺少清晰的論述，思路混亂，內容蕪雜，且與聖約翰[013]的《啟示錄》沒什麼關係。可我覺得這些都無所謂。書裡的話常常讓我激動得幾乎窒息。時不時的，當我讀到某一頁或某一章，裡面的文字會激起我的想像，讓我感覺自己正置身於一個浩瀚的天宇。這是我第一次踏進如此廣闊的世界，這是我從未有過的體驗，直至今日我都為此而感激不已。如今，我常常回味當時的激動心情：那是在墨西哥，在幽暗蔭涼的露臺上，我突然闖進了古代世界的廣闊天宇，

---

[013] 即《啟示錄》的作者，拔摩島的約翰。人們通常認為這位約翰就是耶穌的十二門徒之一，使徒約翰。但一些近代學者認為拔摩島的約翰並不是使徒約翰，而是另有其人。

那是運行著黃道[014]星座的天宇。

我曾讀過一些天文學方面的書。那些書讓我感受到宇宙的無限空間，幾乎令我頭暈目眩，可我卻感覺自己的心靈在如此廣闊的宇宙空間中一點點地消亡。巨大的空間呈現出可怕的空曠與虛寂，眾多星辰孤獨地垂掛於其中，彼此渺無連繫。人的思想，只有在脫離肉體的情況下，才能不停地探索如此綿延無際的空間。這種無邊無際的空曠並不會讓心靈獲得解脫，這樣的宇宙是一個詭異的東西。科學證明了宇宙空間是沒有盡頭的，我們也感受到了宇宙可怕的無限性，可我們卻因此而隱隱地覺得自己被關進了囚籠。所謂的三維空間其實單調無比，儘管無邊無際，卻只是一個監牢，儘管極為遼闊，卻無法讓心靈獲得自由。

為什麼《龍》這部書能帶給我奇妙的感覺，讓我的心靈獲得自由？我說不清這究竟是怎麼回事。但是不管怎麼說，這部書喚起的是我的完整的想像力，而不是某一種想像力。在天文學的空間中，人只能移動，卻不能「存在」。可是在星相學的天空裡，也就是說，在古老的黃道天宇裡，只要想像力突破了限制，一個身心健全的人就可以獲得自由。這個無論在肉體上還是在精神上都健全的人，漫步於璀璨的星辰

---

[014] 大約在西元前 5 世紀，古巴比倫人首先使用了「黃道帶」這一概念。他們把整個天空想像成一個巨大球體，星體分布在球體的表面，這就是所謂的「天球」。「黃道」是太陽在「天球」上運動的軌跡，黃道兩側的區域就是「黃道帶」。古巴比倫人還按照星座的名稱，把「黃道帶」分為 12 個區域，這就是「黃道 12 宮」。

之中，所有的星星都有自己的名字，他偉岸而豪邁，雙腳踏在 —— 我們真的無法說出他的腳下究竟是什麼地方，但我們知道，他邁步在真正的天空，而不是遊蕩在無所依託的空曠。

《龍》這部書帶給我深刻的體會。進入天文學意義上的宇宙固然令我感到震撼，但是進入星相學意義上的黃道天宇，接觸那些活生生的、運行中的行星，帶給我的卻是另一種完全不同的震撼。這兩種體驗具有截然不同的性質。後一種富於真正的想像力，因而在我看來更為寶貴。這樣的宇宙絕不是已知世界的無限延伸。那樣的無限延伸是可怕的，令人感到毛骨悚然。進入星相學意義上的黃道天宇，意味著進入了另一個世界，一個截然不同的世界，一個用另一種維度來衡量的世界。在這個世界裡，我們感覺原本被囚禁的自我一下子得到了解放。

我們不應該否認自己的真實體驗，這麼做是無比荒謬的。我清楚地記得第一次閱讀現代天文學著作時我對空間產生的感受。那種感覺實在是太可怕了。從那以後，一旦有人提起「無邊無際的空間」這種說法，我就感到深惡痛絕。

可我也清楚地記得，第一次接觸星相學意義上的天宇時，也就是閱讀弗雷德里克・卡特的《龍》時的內心體驗：我感覺自己與浩瀚的宇宙融為一體，星辰遍布，運行不止，玄奧幽深；那絕不是空曠的虛無，而是造化無窮，生生不息。

這才是我更為珍視的體驗。天文學意義上的宇宙只能讓我身心僵死，而星相學意義上的天宇卻是活生生的，讓我的生命變得更加博大，我自己也因之而閃耀出璀璨的光輝，變得宏偉而寬廣。我也如宇宙一樣，是浩瀚無垠的！── 這是多麼美妙的感覺。既然在面對天文學意義上的廣漠宇宙時我並不畏懼自己的渺小，那麼當置身於星相學意義上的天宇時我也絕不懼怕去感受那個輝煌璀璨的自己。

　　但是現在出版的《龍》與我當初在墨西哥讀到的那份手稿並不一樣。這部書變得更加 ── 我們可以這麼說，就是變得更加條理清晰了。然而還是把那部陳舊的手稿還給我吧！我寧可為那部手稿寫一篇序言！我當真提出了這樣的請求。但卡特卻說：不行！因為那部手稿條理不清。

　　什麼叫條理不清？他的意思是說，他當初用來解釋《天啟》的那套古老的星相學理論是條理不清的，他覺得那部手稿的毛病就在於此。但是誰會計較這些呢？我們真的一點也不在乎《天啟》這部著作究竟展現了怎樣的理論觀點，也不在乎《天啟》的含義究竟是什麼。我們在乎的是被激發出來的想像力。當想像力被真正激發出來之後，我們就重新獲得了力量與生機，從而變得更加強壯、更加快樂。那些學術著作無法激發我們的想像力，充其量只是滿足了我們智力方面的需求，而我們的肉體卻仍是一團僵死的疙瘩。然而，當我進入黃道天宇中時，我就感到自己的雙腳一下子變得輕快起

來，步履更加矯健，膝蓋也更加靈活。

倘若《天啟》這部書不能激發我們的想像，不能引領我們進入一個生機勃勃的世界，那麼這部書還有什麼價值呢？歸根結柢，《天啟》這部書的意義究竟在於什麼？對於普通讀者而言，這部書的意義並不大。對於普通學者或者專門研究《聖經》的學者而言，這部書的用意其實是透過生動地描述異象來預言一些重大的事件，比如基督教的衰微，耶穌的第二次降臨，世俗權力的覆滅，尤其是羅馬帝國的滅亡，然後就是千年王國的實現，即基督教的殉道者們將從墳墓裡升起並統治世界一千年；在此之後就是萬物的終結，即最後的審判，靈魂升入天堂；而大地與日月星辰以及整個宇宙將全部消失，只剩下新耶路撒冷。這就是天地間的大結局！

如此解讀《天啟》這部書，倒也還不錯。可問題是，我們對這種陳詞濫調實在太熟悉了，以至於大多數人無法再因之而產生任何想像力。這是對《天啟》的正統解讀，而且很可能這部書的表層意思的確是這樣的，甚至這部書作者的寫作意圖也正是如此。但是那又有什麼關係？這種解讀實在太乏味了。在所有的陳詞濫調中，「新耶路撒冷」這個詞是最迂腐的。這個詞頂多能夠糊弄糊弄世俗裡的那些婆娘們。

但是當我們親自閱讀《啟示錄》，就會立刻感覺到在其深處蘊含著無限豐富的意義。我們從小就熟知的那些異象並沒有因正統釋經者們的解釋而呈現出完整的意義。裡面的很

多詞句令我們終生難忘，比如：「我觀看，見天開了。有一匹白馬！」[015] 那些正統的觀點並沒有把這樣的話完全解釋清楚。即便人們對整部《啟示錄》都做了解釋與評論，可這部書仍散發出一種撲朔迷離的神祕感，時常引起人們的疑問。有時，從書裡隱約浮現出一些非凡的形象。有時，人們莫名地感受到，這些文字所講述的可能是一樁令人無法理解的驚天動地的大事。有時，故事裡出現的各種形象會變得活靈活現，卻又難以言傳，任何詞句都難以窮盡其中的奧妙。

漸漸的，我們明白了，這部書讓我們置身於一個充滿了象徵符號與寓言符號的世界。漸漸的，我們明白了，這部書的意義並不是單一的，而是多重的。不僅如此，這些多重意義之間的關係並不是一個套著另一個，而是彼此矛盾，相互衝突。毫無疑問，《天啟》的最後一位作者使這部書徹底成為基督教寓言，一部通往末日審判與新耶路撒冷的《天路歷程》（*The Pilgrim's Progress*），於是正統的釋經者就可以為這部書做出相當清晰的闡釋。但實際上，《天啟》的內容相當複雜。毫無疑問的是，這部書出自多位作者之手，歷經好幾代人甚至好幾個世紀才最終得以完成。

儘管我們能在《天路歷程》這樣的長篇寓言中找到明確的意義，甚至也能清晰地解讀但丁的著作，但是我們無法在

---

[015] 《新約·啟示錄》，19:11；本書中凡引自《聖經》的句子，本書譯者沒有進行獨立的翻譯，而是直接採用目前在華人中最為通用的和合本《聖經》中的譯文。

《天啟》中找到這樣一個確定的「意義」。《天啟》這部書並不是拔摩島的約翰「創作」的。這部書不是某一個人的作品。《天啟》這部書最初的寫作年代可能是西元前兩個世紀。起初，可能只是一本薄薄的書，其內容是關於異教的儀式，或者是由信奉異教的猶太人寫成的一部充滿象徵意義的「天啟」。這部書可能曾經被很多猶太天啟作者不斷修改，最終落到拔摩島的約翰手裡，他使這部書或多或少地呈現出基督教寓言的性質（這種寓言性質剛剛顯現，尚不明顯）。在他之後，其他人在抄錄這部書時又繼續做了大量修改。

因此，這部書最終呈現出的基督教寓意是後人強加上去的。就如同古希臘時代的宏偉石柱後來被強行放置在西西里島的基督教教堂裡一樣，這部書裡氣勢恢弘的意象也是從早先的某個地方挪用而來的。這些意象不僅僅是寓言符號，更是象徵符號。相比於拔摩島的約翰所處的時代，這些象徵符號產生於一個更加偉大的時代。倘若遵循拔摩島的約翰的思路，對這些象徵符號做寓言式的解讀，那就太膚淺了。既然是偉大的象徵符號，你就不可能為其指定一個明確的「意義」，這就如同你根本無法賦予「貓」一個明確的意義一樣。所有象徵符號都是活生生的、有機的，是構成人類意識的基本單位。你根本無法徹底說清它們的含義。這是因為它們的含義是動態的，並富於情感，靈與肉共同形成的感覺意識，而並非僅僅是思維意識。與此相反，寓言中的意象卻通

常具有非常確定的含義。比如，所謂「瞻前顧後先生」，其含義非常明確。我絕不能容忍你用這種清晰而確定的方式去解釋古羅馬的「兩面神」[016]，因為「兩面神」是一個象徵符號，其含義是完整而豐富的。

我們必須懂得寓言與象徵之間的區別。所謂寓言，是指一種敘事性的描寫，通常借助意象來表達明確的觀點。每個意象都有具體的含義，在表達觀點的過程中成為一個固定的術語，且幾乎總是被用來進行道德說教，因為每一個寓言故事通常都隱含著一個道德說教性的論點。而神話則是描寫性的敘事，雖然也採用意象，但是神話並不是為了表達某個觀點，從來不包含說道德說教的目的，也從不指向一個明確的結論。神話所表達的是人類完整的生活體驗。神話所要實現的目的實在太深邃了，這個目的深深地蘊含在血液與靈魂之中，這是智性的解釋或描述所無法抵達的深度。以克洛諾斯的神話故事為例，我們當然可以採用一種非常簡單的方式來解讀它。我們完全可以非常明確地解釋這個神話的含義，甚至還可以從中得出道德結論。只不過，這樣做的時候，我們看起來很蠢。實際上，流傳至今的克洛諾斯神話是無法解釋的。因為這個神話所描述的是人類靈與肉的深層體驗，這種體驗從未被解釋清楚，也永遠不會被解釋清楚。這種深層體

---

[016] 古羅馬「兩面神」的英文單詞是 Janus，一月分 January 這個單詞就是源於這個神的名字。在傳說中，這個神總是瞻前顧後，既期待新的一年，又留戀已經結束的一年。「瞻前顧後先生」的英文是 Mr. Facing-both-ways。

驗至今仍為人們所感知著、承受著，而且只要人仍舊是人，這種體驗就將永遠被感知、被承受。倘若你非要強行地加以解釋，那麼你將「在無意識中」盲目而愚蠢地被動承受這些神話所表達的體驗，而不是積極地發揮想像力，以健全的方式來理解它。

　　神話中的意象是象徵符號。這些象徵符號並沒有明確的含義，所代表的是人類感覺或者體驗的基本單位。一個複雜的感情體驗就可以對應一個象徵符號。象徵符號的力量就在於它能夠喚醒充滿感情的深層自我，以及那個動態的自我。這種喚醒的作用超越了人類的理解力。人類在漫長歲月裡累積的生活體驗熔鑄在象徵符號裡，依舊生動如初。當我們對象徵符號做出回應時，我們自己也隨之變得生動起來。一個真正富於含義的象徵符號，往往要經歷很多個世紀才能積澱而成：就連十字架、馬蹄鐵[017]或者號角這樣的象徵符號也需經歷漫長而複雜的過程才能形成。沒有人能夠創造象徵符號。人可以利用意象來設立某種標誌。人也可以發明隱喻，或者創造意象本身。但是人無法創造象徵符號。一些意象，在經歷了世世代代的漫長歲月之後，最終沉澱為象徵符號，深深地嵌入人的靈魂之中，只要被觸碰，就會再次煥發出勃

---

[017] 馬蹄鐵的典故出自歌德的《敘事謠詩》中的一個故事，耶穌與門徒在路旁看到一塊馬蹄鐵，耶穌讓彼得撿起來，可是彼得懶得撿，裝作沒聽見。於是耶穌把馬蹄鐵撿了起來，到了城裡之後用這塊馬蹄鐵換了三文錢，然後用這三文錢買了十八個櫻桃。在二人經過荒野時，彼得感到又餓又渴，耶穌就把一顆櫻桃扔到地上，彼得只好彎腰去撿。這樣彼得總共彎腰撿了十八次。

勃的生機。這些象徵符號由人類意識承載著，穿越了很多個世紀。倘若人們變得麻木不仁失去了活力，那麼象徵符號也就隨之死去了。

《天啟》這部書充滿了古老的象徵符號，氣勢宏偉，足以喚醒我們的生機。這部書裡的象徵符號如此繁多，人們不禁想到，這些符號一定是彼此關聯的整體，絕非出自凌亂而隨意的安排。如此說來，遍布著象徵符號的《天啟》，一定包含著象徵符號的多種組合方式。而基督教寓言不過是這部書的表面形式，所表達的僅僅是基督教教會認可的思想。

只要對象徵符號尚有感知力 —— 當然，這種感知力與那種正統的、對寓言的感知力截然相反 —— 就可以感受到，在《天啟》中，星相學是象徵符號的諸多組合方式之一。《天啟》中的象徵符號常常帶有星相學意味。例如，所謂移動就是指恆星的移動。種種跡象表明，這部書裡的象徵符號的確是以星相學方式組合起來的。然而，《天啟》的文字非常混亂，我們是否應該努力發掘隱藏於其中的象徵符號的星相學組合方式呢？這樣做是否有意義？答案取決於人們是否看到了其中的價值。而且，如今我們是否能夠發掘出這些象徵符號的組合方式，這也是需要我們自己判斷的問題。最為可能的情況是，在歷史上，《天啟》的確曾經包含過象徵符號的星相學組合方式。

現在我們能夠確定的是，星相學符號以及星相學含義目

前仍留存於《天啟》的文字中，而且仍然能夠引領我們，仍然時而激發我們的想像，帶領我們進入一個宏偉的世界。在那個世界裡，我們感到自由而歡欣。至少，我本人就有這樣的體會。因此，能否完整地再現古代的星相學符號組合方式又有什麼要緊？至於在解釋《天啟》時，究竟是採用寓言方式還是採用星相學方式，或者採用歷史學的方式，抑或是採用其他某種方式，又有誰在意呢？人們在意的是從中感受到的引領，即那些象徵符號對我們的引領，以及那些象徵符號發揮作用的方式。也就是說，我們從中感受到的引領，最終會把我們帶向哪裡？如果這個啟示能夠激發我們的想像力，引領我們進入一個嶄新的世界，那麼我們就應該滿懷感激，因為這正是我們所渴求的。我們重視的不是學術而是生命。因此我們根本不在意什麼是正確的，什麼是不正確的。況且，怎樣才叫「正確」呢？西班牙語裡，「Zanahorias」的意思是紅蘿蔔——但願我對這個單字的解釋是正確的。可是「紅蘿蔔」本身所具有的含義又是什麼，誰能做出準確解釋呢？

驢想要的是紅蘿蔔，不是「紅蘿蔔」的概念，也不是關於「紅蘿蔔」的思想。驢想要的僅僅是紅蘿蔔本身而已。西班牙的驢甚至根本就不知道自己正在吃「Zanahorias」，它僅僅是把紅蘿蔔吃下去，然後感覺心滿意足而已。知道「紅蘿蔔」在西班牙語裡叫「Zanahorias」的是我（但願我沒記

錯），知道在植物學裡紅蘿蔔屬於傘形科植物的也是我。可是真正吃紅蘿蔔的卻是驢。那麼我和驢相比，誰對紅蘿蔔了解得更多呢？

我們的腦子裡塞滿了各種空洞而僵化的思維模式 [018]，卻忍飢挨餓找不到一根真實的紅蘿蔔。我從不關心別人究竟想證明什麼，只要他的話能激起我的興趣並讓我入迷就好。我根本不在意他是否清楚地證明了自己的觀點，我只希望他能激發我的想像，並讓我從中獲得一種真實的體驗。他可千萬別再給我搞出一套複雜而臃腫的概念。我們吃的一直就是從各種概念中結出來的索多瑪 [019] 之果，我們都快要餓死了。我們渴望的是在想像中獲得一種「完整」的體驗，一種深入我們的靈與肉的體驗。為了能夠在想像中獲得這種體驗，我們寧可犧牲掉理性。因為理性並不是對生命做出判斷的最終依據。

只要稍作思考就會明白，我們要反對的並不是理性本身，而是「理性」手下的爪牙，也就是我們腦子裡的各種現成的觀念和僵化的思考方式。真正的理性是可以因時因地而變化自己的樣貌的 —— 只要我們願意幫她脫下僵硬的襯裙並摘下撲了粉的假髮。這些玩意是人們在十八世紀與十九世紀替她穿戴上的。「理性」本是一個柔韌靈活的仙子，就像水

---

[018] 原文是「thought forms」，字面意思是（尤指基督教神學中的）「思想形式」，指在特定時間或地點對某一問題進行思考時通行的假設、意象和詞彙的組合，構成了思考某一問題的語境。簡單來說，就是社會環境、習俗、觀念所規定的人在某些事情上的思考方法。

[019] 《舊約》中記載的一個墮落的城市。

中的魚兒一樣柔滑。她每每在轉身離開前親吻謬誤，也親吻三段論式的真理。而謬誤卻會因她的吻而變得比三段論更加接近真正的真理。

因此，我們若是對黃道星座心存嚮往，大可不必為此感到羞愧。黃道星座值得我們喜愛。但是我們對星辰的興趣不應該展現為愚蠢的現代占星術，因為我們並不想占卜吉凶禍福。比方說，在賽馬前依據星相預測比賽結果，或者從馬廄裡的一些跡象中捕捉到一點暗示。如果這樣的話，你真正關心的無非就是該把錢押在哪匹馬上。占星術就是這種性質的東西。而且人們也並不真的關心自己的命運，只想占卜到「好運氣」，不想占卜到「壞運氣」。

迦勒底人從星辰（包括太陽和月亮）中獲得的體驗是迄今為止人類獲得的最偉大的想像性體驗之一。有時，這種體驗似乎比神帶給我們的體驗還要偉大得多。因為所謂「神」其實就是一種想像性體驗。但有時，生機勃勃的蒼穹所帶給人的體驗，一個活生生的且非人性化的太陽所帶給人的體驗，以及遍布在活生生的巨大空間中的活生生的璀璨星辰所帶給人的體驗，似乎才是最為深邃而磅礡的。這種體驗甚至超過了耶和華、巴力 [020]、佛陀以及耶穌所帶給人們的體驗。或許，「活生生的空間」這個說法聽起來有些荒誕不經。但

---

[020] 巴力（Baal），一位司生養化育的男神，對他的崇拜在古代腓尼基與迦南兩地廣為流行。

事實上真的非常荒謬嗎？當我們的身體溫熱而又健康，並不有意識地主動感受這具軀體的存在，在這種情況下，我們感知肉體的最終方式，與我們感知活生生的空間的方式，難道不是一樣的嗎？不也正是因為這個原因，一個虛寂的空間才令我們感到特別恐懼嗎？

　　我願意像西元前兩千年的迦勒底人那樣理解星辰。我希望能夠把我的自我融入太陽，把我的人格融入月亮，把我的個性融入行星。我希望我的生命能與蒼穹融為一體，就像古代的迦勒底人那樣。人類的意識其實是均質而穩定的。根本不存在「徹底遺忘」這回事，即便死亡也並不意味著「徹底遺忘」。我們身體的某個部分仍生動地保存著人類在幼發拉底河邊以及兩河之間的美索不達米亞平原上的古老回憶。我自己的體內仍保留著一個美索不達米亞平原上的自我，因此我仍嚮往日月星辰，嚮往著迦勒底的日月星辰。我對它們懷著深深的嚮往。因為我們現代人的太陽和星星不過就是一堆概念，要麼是由氣體構成的球體，要麼就是死氣沉沉的星球，上面布滿了早已熄滅的火山。我們僅僅憑概念了解它們，卻從沒真實地體驗過它們。我們應該奮力張開雙臂，透過真實的體驗，像野蠻人那樣感知太陽，像迦勒底人那樣「理解」太陽。可如今，我們對太陽的體驗是死的，我們斷絕了與太陽的真實連繫。我們所掌握的不過就是對太陽的固定理解方式。太陽是一個大火球，由氣體構成，有時由於

其內部的不穩定性質，表面會出現黑點。如果你願意多晒太陽的話，太陽會把你的皮膚變成棕色，並讓你的身體更加健康。前兩個「事實」，如果不是拿著望遠鏡的天文學家告訴我們的話，我們永遠不會知道。很顯然，這兩個「事實」不過就是固定概念罷了。至於第三個「事實」，也就是太陽會加深膚色並促進健康這個事實，我們之所以對此深信不疑，僅僅因為這是醫生告訴我們的。實際上，很多精神官能症患者正是在晒了太陽並變得更「黝黑」且更「健康」之後，病症更加嚴重了。太陽可以讓穀物成熟，但也可以讓穀物腐爛。所以這第三個「事實」也只不過是一個固定概念罷了。

這就是我們現代人對太陽的了解，真是貧乏至極！僅限於兩三個貧乏且空洞的固定概念。迦勒底人所看到的那個氣勢磅礴的太陽，如今在哪裡？《舊約》裡那個宛如奮力奔跑的健壯男子一般的太陽，如今又在哪裡？我們已經失去了太陽。我們失去了真實的太陽，卻炮製出好多關於太陽的概念！由氣體構成的大火球！表面有黑點！能加深你的膚色！真是折磨人啊！

現代人失去了太陽，但這種事情在歷史上肯定不是第一次發生。自巴比倫人開始，人類就一步步地失去了它。早在伯沙撒[021]時代，迦勒底的生機勃勃的偉大天宇蒼穹就已經降格為供人們占卜命運的魔法盤。但這不是蒼穹出了問題，而

---

[021] 伯沙撒是巴比倫最後一位國王。

是人類出了問題。從一開始，人類就在不斷退化著。人類愈是退化，就愈是狂熱地關注自己的「運氣」和命運。生命是美麗而迷人的，而「運氣」卻是一個乏味而無趣的東西，關於「命運」的概念則更是與生命格格不入。當人的生命力衰退的時候，人就會為運氣而焦慮，為命運而恐慌。到了耶穌時代，人們是如此為運氣而焦慮，為命運而恐慌，以至於鄭重其事地宣布，人生不過就是一次漫長的痛苦，不到死後升入天堂的那一刻人就不要指望好運降臨。也就是說，一切幸福必須等到死後才能實現。這個說法為所有人接受，直至今日仍是人們的普遍信仰，無論是以佛陀的名義還是以耶穌的名義。這種信仰讓我們陷入一大堆固定的思考方式的重重包圍之中，把我們變成了活死人。

所以，現在我們又需要太陽了。然而我們需要的不是那個表面有黑點的氣體球，不是那個像烤肉一樣把我們晒黑的太陽，而是那個古老的迦勒底時代的活生生的太陽，以及活生生的月亮。想一想吧，那樣的月亮！她是阿提密斯[022]或希栢利[023]，夜空裡的白色精靈，圓圓的，那麼溫婉，步態那麼安詳。可是再想想科學圖片呈現給我們的月亮，表面坑坑窪窪，真是太可怕了！

然而，真的會因為科學讓我們見到了月亮那副坑坑窪窪的

---

[022] 月亮與狩獵的女神

[023] 古代小亞細亞人崇拜的自然女神。

樣子，我們心中的月亮就從此死掉了嗎？至少在我們的理性中死掉了？我可不這麼認為。這不過就是科學帶給我們的一個沉重打擊而已，我們仍舊可以憑藉想像讓月亮完好如初。就算我們必須相信那坑坑窪窪的樣子就是月亮的真實面容，就算我們必須相信月亮是蒼白的、冰冷的且死氣沉沉的 —— 其實我們並不太相信這一點 —— 月亮也並不因此而變成一個僵死而又毫無意義的東西。月亮是一個皎潔而神奇的世界，是懸掛在夜空裡的潔白而溫柔的偉大天體。她穿越遙遠的空間向我傳遞奧祕，我永遠無法完全領悟其中的含義。她絕對不是天文學家所描述的那個僵死的大疙瘩。相反，她引起潮汐的變化，掌控女人的月經週期，她會讓瘋子變得更加癲狂或者安靜下來。月亮仍舊是那個偉大的月亮，她仍在溫柔地作用於我們，在暗中影響著我們，悄然地引起我們的變化，並且要求我們對她做出回應。她的所謂「死寂」其實蘊含著巨大的能量，仍對我們的生命發揮著巨大的影響力。月亮！阿提密斯！在輝煌的古代世界裡，月亮是人們膜拜的偉大女神！難道你竟然打算告訴我，她只是一塊死疙瘩嗎？

她並沒有死去。死去的很可能是我們。我們現代人是半死不活的小蟲子，尚未風乾的屍體裡塞滿了各種固定的思維方式，被抽掉了真實的感知。當我們描繪僵死的月亮時，我們其實是在描述僵死的自己。當我們說宇宙其實是一片可怕的空曠時，我們其實是在描述我們自身的空洞，這種空洞的

狀態令我們痛苦萬狀。我們這些可憐的蠕蟲，戴著眼鏡，舉著望遠鏡，腦子裡塞滿了各種固定的思維模式。而古人卻把月亮稱為阿提密斯或者希栢利，或者阿斯塔蒂。我們怎能還覺得自己比古人更理解宇宙？甚至覺得自己比古人更理解月亮？怎能覺得自己的理解才是更加生動的？我們還能自以為對月亮的理解比古人對月亮的理解更加真實且更加「全面」嗎？照我看，我們最好還是清醒清醒吧。我們是透過望遠鏡和僵死的心靈來了解月亮的。我們甚至透過僵死的心靈來認知天地萬物。

但是不管人類變成什麼樣子，月亮至今仍舊是阿提密斯，仍舊是一個危險的女神。她一直如此，亙古不變。她從天空走過，輕蔑地向你投下冷冷的一瞥，而你這條可憐而卑微的小蟲子啊，竟然以為她只是一個死疙瘩。她的憤怒與蔑視化作的清冷的光，像硫酸一樣潑在你緊繃著的可憐神經上。神經質的人類啊，她正在把你溶解。別指望你可以躲避月亮，就像別指望你能避開呼吸一樣。她作用於你賴以呼吸的空氣。她甚至作用於原子的內部，是激發電子產生活力的重要因素之一。

你是否以為你可以割裂宇宙，把宇宙分割成這一處死疙瘩，那一處氣體球，然後別的什麼地方再彌漫點煙霧？真是幼稚！你竟然把宇宙當成了人類化學工廠[024]的後院！人類向

---

[024] 這裡不是「工廠」的錯別字，「工廠」的意思是做工的場地。

來如此，小聰明一上來就滿嘴胡言亂語，竟然還以為自己正在對宇宙做終極的描述！人類怎麼就看不明白呢？他不過是在描述他自己罷了！而且他所描述的自我遠比他所描繪的宇宙更加可怕，更加死氣沉沉，是人類生命所能呈現出的種種可怕狀態之一。每當人類自身的存在狀態發生變化，人類就要對宇宙重新做一番描述，於是宇宙也向他呈現出全新的本質。比如，我們現代人的宇宙就與迦勒底人的宇宙在本質上截然不同。迦勒底人如實地描述自己感受到的宇宙 —— 宏偉！我們現代人也如實地描述自己感受到的宇宙 —— 漫無邊際的虛空，月亮與星星散落其間，月亮是死寂的，星星是尚未真正成形的，整個宇宙就像人類化學工廠的後院！

我們現代人的描述是正確的嗎？只要你改變思維狀態，或者改變心靈狀態，就會發現這個描述片刻也站不住腳。這種描述只不過與我們僵死的思維模式相對應罷了。而且，我們的思維狀態正在變得越來越僵化。我們必須改變這種狀態。只要我們的思維狀態改變了，我們對宇宙的描述就會發生徹底的改變。我們不必沿用「阿提密斯」來稱呼月亮，但是我們所使用的新名稱應該與「阿提密斯」相差不多，卻與「死疙瘩」或者「熄滅的星球」之類完全不同。我們甚至不必重返迦勒底人的宇宙觀，但宇宙仍將為我們再次煥發出生命力，我們的新宇宙觀將證明我們已獲得新生。

研究《天啟》的意義正在於此。這些研究能夠喚醒人

們的想像力，引領我們進入一個嶄新的宇宙。我們或許會以為這就是巴比倫人的古老宇宙，但其實並非如此。古老的宇宙觀一旦被破壞就再也不可能恢復了。但是我們可以建立新的宇宙觀。這個新宇宙觀應該與深藏在我們心底裡的古老而悠久的回憶遙相呼應。只要我們一息尚存，迦勒底人的記憶就會被保留在我們的身體裡。儘管封存得很深很深，可這些記憶一旦被喚醒了，我們就會煥發出新的活力，踏上新的道路。

因此我們應該感激《龍》這樣的書。就算內容有點雜亂又有什麼關係？就算有點囉嗦又有什麼不妥？就算有些章節較為枯燥，這也不是什麼嚴重問題。其實在這部書裡，精采的內容比比皆是。每到精采之處，這部書彷彿突然開啟了重重大門，讓讀者的心靈驀然闖入一個嶄新的世界 —— 儘管那其實是一個古老的世界！至於對《天啟》這部書的理解，我承認我不能完全贊同卡特先生的觀點。從《天啟》這部書裡我無法獲得他那樣的感受 —— 認為拔摩島的老約翰在島上整日仰面躺著，凝視輝煌的天宇，然後寫下一部書，卻在書裡故意把輝煌的天宇與璀璨的星辰隱藏起來，只表達猶太人的基督教式的道德威懾與道德復仇的情感，而且還時不時地把這種道德感搞得相當粗俗。

當然，我們之間的分歧是由於我們的解讀方式不同而引起的。我從小就被大人灌輸《聖經》的內容，《聖經》似乎

已經滲入我的骨髓。從幼年時代起，我對《天啟》中的語言與意象極為熟悉。這倒不是因為我曾下苦功親自閱讀《啟示錄》，而是因為大人們把我送進了主日學校、小教堂、少年禁酒會以及基督教奮進會等諸如此類的地方，耳邊從來就沒斷過唸誦《聖經》的聲音。儘管我從來都沒認真聽過，可語言自有一種魔力，能激起潛意識的反應，甚至能激起潛意識的連鎖反應。儘管白天時我只是似聽非聽罷了，可在夜裡我會突然醒來，於是白天裡聽到的唸誦與音樂就會在我耳畔久久縈繞不散。這種反覆的唸誦往往會燒錄在人的肉體裡。就這樣，我小時候大人們在我身邊唸誦《啟示錄》的聲音早已燒錄進我的肉體裡。人們不停地唸誦這樣的話：「當主日我被聖靈感動，聽見在我後面有大聲音如吹號，說：『我是阿拉法，我是俄梅戛。』」[025] 對此，我早已習以為常，就像我早已對育兒室裡哼唱的〈小寶寶快睡覺〉習以為常一樣！我根本聽不懂其中的含義，但是對於那個階段的兒童來說，聲音比理性更能產生影響。「哈利路亞，因為我們的主，全能神，當王了。」[026]《天啟》裡到處是這類莊重而堂皇的詞彙，能夠營造出莊嚴的儀式感，因此非常討那些沒受過教育的教民的喜愛。再比如，「他要踹全能神烈怒的酒榨。」[027]

可是在我看來，《天啟》這部書情感過於激烈，道德感

---

[025]《啟示錄》，1:8。

[026]《啟示錄》，19:6。

[027]《啟示錄》，19:15。

也過於強烈，不可能是以宏偉的星辰神話為底本然後僅僅稍加改動而成。但是這部書的確與星辰神話有著密切關聯，與星相學意義上的天宇運行也有著甚深的淵源，因為書裡的確隱含著星相意義。最令我暢懷的事情，莫過於擺脫這部書裡極度道德化的教會思想，轉而去領悟一個更為古老而博大精深的意義。實際上，中年人的一大樂趣就是重返《聖經》，讀一讀《聖經》的新譯文，比如說莫法特[028]的譯文，讀一讀現代學者對《舊約》與《福音書》的研究與評論，進而重新理解《聖經》。現代人所做的研究能夠還原《聖經》與其歷史背景之間的活生生的連繫，而這種連繫是非常宏偉的。於是《聖經》不再只是猶太人的道德經書，更不只是用來懲戒「無恥狂徒」的大棒，而是一部驚心動魄的史詩，記載著猶太人乃至希伯來民族的偉大歷程，其背景由眾多古老的文明之邦構成，包括埃及、亞述、巴比倫以及波斯，由此還可以延伸至希臘世界、塞琉古王朝，還有羅馬帝國，甚至包括龐貝與安東尼[029]。讀一讀《聖經》的新譯文，裡面有現代學者做的注釋與評論，這甚至比讀《荷馬史詩》更為激動人心。因為《聖經》裡記載的探險更具歷史的深度，對心靈的觸動也更為深刻，其記載的歷史涵蓋了很多個世紀，從古埃

---

[028] 莫法特（James Moffatt, 1870-1944），英國神學教授，其主要貢獻在於重新翻譯《聖經》，使之更為通俗易懂。

[029] 此二人均為著名的古羅馬將領。

及到烏爾[030]，再到尼尼微[031]，從示巴到他施[032]，再到雅典以及羅馬。而這些正是古代史的精髓所在。

在《聖經》各部分中，《天啟》成書最晚，排在《聖經》最末。只要我們注意到其中的象徵符號，並順著這些象徵符號的指引做進一步思考，《天啟》就會煥發出新的生機。循著《天啟》裡的文字，我們可以毫不費力地回到西元一世紀偉大而動盪的古希臘世界。注意，是希臘，而不是羅馬。然而倘若循著這部書裡象徵符號的指引，我們卻可以回到更為久遠的年代。

在《天啟》裡的象徵符號的帶領下，弗雷德里克‧卡特回到了迦勒底與波斯，他描述的天空是迦勒底王國末期的天空，他在書裡發現的奧祕主要是「密特拉神的暗示」[033]。所謂「神祕的暗示」，通常主要來自外在的世界，但還有一部分是源於我們自己的內心。如果我們能夠捕捉到這種暗示，我們就可以順著祂的指引，接連進入諸多遙遠而迷人的世界。這會是多麼非凡的歷程！正統派釋經者會說：幻想而已！純屬痴人囈語！但是，還是感謝上帝賜予我們幻想的能力吧，只要這些幻想能夠提升我們的生命！

退一步來講，就算真的全都是幻想，他們的「譴責」也

---

[030] 古代美索不達米亞南部的重要城市。
[031] 古代亞述的首都。
[032] 這是《舊約》中提到的兩個古代王國。
[033] 密特拉教是古代的一個祕密宗教，主要崇拜密特拉神。

仍有失公允。《天啟》這部書裡隱藏著古老的星相學含義，很可能還隱含著古老的占星圖。這些暗示實在是顯而易見，也實在是宏偉而壯觀。這些暗示就彷彿是古代神廟的廢墟，後來被改建成了基督教的教堂。我們是否應該努力恢復古代神廟的原貌？還是應該堅持認為，那些被鑲嵌進去的古代柱石，即那些古老的意象，不過就是基督教建築中的普通碎石罷了，並無特別的意義？這兩種做法，究竟那一個更加不切實際？深層的含義明明存在著，卻對此矢口否認，這與明明沒有深層含義卻硬要瞎編亂造是一樣的，全都荒謬至極。不僅如此，扼殺意義其實遠比編造意義愚蠢得多，因為編造出來的意義也具有獨特的價值，終將獲得獨立的生命。

天啟

一

　　所謂「天啟」，意思很簡單，就是指「啟示錄」。但《啟示錄》可一點也不簡單，因為兩千年來人們始終弄不明白書裡所描述的那麼多神祕現象究竟在表達什麼。總體來說，現代人不喜歡神祕化的表達方式，因此《啟示錄》可能是《聖經》中最令現代人感到乏味的部分。

　　起初，我也覺得《啟示錄》非常乏味。從孩提時代到成年，我與所有個性倔強的孩子一樣，整日被大人們灌輸《聖經》的內容，腦子被塞得滿滿的，到了最後簡直就是飽和了，再多聽一句都無法忍受。在我還不能獨立思考，或者說甚至連一點點模糊的理解力都尚未形成的時候，《聖經》裡的語言，《聖經》各個部分的內容，就被灌進我的頭腦與意識裡，直到最後完全滲入我的骨髓。後來，《聖經》深刻地影響著我，時刻左右著我的情感與思維，以至於現在即便我已經「忘記」了《聖經》的具體內容，可只要略略讀上一章，我就會立刻意識到，它仍牢牢地印刻在我的記憶裡。這真讓我心煩意亂。我必須承認，每當我意識到自己根本無法真正擺脫《聖經》，我的心裡就立刻產生一股厭惡、排斥甚至憎恨的情緒。對《聖經》的憎惡已經成為我的本能。

　　之所以會有這樣的情緒反應，我覺得原因非常簡單。當年，大人們不管孩子的理解能力究竟如何，就只是一味地向

孩子們灌輸《聖經》。不僅如此，連帶著一起被強行灌進孩子們的童心的，還有大人們對《聖經》所做的解釋，以及大量的教條和道德說教。就這樣，日復一日、年復一年，不停地灌輸，要麼在走讀學校，要麼在主日學校，要麼在家裡，要麼在基督教奮進會，或者在少年禁酒會。無論是布道臺上的神學博士，還是在主日學校擔任教師職務的老鐵匠，大人們對《聖經》的解釋全都是一模一樣的。透過語言灌輸，《聖經》粗暴地闖入孩子們的意識，肆意踐踏，並留下無數雜亂的腳印。而且那些腳印全都一模一樣，就像一個模子裡刻出來似的，僵化而機械。大人們對《聖經》的解釋永遠是一成不變的，於是孩子們原本可能具有的真正興趣就這樣被扼殺了。

這種做法的效果真是南轅北轍。猶太人的詩歌滲透進孩子的情感與想像，猶太人的道德觀念也隨之滲透進孩子們的本能，其結果就是孩子們的思想變得愚鈍而叛逆，進而徹底否認《聖經》的權威地位，滿懷牴觸情緒，對《聖經》避之唯恐不及。我的很多同齡人就是在這樣的狀態中長大的。

一部書的生命力就在於它永遠令人揣摩不透。一旦這部書的意義被揣摩盡了，這部書也就死掉了。倘若五年之後重讀一部書，與五年前的感覺竟然完全不同，這該是多麼奇妙的體驗！有些書的魅力與日俱增，原因就在於這些書始終是「新」的。這些書的含義總是在不斷變化，時時令人意想

不到，以至於人們重讀之後就會對原來的自己產生懷疑。同理，有的書則漸漸無聲無息，被人遺忘。我曾重讀《戰爭與和平》（*Война и мир*），很驚訝地發現這部書竟是如此索然無味。可是我記得從前讀這部書時我曾激動不已。這種變化把我自己也嚇了一跳。

事實就是如此。一部書一旦變得明明白白，一旦被人們「徹底理解」，一旦意義被確定下來，這部書就死了。一部書，只有能夠感動我們，並且能夠帶給每個人不同的感動，能讓我們在每一次重讀時都有新的收穫，才是一部活生生的書。現在有很多膚淺的書，只需讀一遍就可以完全掌握其思想內容。由於這類書大量存在，現代人便以為所有的書都是這樣的，唯讀一遍足矣。但事實絕非如此。當然，現代人一定會逐漸意識到這個問題的。一部書帶給人的真正樂趣就在於它禁得起人們的反覆閱讀，能讓人們不斷從中發現新的內容、新的思想，並獲得更深的啟迪。就像生活中的很多事情一樣，這件事也涉及價值觀的問題。我們心心念念所關注的只是讀書的「量」，卻從來沒有意識到，每部書就像珠寶或者美麗的圖畫一樣，可以供我們反覆凝視，每一次凝視都會讓我們感受到它的深邃。斷斷續續地把一部書讀六遍，遠勝於連讀六部書。如果一部書能吸引你反覆讀六遍，那麼這部書就一定會向你逐漸呈現出它的深邃內涵，一定會讓你的靈魂得到全面的營養，包括情感與思維。如果讀了六部書，而

每部書唯讀一遍，那不過是一種累加，滿足的是膚淺的興趣，本質上是現代社會普遍存在的囤積行為，有量無質，毫無價值可言。

現在我們應該明白了，讀者可以劃分為兩類：一種是大眾讀者，其閱讀目的僅僅是為了娛樂而已，僅僅是為了滿足一時的興趣；另一種是小眾讀者，他們的閱讀目的卻是希望從書中獲取營養，獲取深刻的體會，而且是不斷加深的體會。

在現代人的心裡，或者說在一部分現代人的心裡，《聖經》的生命力已經被扼殺了，因為《聖經》的意義被人們以一種簡單粗暴的方式固定了下來。我們對《聖經》的理解極為清楚明確，但我們的理解止步於其表層含義，也就是為人們所普遍接受的含義。所以說，《聖經》死掉了，不能再向我們呈現出新的內涵。更糟糕的是，我們已經被訓練出一種根深蒂固的習慣，然後借助這種幾近於本能的習慣，《聖經》強行規定了我們的情感模式，而這種情感模式卻是我們自己所深惡痛絕的。我們討厭教堂或者主日學校訓練出來的情感模式，這是《聖經》強行施加給我們的。我們渴望擺脫這種粗俗的東西——因為這的確是徹頭徹尾的粗俗。

若不深入思考，我們會覺得《聖經》各部分中最令人討厭的就是《啟示錄》。我敢肯定，在十歲之前，我已經聽過、讀過《啟示錄》十多遍了，雖然當時我懵懵懂懂，甚

至連裡面究竟在講什麼都沒留意過。而現在，不必清晰地了解，更不必深入地思考，我就可以斷定，《啟示錄》早已在我內心裡激起一股強烈的牴觸情緒。當我仍是一個孩子時，我沒有意識到這種牴觸情緒。但我一定是從那時起就開始討厭人們大聲誦讀《聖經》時所使用的喋喋不休、自命不凡、莊重嚴肅、裝腔作勢的方式。無論是教區牧師，還是教師，或是普通信徒，都讓我無比反感。我打心底裡討厭「牧師」的聲音。更要命的是，我記得，每次牧師唸誦到《啟示錄》的時候，他的聲音尤為可憎。就連我本來非常喜歡的那些詞語，也讓我一想起來就止不住地渾身顫抖。因為時至今日，這些詞語仍能讓我似乎聽見一個非聖公會的牧師在唸誦：「我觀看，天開了。有一匹白馬，騎在馬上的，稱為 —— 」[034]每到這裡，我的回憶立刻中斷，因為實在不願再回想起牧師接下來誦讀的那兩個詞 —— 「誠信、真實」。自打孩提時代，我就討厭寓言故事，因為寓言故事裡的人物都以某種品行為名字，就像這個騎在白馬上的人名字叫「誠信真實」一樣。出於同樣的原因，我是絕對不會讀《天路歷程》[035] 的。從小我就聽說了歐幾里得的名言，「整體大於局部」。這句話剛好可以解釋我為什麼討厭寓言故事。「人」是整體，而

---

[034] 《啟示錄》，19:11。
[035] 《天路歷程》是一部宣揚基督教信仰的寓言故事，作者是十七世紀英國作家班揚。寓言故事中的人物就是以人的品行特點為名字，比如：「基督徒」、「信念」、「世故」、「懷疑」等。

「基督徒」只是人的一部分;「騎在白馬上的人」要比所謂「誠信真實」具有更豐富的含義。當故事裡的人物僅僅代表著某些被擬人化的道德品格時,這些人物在我眼裡就不再是真正的「人」了。雖然年輕時我非常喜歡史賓賽,喜歡讀他寫的《仙后》(*The Faerie Queene*),但我當時也只是勉強地囫圇吞下書裡的那些寓言故事。[036]

從小我就非常厭惡《天啟》。最直接的原因就是,《天啟》裡的意象浮華造作,再加上這部書整體上來說就不合情理,簡直令我厭惡至極。

「寶座前好像一個玻璃海,如同水晶。寶座中和寶座周圍有四個活物,前後遍體都長滿了眼睛。

第一個活物像獅子,第二個像牛犢,第三個臉面像人,第四個像飛鷹。

四個活物各有六個翅膀,遍體內外都長滿了眼睛。他們畫夜不住地說:『聖哉!聖哉!聖哉!主,神,是昔在、今在以及永在的全能神。』」[037]

諸如此類的段落真是太浮誇造作了,曾讓童年時代的我感到煩躁不安,甚至十分惱火。如果這類段落描述的是一種意象,那麼這個意象是不可想像的 —— 這四個活物怎麼可能前後都長滿了眼睛?它們怎麼可能既在寶座中又在寶座周

---

[036] 史賓賽的《仙后》裡有很多道德說教性質的寓言故事。
[037] 《啟示錄》,4:6-8。

圍？它們同時既在這裡又在那裡，這不是不可能的。可是
《天啟》裡的敘述就是這樣的。

　　而且《天啟》裡所描述的意象毫無詩意，甚至有隨意編
造之嫌。有一些情景則實在是太不堪入目了。比如，在血裡
跋涉，騎馬者的襯衫浸入血水裡，人們用羔羊[038]的血清洗身
體。還有些詞語，比如「羔羊的憤怒」，從字面上看也是荒
誕不經的。[039]但這些就是非國教教堂裡經常使用的偉大詞彙
以及崇高意象，是英國與美國所有新教禮拜堂所使用的詞彙
與意象，也是所有救世軍[040]所使用的詞彙與意象。據說無論
是在哪個年代，生命力最頑強的宗教總是產生於沒受過教育
的底層百姓之中。

　　你會發現，在沒受過教育的底層百姓中，《啟示錄》非
常具有影響力。我認為，無論在過去還是在現在，《啟示
錄》都比《福音書》以及偉大的《使徒書信》更有影響
力。試想，一個漆黑的冬夜，應該是星期二，在宏偉的、
像穀倉一樣的五旬節[041]教堂裡，擠滿了礦工以及礦工的老
婆。在這樣的場合下，《啟示錄》裡對國王與羅馬皇帝以及
對坐在河邊的妓女的嚴厲譴責的確能夠激起這些人的強烈共

[038] 原文此處「羔羊」的首字母為大寫，指耶穌。後文中的「羔羊」均為此意。
[039] 這裡提到的關於「血」、「羔羊」等意象，見於《啟示錄》，7:14；14:20；
　　　16:3-4；19:13；6:16-17等多處，這裡不一一列舉。
[040] 於1865年建立的基督教組織，其職能是一邊傳播福音教義，一邊做慈善
　　　工作。
[041] 五旬節教派，基督教的一個教派，形成於1901－1906年的美國五旬節運動。

鳴。「奧祕」、「大巴比倫」、「世上一切淫婦和一切可憎之物的母」[042]，諸如此類的大寫名詞，從前曾讓信奉清教的蘇格蘭農民乃至早期基督徒中性情較凶悍的人感到熱血沸騰，現在同樣也讓那些上了年紀的礦工們感到激動不已。在早期祕密入教的基督徒心目中，「大巴比倫」就是指羅馬，既指那個偉大的城市，也指那個偉大的帝國，此二者都曾迫害過他們。咒罵羅馬，讓羅馬陷入災難，徹底毀滅羅馬，推翻羅馬的所有君主，摧毀羅馬的一切財富，讓羅馬的恢弘壯麗蕩然無存，這些想法的確曾帶給早期基督徒極大的滿足感。宗教改革運動之後，巴比倫再次被認定為羅馬，但是這一次指的是羅馬的「教皇」。在信奉新教與非國教的英格蘭與蘇格蘭，到處沸騰著人們的吶喊，聖約翰[043]寫下的嚴厲詞句源源不斷地傳到人們的耳朵裡：「巴比倫大城傾倒了！傾倒了！成了魔鬼的住處和各樣汙穢之靈的巢穴，並各樣汙穢可憎之雀鳥的巢穴……」[044]直到現在，人們仍在大聲唸誦這些詞句。有時，這些詞句仍被用來抨擊教皇與羅馬天主教，因為人們覺得教皇與天主教的勢力有可能再次抬頭。但是在更多的情況下，所謂「巴比倫」如今是指為富不仁、生活奢靡而放蕩的人。這些人或者近在咫尺，或者遠在天涯，有可能是在倫敦，有可能是在紐約，也有可能是在最墮落的城市巴黎。此

---

[042] 《啟示錄》，17:5。
[043] 此處指「拔摩島的約翰」，而不是《福音書》的作者使徒約翰。
[044] 《啟示錄》，18:2。

外，「巴比倫」這個詞也可以指那些一生從不踏進教堂的人。

如果你是個窮人，卻並不「謙卑」，那可就有點不太妙了。窮人或許顯得恭敬，但按照基督教精神來衡量，窮人從來沒有真正謙卑過——因為你的所謂謙卑會讓你仇恨一切高於你的人，讓你想方設法徹底打垮他們，狠狠地羞辱他們，然後你自己成為非凡的大人物。這種情緒在《啟示錄》裡表現得最為鮮明。其實按照耶穌的觀點，最大的敵人應該是法利賽人，因為他們在遵守律法方面總是做表面文章。但是對於礦工以及工廠裡的工人來說，法利賽人實在太遙遠了，而且「法利賽人」這個概念也實在太微妙、太難以理解了。在街角傳播福音的救世軍從來不因為憎恨法利賽人的虛偽而憤怒地吶喊，能讓他們憤怒地吶喊的是「羔羊的鮮血」，是「巴比倫」，是「罪」，是「罪人」，是「大淫婦」，是「慟哭的天使」，還有倒出瘟疫的那七隻碗[045]。而最能讓他們狂熱不已的則是——「獲得拯救」，與「羔羊」同坐在一個寶座上，無比榮耀地統治世界，獲得「永生」，居住在用碧玉建成的聖城裡，聖城的大門上綴滿了珍珠，那是一座「不用日月光照」的城[046]。你若仔細聽救世軍的吶喊，就可以聽明白，原來他們是說自己即將升入天堂，並將變得無比榮耀。接下來，他們就會對你指手畫腳，而你則會在他們面

---

[045]《啟示錄》，16:1-21。

[046]《啟示錄》，21:23。全句是：「那城內不用日月光照，因神的榮耀光照，又有羔羊為城的燈。」

前原形畢現。你這個高高在上的人，你這個「巴比倫」——你定將墮入地獄永受烈火焚燒之苦。

這就是《啟示錄》流露出的情緒。這部書儘管道貌岸然，但讀過幾遍之後，我們就會意識到，從字面上來看，那位叫約翰的聖人已經制定好了一個宏偉的計畫，簡單說來就是，他要把沒被上帝選中的人全部清除乾淨，然後自己爬上上帝的寶座。教堂裡的人信奉的是非國教的新教教義，卻把猶太人發明的「上帝的選民」這個概念直接套用在自己身上。他們就是被選中的人，就是即將獲得拯救的人。他們全盤接受猶太人關於「最後的勝利」以及「由選民來統治世界」的觀點。這意味著，他們將不再是賤民，而是變得高高在上，他們將端坐在天堂裡。就算不能親自坐在寶座上，可「羔羊」坐在寶座上，他們就打算坐在「羔羊」的大腿上。每晚你都可以聽見從救世軍或者非國教教堂或者五旬節教堂那裡傳來人們的唸誦聲，他們唸誦的正是這樣的教義。這不會是基督的教義，而是約翰的教義。這不會是《福音書》，而是《啟示錄》。這是大眾化的宗教，是被剔除了深邃內涵的宗教。

二

　　至少在我小時候大眾的宗教就是這樣的。記得那時，我常常感到困惑，不明白那些沒受過教育的宗教領袖們為什麼會如此高傲，尤其是「始初循道會」的領袖們 [047]。總體上來說，這些人並不虔誠，言談也不溫和，但也並不令人討厭，他們是一群操著濃重的地方口音，主持聖靈降臨節的礦工。他們既不謙卑，也從無愧疚之心。他們內心裡毫無此類情感。他們每天從礦井裡爬出來，回到家之後就一屁股坐到餐桌前，而妻子和女兒們則每天高高興興地等著他們回家，兒子都非常聽老子的話，心裡沒什麼怨恨。他們的家庭倒也融洽，但就是有些粗俗。他們的家裡彌漫著一種古怪的氛圍，似乎存在著某種充滿野性的神祕力量，彷彿這些小教堂裡的領袖們真的背負著天命，獲得了一種粗獷的力量。這不是「愛」，而是一種粗野的或者說是一種「特殊」的權力感。他們的內心非常篤定，妻子們在他們面前必須表現得恭恭敬敬。他們把持著教堂，於是他們也掌控著家裡的一切。過去我常對此感到疑惑，同時也很喜歡這樣的氛圍，可是那時我終究還是認為這種家庭氛圍非常「粗鄙」。我母親是公理會教徒，她一生中從不曾踏進始初循道會教堂半步。她根本不可能去，這絕不僅僅是我的主觀判斷。她當然不願意在

----

[047]　原文是 Primitive Methodist。

丈夫面前低眉順眼。如果她丈夫是個真正有「臉面」的小教堂領袖，她的態度肯定會溫柔些。那個時候，「有臉面」，是小教堂領袖們特有的優越之處。但這是一種非同尋常的「臉面」，彷彿是上帝親賜的。然而現在我明白了，這種在宗教信仰方面的所謂「臉面」主要是從《天啟》中獲得的。[048]

此後很多年裡，我讀了不少比較宗教學與宗教史方面的書，終於醒悟，《天啟》其實是一部非常奇特的書。每逢星期二的夜晚，四下一片漆黑，在五旬節派教堂或伯維拉[049]教堂裡，《天啟》就會在礦工們的心裡激起一種古怪的權威感，使他們在宗教氛圍中獲得一種「臉面」。在英格蘭中部偏北的地區，教堂的煤氣燈在神祕的黑夜裡「嘶嘶」作響，礦工們粗聲大氣地咆哮著。這就是大眾型的宗教 —— 一種激發人的自豪感與權力感的宗教，而且這種激發作用永遠不會消失！這也是一種黑暗的宗教，令你感受不到「光明仁慈地引導著世人」[050]。

年齡越大就會愈發懂得，這世上存在著兩種類型的基督教。一種是以耶穌和耶穌口授的律法 —— 彼此相愛 —— 為核心的基督教；另一種基督教則既不以保羅或彼得為核心，

---

[048] 勞倫斯的母親出身於中產階層，受過良好的學校教育，與勞倫斯小時候見到的普通礦工妻子完全不同。但此處勞倫斯指出，即便是受過現代教育的女性，有著現代的男女平等意識，但是對於宗教權威的服從也與普通礦工妻子並無不同。

[049] 原文是 Beauvale，是勞倫斯的故鄉伊斯特伍德附近的一個村莊。

[050] 這是紅衣主教紐曼所寫的讚美詩裡的句子。

也不以「受熱愛的約翰」為核心，而是以《天啟》為核心。
這世上的確存在著溫柔的基督教。但是我所看到的情況是，
這樣的基督教已經徹底被盲目自大的基督教排斥了，這是地
位低下的人常有的那種盲目自大。

人類注定永遠存在「貴族」與「平民」之分，因此這
種大眾型宗教永遠無法被消除。在基督教時代，真正的貴族
提倡民主，而真正的平民卻渴求翻身成為地位崇高的貴族。
耶穌是貴族，使徒約翰和保羅也是貴族。只有偉大的貴族才
懂得什麼是溫柔、謙遜與無私，那是充滿「力量」的溫文爾
雅。而從「平民」的身上我們看到的則是因軟弱而形成的溫
和有禮。此二者完全不是一回事。從「平民」身上你總能感
受到一股粗魯的力量。

這裡所說的「貴族」與「平民」不是指政治意義上的
黨派之分，而是指兩種人性之間的差別：一種人常常感覺自
己的靈魂充滿力量，另一種人則常常感到自己的內心軟弱無
力。耶穌、保羅和使徒約翰都感覺到自己充滿力量。而拔摩
島的約翰則感覺自己軟弱無力，這種感覺來自於他的靈魂。

在耶穌生活的時代，內心強大的人早已放下統治世界的
欲望。他們希望卸下世俗權力，只想憑藉內心的力量開創新
的生活。於是軟弱的人開始蠢蠢欲動，妄念叢生，對那些
「顯赫」的強者，也就是掌握世俗權力的人，紛紛表現出無
比的憤恨。

因此宗教總是具有兩面性，基督教尤其如此。強者的宗教告誡人們放棄俗念並彼此相愛。弱者的宗教則鼓動人們推翻強者，讓貧賤的人獲得榮耀。在這世上，軟弱的人總是遠遠多於強大的人，因此第二種類型的基督教就取得了勝利，而且將一直勝利下去。若沒有人統治弱者，弱者就會統治世界，而弱者統治的目標非常簡單明確，那就是推翻強者。

　　在令人無比尊崇的《聖經》裡，唯有《天啟》能夠滿足弱者的這種渴望。內心軟弱的人與假裝謙恭的人想要徹底消滅世俗中的一切權力、榮耀與財富，然後這些真正的弱者將統治一切。假裝謙恭的聖人們將統治世界一千年。你只要仔細想一下，就會發現這是多麼可憎的想法。但是如今宗教的本質就是這樣：推翻強者，消滅自由的靈魂，讓弱者奪取勝利，讓假裝謙恭的人統治一切。這是讓弱者變得狂妄的宗教，其目的是讓假裝謙恭的人登上統治者的寶座。這就是當前社會的普遍精神狀態，無論是在宗教方面還是在政治方面。

三

　　這就是拔摩島的約翰建立的宗教。有人說，他於西元 96 年完成了《天啟》這部書，那時他已經是一個老人。這是現代學者認定的成書時間，依據的是所謂「內在證據」。[051]

---

[051] 也就是根據《天啟》的內容而做出的判斷。

　　如此說來，在基督教早期，曾有三個「約翰」：施洗者約翰，即為耶穌施洗的人，他顯然創立過宗教，或者至少創立過自己的教派，他的教義非常奇特，耶穌去世後仍流傳很多年；第二位就是使徒約翰，據說他就是《第四福音書》以及《使徒書信》部分內容的作者；第三位就是這位拔摩島的約翰了，他原本居住在以弗所，後來因為宗教思想違反了羅馬的法律而被送進拔摩島的監獄，但數年之後他就獲得釋放，離開了拔摩島，然後回到以弗所。根據一些傳說故事的說法，他在以弗所活到了很大歲數。

　　在很長一段時期裡，人們認為，使徒約翰既是《第四福音書》的作者也是《天啟》的作者。但這兩部書的內容與風格截然不同，根本不可能出自同一位作者之手。《第四福音書》的作者顯然是一個猶太人，具有良好的文化修養和深厚的希臘文化底蘊，是神祕而「仁愛」的基督教的偉大創建者之一。可是拔摩島的約翰的性情則完全不同。他在人們心中激發的是完全不同的情感。

　　當我們懷著批判的態度認真閱讀《天啟》時，就會發現這裡面包含著一個非常重要的基督教教義。從這個教義裡我們看不到真正的基督精神，看不到真正的《福音》，看不到基督教富於創造性的精神內涵。但儘管如此，《天啟》裡的這個教義卻是整部《聖經》中最具有實際效用的教義。也就是說，在整個基督教時代，這個教義在普通人心裡所產生的

影響遠遠超過了《聖經》的其他內容。就目前的情況來看，約翰所寫的《天啟》是一部與二流頭腦相匹配的書。無論在哪個國家，或在哪個時代，這部書都對二流的頭腦具有強烈的吸引力。令人感到匪夷所思的是，儘管這部書讓人覺得不知所云，但毫無疑問，自西元一世紀開始，廣大基督教教民主要是因這部書才對基督教產生了強烈的熱情。要知道，普通民眾的心智大多是平庸的。如今我們很驚恐地意識到，這部書所宣揚的教義正是我們應該極力抵制的，這部書所呈現的，不是耶穌，也不是保羅，而是拔摩島的約翰。

　　基督教裡的所謂「愛」的原則充其量不過是一種藉口。當「愛」被確立為一種權力時，就連耶穌也想在「將來」實現永久的統治。其實，基督教從根兒上就沾染了這個念頭。而這個念頭所反映的是無法在現世獲得統治權的挫敗感。猶太人不甘心被消滅，他們決意統治世界。當耶路撒冷的神廟遭到第二次破壞時，也就是大約西元前 200 年的時候，猶太人開始幻想將有一位戰無不勝的彌賽亞降臨，並幻想這位彌賽亞將統治全世界。基督徒繼承了這個夢想，將之理解為基督的第二次降臨，堅信到那時耶穌將對這個異教徒的世界施以最後的鞭撻，然後讓聖人們來統治全世界。起初，聖人的統治只有四十年，而拔摩島的約翰則把這個原本十分謙遜的計畫改成聖人將統治一千年。這個想法簡直是太了不起了！於是，所謂「千禧年」的念頭就牢牢地占據了人們的想像。

就這樣，基督教的勁敵悄悄潛入了《新約》。這個勁敵就是「權力精神」。魔鬼差一點就被徹底驅逐了，可就在最後一刻他又喬裝打扮成《天啟》的樣子，偷偷溜了回來，並最終化身成為《啟示錄》榮登寶座。

其實，說穿了，《啟示錄》所揭示的是人們內心裡無法消除的權力意志，是權力意志的滿足，是權力意志的最終勝利。就算你必須以身殉教，就算全世界將一步步地走向毀滅，哦，基督徒！你仍終將為王！至於從前那些不可一世的人，你將把他們的脖子踩在腳底下！

這就是《啟示錄》帶給人們的預言。

耶穌的門徒裡出了一個叛徒，猶大・加略 [052]。同樣，《新約》裡必然夾雜著一部《啟示錄》。這些都是無法避免的。

為什麼會這樣？因為這是人性使然。人性使得這一切注定永遠無法改變。

耶穌所創建的基督教只符合人性的一個側面，人性中還有很多側面並不能與之相適應。不能與耶穌的基督教相適應的這部分人性，「救世軍」會讓你明白，可以在《啟示錄》中獲得滿足。

以禁慾、沉思以及自省為主要內容的宗教只適用於個體的人。然而人的個體性只是人性的一個方面。人性還有另一

---

[052] 加略是叛徒猶大的姓。

個很大的方面，那就是集體性。

的確，以禁慾、沉思、自省以及純粹的道德為主要內容的宗教只適用於個體。可是即便如此，這類宗教也不適用於健全的個體。這類宗教展現了人性中個體性的一面，但只是孤立地展現了這一面，卻與人性的另一個方面即集體性相割裂。可是社會最底層的人往往缺少個體性，因此他們期待的是另一種形式的宗教。

主張摒棄俗念的宗教，比如佛教、基督教，以及柏拉圖的哲學，適合貴族，尤其是精神意義上的貴族。精神貴族會在自我實現與服務他人的過程中達到自我的圓滿境界。幫助窮人，這固然很好。但誰才是應該被幫助的窮人？這可是一個大問題。拔摩島的約翰對此做出了回答 —— 窮人應該自助，自己的榮耀應該由自己來努力實現。可是我們所說的「窮人」，並不僅僅指物質貧困的人，還指僅有集體性卻缺少個體性的靈魂。這樣的靈魂處於可怕的「中庸」[053] 狀態，根本不具有貴族式的特立獨行的氣質。

而大眾就是這樣一群「中庸」的人。他們不像貴族那樣具有個體性，而個體性恰恰是基督、佛陀以及柏拉圖要求人們必須具有的品格。「中庸」的人消融於人群之中，卻又暗下決心為自己爭取最終的榮耀。這就是典型的拔摩島人！

---

[053] 此處「中庸」一詞與中國古代哲學中的「中庸」並不是同一個概念，此處只是借用這個詞的字面意思。

一個人只有在獨處時才會成為真正的基督徒、佛教徒，或者柏拉圖主義者。從基督與佛陀的塑像上我們就可以看出這一點。當基督或佛陀與他人共處時，差異就會立刻顯現出來，人的不同層級也立刻形成了。只要和別人在一起，耶穌就是貴族，就是主人；佛陀永遠是那個尊貴的佛祖，亞西西的方濟各[054]，儘管竭力表現得非常謙卑，實際上卻總能找到一種微妙的辦法以獲得對信徒的絕對權力。雪萊就無法忍受自己沒有成為人群中的貴族。而列寧其實就是一位衣著簡陋的推喇奴[055]。

實際情況就是如此。權力是真實存在的，而且將永遠存在。只要兩三個人聚到一起，尤其是在一起做事的時候，權力就會立刻形成，其中的一個人一定會成為領導者，即主人。這是根本無法避免的事情。

接受這樣的事實吧，承認那個人天然具有的權力，就像從前人們承認領袖的權力一樣。向他的權力致敬吧，然後你就會感受到極大的歡樂，那是一種昇華。一種能量就會從強而有力的人[056]身上傳遞到不那麼強而有力的人身上。兩者之間有一種力量在流動。在這種狀態下，人們會獲得最優秀的

---

[054] 天主教方濟各會的創始人。

[055] 原文是「Tyrannus」。一指推喇奴，即《聖經》中的人物，以弗所的一位學者，曾把自己的講堂借給保羅傳道（《使徒行傳》19:9）；二指「國王」，因為這個詞在拉丁語裡的意思是「國王」。

[056] 此處原文是「powerful」。在勞倫斯筆下，「power」這個詞同時包含兩個意思，一個是「力量」，另一個是「權力」。每次出現這個詞時，譯者根據語境來確定該如何翻譯。

集體屬性。從現在到永遠，只有這樣的集體屬性才是最優秀的。正視權力的火焰與榮耀的火焰吧，你的身體裡也會因此而燃起熱烈的火焰。尊敬並效忠一位英雄吧，你自己也會因此而具有了英雄的品格。當然，這是男人的法則。女性的法則可能不太一樣。

如果違逆這個法則，情況將會如何？否認權力，權力就會衰落。否定一個比自己更偉大的人的權力，你自己也就失去了力量。然而，無論是現在還是將來，社會都需要管理與統治。因此否認權力必然意味著膜拜權威。如今權威已經取代了權力。我們有「神父」，有官員，還有警察。於是野心出現了，大規模的混戰，也就是競爭，發生了。人們無情地互相踐踏，唯恐別人掌握了權力。

像列寧這樣的人就是一個既偉大又邪惡的聖徒 [057]，他認為應該徹底毀掉權力。這種做法會使人完全失去遮蔽，赤身露體，卑賤而痛苦，毫無尊嚴。亞伯拉罕·林肯是一個半惡魔式的聖人，他傾向於徹底毀掉權力，但並不極端。威爾遜總統是一個相當邪惡的聖徒，他十分認同徹底毀掉權力的做法，可他本人卻實施著自大狂式與神經衰弱式的暴政。每個聖人都有可能變成魔鬼。像列寧、林肯、威爾遜這類人，只要保持純粹的個體性就是真正的聖人。可一旦觸碰到人們

---

[057] 此處「邪惡的聖徒」的意思是：一方面，列寧這樣的人具有偉大的社會理想與道德理想，這對人類是有益的；而另一方面，他的社會理想與道德理想是片面的，也會造成人們心靈上的痛苦與殘缺。

的集體性自我，聖人立刻變為魔鬼，成為一個破壞者。在這一點上，就連柏拉圖也毫不例外。偉大的聖人只對個體有益。也就是說，聖人只順應人性的單個側面。可是在我們內心深處還潛藏著人性的另一面，集體性。這是我們根本無法消除的東西。集體性的自我要麼就生機勃勃地存在著，活躍於健全的權力關係之中；要麼就被弄得顛倒扭曲，只能存在於痛苦的牴觸情緒中，竭力毀掉強者的權力，從而最終毀掉自己。

如今破壞權力的意志壓倒了一切。偉大的君主們 —— 所謂「偉大」，當然是指社會地位的顯赫 —— 比如不久前的沙皇，幾乎被大眾強烈的反抗意志弄成了白痴。本質上這是一種否認權力的意志。如今，現代的君主們不為人們所接受，除非他們幾乎真的成了白痴。所有掌握權力的人都落入這種境地，除非這個人自己就是一個權力破壞者或者是一個長著白色羽毛的鳥妖，而大眾擁護的正這樣的人。這些對權力充滿反抗情緒的大眾，尤其是「庸眾」，怎麼可能擁有一位真正的國王？因為統治他們的人必然遭到嘲笑並落入可悲的境地。

《天啟》已經在世上流傳將近兩千年了。它代表著基督教隱匿的一面，卻在現實生活中成效卓著。《天啟》不崇拜權力，而是希望消滅掌握權力的人，然後竊取權力，儘管自己孱弱不堪。

猶大別無選擇，只能把耶穌出賣給真實存在的權力，因為耶穌的教誨裡隱藏著對權力的否定以及某種針對權力的詭計。耶穌所採取的立場純粹是個體性的，哪怕與使徒相處的時候也是如此。他並沒有與使徒們真正交融在一起，甚至並沒有真正同他們一起工作過、行動過。他一直處於超然獨立的狀態。他令使徒們徹底困惑，甚至在某種程度上令使徒們感到失望。他不願意成為現實意義上的主人，即掌握權力的人。可像猶大這樣的人在內心裡其實對權力充滿崇敬，所以他感到自己被耶穌背叛了！於是他就背叛了耶穌 —— 用一個吻。同理，《新約》必然包含《啟示錄》這樣的內容，因為《福音書》必將像耶穌一樣，也得到一個死亡之吻。

四

　　以上所說或許有些費解，但集體意志的確是構成個人意志的最基本要素。基督教教會或者基督教團體，很早就表現出一種古怪的意志。他們渴望獲得一種詭異的權力，他們決心摧毀一切權力，然後自己篡奪最終的絕對權力。耶穌本人從來不曾教導世人做這樣的事情，但耶穌的教誨在大眾的內心裡的確會產生這樣的間接效果。這是無法避免的，因為大眾的內心並不像耶穌那麼強大，他們的品格也不如耶穌那麼卓越。耶穌教導人們，在無私的友愛中，人可以獲得自由，

還可以擺脫現實中的苦難。但這種「無私的友愛」，只有強者才能領會。對於軟弱的大眾來說，這種思想能使他們成為勝利者。於是，基督徒的集體意志便帶有反社會甚至反人類的色彩，從一開始就表現出對世界末日的狂熱期待，還表現出對毀滅全人類的狂熱渴望。當看到這一切並沒有實現的時候，他們就心懷仇恨，決意推翻所有掌握權力的人，非要把人類的一切輝煌成果消滅乾淨不可，只留下一些聖人在天國裡，宣示著他們對權力的徹底否定，也宣示著他們自己獲得了最終的權力。

在「黑暗時代」[058] 結束之後，天主教發生了改變，恢復了其人性化特質，再次符合天道運行的規律，遵循著一年中播種與收穫以及寒暑冷暖的季節變化規律，不再片面，具有了完整性，像早期基督教會那樣，在兄弟般的友愛、天然形成的領袖地位以及自我的榮耀這三個看似矛盾的問題中，建立了良好的平衡。在婚姻裡，男人獲得了小小的獨立王國，女人則擁有了不可侵犯的領土。在教會的指引下，基督徒的婚姻成為一個偉大的場所，可以使人獲得真正的自由，使人真正有可能實現自我。所謂自由，就是指人們可以身心飽滿而毫無匱乏感地活著。其實「自由」的含義原本不過如此，而且也必須如此。透過宣導這樣的婚姻，也透過反覆舉行崇

---

[058]「黑暗時代」是指歐洲歷史上的中世紀早期，大約從西元 476 年至文藝復興之前的時期。

尚自然天道的宗教儀式與節日慶典，早期的天主教竭力引領人們獲得自由。但可悲的是，天主教會很快就失去了這種平衡狀態，陷入世俗的貪欲之中。

緊接著就發生了宗教改革運動，曾經發生過的事情再次上演——基督徒表現出古老的群體意志，渴望摧毀符合人性的世俗權力，以民眾的消極權力代替。直到現在這種抗爭仍然在激烈地進行著，其恐怖程度絲毫沒有減弱。在俄國，世俗權力已經被消滅了，實現了聖人統治，列寧就是最受尊崇的聖人。

列寧的確是一個聖人。他具有聖人的全部優秀品格。如今，他像聖人一樣受到人們的膜拜，這是完全合情合理的。但聖人們總是竭力扼殺人類的英勇氣概，因此聖人也是魔鬼。比如清教徒，他們竟然想拔光蒼頭燕雀身上的美麗羽毛 [059]。真是一群魔鬼！

列寧所建立的聖人統治最終成為一個令人恐怖的政權 [060]。比起「非基督徒」的政權與歷代帝王的政權，這個政權頒布了更加繁多的戒律 [061]。這個政權注定如此。由聖人實施的統治都是可怕的。原因何在？原因就在於，人的本

---

[059] 這裡是比喻。清教徒崇尚節儉、克制，反對世俗中五花八門的娛樂。

[060] 此處對列寧的批評並不是從傳統的道德意義或政治意義上展開的，勞倫斯在此處是對西方文化進行一種顛覆性的反思，核心論點可以概括為「聖人就是魔鬼」。

[061] 原文是「thou-shalt-nots」，源於《聖經》中的摩西十誡。摩西十誡基本採用這樣的句式：Thou shalt not……意為「你不可……」。

性並非聖賢。人的靈魂中始終存在著一個原始欲望,這個欲望始於古老的亞當——在自己的獨立空間裡成為主人,成為主宰,成為一個閃亮奪目的人,只要他能夠擁有這樣一個空間。每只公雞都會站在自己的廄肥堆上放聲啼鳴,並豎起亮閃閃的羽毛。每個農民在自己的小茅屋裡或者酒意微醺的時候都是一個無比顯赫的沙皇。若獲得了貴族般的古老勇氣與華貴尊嚴,若處身於沙皇般的無上榮耀之中,任何一位農民都會實現最完美的自我。他們會成為尊貴的主人,成為主宰,成為一個閃亮奪目的人——這是他們閃亮奪目的自我。他們會用自己的眼睛打量自己,感覺自己就是沙皇!人類的心靈隱藏著諸多極深切、極強烈的需要,而這正是其中之一。人類的心靈對榮耀、華貴、驕傲、自信、榮譽以及主人地位充滿了強烈渴望。或許,人對這些東西的渴求甚至超越了對愛的渴求,更超越了對麵包的渴求。偉大的國王會讓臣民在自己的小小領地裡成為一個小小的君主,讓他在尊嚴與體面之中展開自己的想像,使心靈獲得滿足。這世界上最危險的事莫過於讓一個人看清自己的卑微處境,讓他醒悟自己不過就是一個被困在籬笆牆裡的雄性動物。這會令他沮喪,這甚至會讓他真的變得卑微。我們成為怎樣的人,其實取決於我們認為自己是怎樣的人。如今,男人們的雄性的、閃亮的自我已經被困住很久了,他們沮喪不堪,簡直就是備受屈辱。這樣的事情難道還不算邪惡?就讓飽受屈辱的人們親自

採取行動來改變這一切吧。

面對著人們的活潑天性與充滿力量的驕傲自我，像列寧這樣的聖人 —— 或者雪萊，或者聖法蘭西斯 —— 只會大喊：革出教門！革出教門！他們甚至故意摧毀人們的力量與氣概，將人們置於可憐的狀態之中。哎呀，真是可憐啊！如今，生活在現代民主制度中的人們，狀況真的是可憐至極。沒有什麼比絕對民主的制度更能將人類的生命帶入絕對匱乏的境地。而這種匱乏與金錢毫無關係。

群體是非人的，群體的特性比人性單調多了。群體最終將演變成最危險的東西，因為群體中實行的是暴政，雖不流血，卻冷漠而麻木。很久以來，就連美國或瑞士所實行的民主制度都會對英雄發出的吶喊做出回應，而這個英雄其實在某種意義上是一個真正的貴族，比如林肯 —— 在英雄的體內，貴族的本能是如此強烈。但是隨著時間的推移，在各個國家的民主體制中，人們漸漸失去了熱情，越來越不願意對英雄所發出的充滿貴族氣概的吶喊做出積極的回應。人類的全部歷史都證明了這一點。而且不僅如此，人們甚至還心懷惡意地抵制英雄的呼喚。人們只願意聽從平庸之輩的號令，於是平庸就成為一種力量，人們依仗這個力量肆無忌憚、麻木不仁地恃強凌弱 —— 平庸本身就是一種罪惡。就這樣，一向憤恨不平、地位低賤且品格卑鄙的政客們終於實現了出人頭地。

英勇無畏的人其實就是貴族。奉行清規戒律的民主則注定只屬於由弱者組成的群體。看似神聖無比的所謂「人民的意志」，會變成比任何一位暴君的意志更加盲目、更加卑鄙、更加冷酷、更加危險的力量。當所謂「人民的意志」變成了無數弱者所展現出來的軟弱性的總和，我們就必須將其打破。

當今的世界正處於這樣的局面。社會由無數軟弱的個體組成。這些弱者內心恐懼，戰戰兢兢。在他們的想像中，各種邪惡的事情隨時會發生在自己身上。他們一心要保護自己，想讓自己免於遭殃。然而這種恐懼心理恰恰就是滋生各種醜惡事物的溫床。

這就是當代基督教群體的現狀，人們永遠被困在各種狹隘的清規戒律之下。這就是基督教教義在現實生活中帶給人們的惡劣影響。

五

上述一切，都可在《啟示錄》中看到徵兆。首先，《啟示錄》呈現出一種心理狀態，心理學家會稱之為「受挫的好勝心」；其次是由此而產生的另一個心理現象，即「自卑情結」。至於基督教的積極方面，比如人在沉思中獲得寧靜，

無私奉獻時體驗到愉悅，放下欲求之後達到平和，以及學習知識時感受到快樂，這些則在《天啟》中根本找不到。這是因為《天啟》迎合的是人性中的非個體性方面，其根源在於作者本人受壓抑的群體性自我。而沉思與無私奉獻這類行為只適用於純粹的個體，甚至是孤立的個體。純粹的基督教絕不適合於國家或者社會。這一點在第一次世界大戰中展現得再清楚不過了。純粹的基督教只適合個體。而群體需要的是其他形式的精神激勵。

《天啟》這部書，儘管其主旨精神令人厭惡，但這部書同時也包含了另外一層精神內涵。之所以說這部書令人感到厭惡，原因只有一個，那就是這部書裡充斥著一股危險的戾氣，到處是受挫的、壓抑的群體性自我發出的狂喊，其深處是人們內心裡無法得到釋放的權力精神與復仇心理。但是這部書也包含著某種真正的、積極的權力精神。這部書的開頭讓我們感到很吃驚：「約翰寫信給亞細亞的七個教會：但願從那昔在、今在、以後永生的神，和祂寶座前的七靈，並那誠實作見證的，從死裡首先復活，為世上君王元首的耶穌基督，有恩惠、平安歸於你們；祂愛我們，用自己的血使我們洗清罪過，使我們做祂的父，神，的祭司。但願榮耀、全能歸給祂，直到永遠永遠。阿門。看哪！他駕雲降臨。眾目要看見祂，連刺祂的人也要看見祂，地上的萬族都要因祂哀

哭。這話是真實的。阿門。」[062] —— 我一向使用的是莫法特翻譯的《聖經》，因為他的譯文比權威版更清晰易懂。

但是在此處，耶穌的形象令我們感到困惑。這裡的耶穌與那個在加利利沿著湖畔漫步的耶穌迥然不同。然後，接下來的內容是：「當主日我被聖靈感動，聽見在我後面有大聲音如吹號，說：『你所看見的，當寫在書上。』我轉過身來，要看是誰發聲與我講話；既轉過身來，就看見七個金燈臺。燈臺中間，有一位好像人子，身穿長衣，直垂到腳，胸間束著金帶；他的頭與髮皆白，如白羊毛，如雪；眼目如同火焰；腳好像在爐中鍛鍊光明的銅；聲音如同眾水的聲音。祂右手拿著七星，從祂口中出來一把兩刃的利劍；面貌如同烈日放光。我一看見，就撲倒在祂腳前，像死了一樣。祂用右手按著我說：『不要懼怕。我是最先的，我是末後的，又是那存活的；我曾死過，現在又活了，直活到永遠永遠；並且拿著死亡和陰間的鑰匙。所以你要把所看見的，和現在的事，並

---

[062] 《啟示錄》，1:4-7。在歷史上，《聖經》最初是用希伯來語寫成的，後來出現的希臘語、拉丁語《聖經》，皆為從希伯來語翻譯而成。至於再後來出現的各現代語種的版本，多為從希臘語或拉丁語翻譯而來。此處勞倫斯引用的是莫法特的英譯《聖經》。與文藝復興末期英王詹姆斯一世欽定版《聖經》相比，莫法特版的措辭更為簡潔明瞭。比如，英王詹姆斯一世欽定版中：「John to the seven churches which are in Asia: Grace be onto you, and peace, from him which is, and which was, and which is to come......」而勞倫斯所引用的莫法特版中對應的英語譯文是：「John to the seven churches in Asia: grace be to you and peace from HE WHO IS AND WAS AND IS COMING......」目前通行的中譯《聖經》，譯文簡潔清晰，且文體風格也非常恰當。勞倫斯指出的英王欽定版《聖經》存在的問題，比如矯飾、繁冗等，在中譯本中並不存在。所以本書中所引用的《聖經》內容，譯者直接採用了目前華人中最為通行的中譯和合本《聖經》。

將來必成的事都寫出來。論到你所看見在我右手中的七星和七個金燈臺的奧祕；那七星就是七個教會的使者；七燈臺就是七個教會。你要寫信給以弗所教會的使者，說：那右手拿著七星在七個金燈臺中間行走的說……』」[063]

在此處，口吐邏各斯之劍並手握七星的，就是上帝之子。因此也可以說，這就是彌賽亞，即耶穌。而此處的耶穌與客西馬尼[064]的耶穌大不相同。客西馬尼的耶穌說：「我心裡憂傷，幾乎要死；你們在這裡等候，保持警醒。」[065]這才是早期基督教教會特別是亞細亞的教會所信奉的基督。

可是此處的耶穌又是怎樣的呢？這是偉大而榮耀的耶穌，與以西結和但以理在幻象中所見到的全能的上帝幾乎一模一樣。這是一位無比偉岸的宇宙之王，站在七個永不熄滅的燈臺之間，這七個燈臺代表著七個古老的行星，太陽、月亮以及五個星星都圍繞在他的腳邊。他的光輝的頭顱位於北方的天空，即北極上空的神聖區域。他右手握著大熊星座的七個星星，即北斗七星。他轉動北斗七星，使其圍繞北極星旋轉，就像我們現在看到的那樣。北斗七星的旋轉引起了整個天空的旋轉乃至整個宇宙的旋轉。他主宰著萬物的運行，使宇宙秩序井然。然後，他從口中再次吐出「上帝之言」的雙刃劍，這是強大的武器 —— 邏各斯。這把劍將沉重地擊打

---

[063] 《啟示錄》，1:17-2:1。
[064] 客西馬尼是基督被出賣後被捕的地方。
[065] 《馬可福音》，14:34。此處的耶穌展現出豐富的情感與人情味。

整個世界（而且最終將毀滅整個世界）。這就是耶穌帶給世人的劍。最後，他的臉像太陽一樣發出強烈的光芒。我們都知道，太陽是生命之源，其光芒讓人頭暈目眩，以至於我們直面太陽時會像死過去了一樣撲倒在地。

這就是耶穌——不僅是早期教會信奉的耶穌，還是現代人普遍信奉的耶穌。這裡的耶穌不再有謙遜與忍耐的意味。這個形象表露的其實是我們自己的「好勝心」，同時也展現著人們對於上帝的「另一種」理解，而且很可能是更深刻也更偉大的理解——上帝就是宇宙的推動者！在拔摩島的約翰看來，上帝就是宇宙之王[066]，或者是宇宙至尊[067]——宇宙的偉大統治者，宇宙的力量。但遺憾的是，根據《天啟》這部書的觀點，人只有死後才能分享統治宇宙的權力。如果一個基督徒為殉教而被處死，那麼他將在基督第二次降臨時復活。到那時這位殉教者將成為宇宙中的一位小小的君主，他將統治世界一千年。這顯然是對弱者的神化。

但是在約翰看來，上帝之子，即耶穌，卻不只意味著這些。祂掌握著打開死亡之門與冥府之門的鑰匙。祂是冥世的主宰。祂就是荷米斯，負責引領亡魂穿越陰間並渡過冥河，掌握著死者的祕密，知曉大浩劫的含義，擁有陰間裡的最高權力。一切宗教的背後歷來都有亡魂與死神在盤旋，活著的

---

[066] 原文為「Kosmokrator」。「Kosmo」意思是「宇宙的」，「krator」意思是「聖王、尊者」，皆為古希臘文變體。此處為意譯。

[067] 原文為「Kosmodynamos」。此處為意譯。

人群之中也藏匿著祂們的身影，祂們是原始希臘神話中的地府冥神，祂們一定會承認耶穌就是祂們的最高首領。

亡魂的主宰就是未來的主宰，也是當下的主宰。祂向世人展示過去、現在與未來。

這才是為你而降臨的耶穌！然而現代基督教打算把這個耶穌弄成什麼樣子呢？前面所講的，是第一代信眾所信奉的耶穌，是早期天主教所信奉的耶穌。黑暗時代結束之後，這個耶穌再次顯現，但有所變化。這一次，祂重新與生命、死亡以及天道相通，與人類心靈的偉大歷程相通，而這與現代新教以及現代天主教截然不同。後兩者只包含了狹隘的個人心靈歷程，與天道相割裂，與冥世相割裂，與掌控星辰運行的偉大主宰相割裂。狹隘的個人救贖思想與狹隘的道德取代了恢弘的天道，我們失去了太陽與行星，失去了右手掌握著大熊星座之七星的上帝。我們生活在一個卑賤而可憐的世界裡，我們甚至丟失了開啟冥府大門的鑰匙。這是一個何等孤立而封閉的境地！我們所能做的，就是用所謂兄弟般的友愛把所有人一個接一個地拉進這個困境之中。我們唯恐別人會充滿氣概並發出光芒，因為我們自己已經變得軟弱而黯淡。我們，狹隘的布爾什維克主義者，當今的所有世人，都下定決心，禁止一切人發出太陽般的光芒，因為這樣的人定然映襯出我們自己的黯淡無光。

現在我們再一次意識到，我們其實對《天啟》這部書懷

著雙重的情感。突然間，我們從這部書中看到了一縷古代異教的光芒，驚喜地感受到天道的雄偉與壯闊。不僅如此，我們還從中看到了「人」——那個宛如恆星的人。突然間，我們再次嚮往古老的異教世界。那個世界遠遠早於約翰的年代。我們感到自己極度渴望擺脫逼仄而孤立的困境，再也不願回到虛弱的生命狀態。我們渴望回到那個遙遠的世界，在那個世界裡人們尚不知「恐懼」為何物。我們渴望逃離這個牢牢束縛著我們的機械的「宇宙」，渴望回到偉大的生機勃勃的宇宙中去。那是「未開化」的異教徒擁有的宇宙！

我們與異教徒的最大差異，可能就在於我們與宇宙建立了不同的連繫。在我們這裡，一切都是以私人為中心。大地與天空，在我們眼裡都是映襯私人生活的背景，儘管很美麗，但除此之外再無深意。就連科學家所描述的宇宙在我們眼裡也不過就是我們自己人格的延伸。然而對於異教徒來說，身邊的風景與私人的生活背景是無關緊要的，宇宙才是一個真實的存在。在異教時代，人與宇宙和諧共生，人對於宇宙的了解比對自己的了解還多。

不要以為我們現代人所見到的太陽與古代文明中的太陽是一樣的。我們所見到的不過就是科學意義上的一個小小發光體，一個燃燒著的氣體球。可是在以西結與約翰的年代之前，在漫長的古代，太陽宏偉而壯觀，且真真實實地存在著。人們從太陽那裡汲取力量與光芒，回贈太陽虔誠的膜拜

與由衷的感激，以及崇高的榮耀。但是在我們現代人這裡，人與太陽的連繫已經斷裂了，能使我們對太陽做出回應的感覺中樞已經僵死了。如今，我們的太陽與古代人所見到的朗照乾坤的太陽完全不同，我們的太陽顯得微不足道。現在，我們或許看到了那個被我們稱為太陽的東西，但是我們永遠地失去了海利歐斯[068]，更永遠地失去了迦勒底人所看到的那個偉大天體。我們已經失去了宇宙，因為我們與太陽之間不再有充滿感應的連繫，這就是我們現代人最大的悲劇。古代人與宇宙渾然一體，因而生機勃勃、神采奕奕、滿懷自豪。相比於古人，我們對大自然的熱愛是多麼狹隘啊。哦，大自然！

　　《天啟》中一些宏偉的意象使我們獲得異常深刻的感受，讓我們進入一種狂放激昂的自由境界 —— 這是一種真正的自由，因為我們抵達了某種真實，而不是遁入虛無。我們終於逃離了被現代人稱為宇宙的那個狹小囚籠。這個宇宙十分逼仄，儘管天文學家說它廣闊無邊。之所以說它逼仄，是因為這個宇宙僅僅是在空間上無止境地延伸，枯燥單調，永無盡頭，毫無意義。而《天啟》卻帶領我們進入一個充滿活力的宇宙，讓我們感受到一個煥發著無窮生機的太陽。這個太陽俯視著我們，希望我們也回饋他力量，否則他將變得衰弱。他在蒼穹中運行著，神奇而壯觀。誰說太陽不會開口

---

[068] 古希臘神話中的太陽神。

對我們講話！太陽是有意識的，他的意識磅礴而熾熱。而我也是有意識的，我的意識雖微小卻也熾熱。當我擺脫了種種毫無價值的思緒與雜念，只保留那個赤裸的、能夠與太陽相呼應的自我時，我就能夠與太陽進行密切的交流了。在那一刻，我與太陽進行熱烈的交流，他賦予我生命力，那是來自太陽的生命力，我回贈一縷清新的光亮給他，這縷光亮來自鮮紅的血液。可是如今，偉大的太陽就像一條憤怒的巨龍，憎恨我們身體裡的那種緊張而狹隘的意識。現代人享受日光浴的時候一定能夠覺察到這一點，因為太陽一面把他們的皮膚晒成棕色，卻一面瓦解著他們的意識。然而太陽也像一頭猛獅，他喜愛充滿生命力的鮮紅血液，他能夠源源不斷地滋養鮮紅的血液，但前提是我們必須懂得如何接受這種滋養。可惜的是，我們並不懂得。我們已經失去了太陽。如今，太陽一面照射著我們，一面摧毀著我們，瓦解我們身體裡的某種東西 —— 太陽已經成為一條帶來毀滅的惡龍，不再是生命的給予者。

我們也失去了月亮，那個清冷、明亮、時刻變化著的月亮。那個月亮原本能夠安撫我們，用光滑明亮的手舒緩我們緊張的神經，用她清冷的容顏使我們恢復平靜。我們蒼白的身體充滿了體液，包裹著緊張的意識，身體裡的肉是潮溼的，而月亮是給予我們軀體的母親，是撫慰我們身體的戀人。月亮能夠撫慰我們，能夠治癒我們的傷痛，能夠像偉大

的阿提密斯[069]那樣把我們擁進她清涼的懷抱。可是我們已經失去了她，因為我們愚不可及，竟然對她視若無睹，她因此而怒視著我們，抽打著我們的神經。哦，要警惕夜空裡的那個憤怒的阿提密斯，要警惕那個滿腔怨恨的希栢利[070]。還要警惕那個長著角的阿斯塔蒂[071]，因為祂也對我們懷恨在心。

那些在夜晚開槍自殺的戀人們，他們為愛而自戕，這是多麼可怕。其實，是阿提密斯向他們射出的毒箭讓他們發了瘋。月亮對他們充滿敵意，對他們滿懷強烈的仇恨。唉，如果月亮敵視你，那麼你一定要在寒冷的夜晚提高警惕，尤其是在意亂情迷的夜晚。

如今，這些話可能聽起來像是胡說八道。這只是因為我們現代人都是愚蠢的傻瓜。在我們的血液與太陽之間的確存在著永恆的生命紐帶。在我們的神經與月亮之間也存在著永恆的生命連接。如果我們割裂了這種連繫，破壞了我們與它們之間的和諧，那麼太陽與月亮將變成毀滅我們的惡龍。太陽滋養我們的血液，是生命力的源泉，他把力量源源不斷地輸送給我們。但是如果我們抗拒太陽，如果我們說：那不過就是一個氣體球！──那麼原本向我們輸送生命力的陽光就會化作破壞性的力量，以難以察覺的方式慢慢摧毀我們。月亮、行星以及偉大的恆星，莫不如此。它們既能創造我們，

---

[069] 月亮女神。
[070] 古代小亞細亞人崇拜的自然女神。
[071] 腓尼基人崇拜的愛情與生育女神。

也能毀滅我們。我們根本無法逃避它們對我們產生的影響。

我們與宇宙是一體的。宇宙是一個巨大的生命體,我們是宇宙的組成部分。太陽是一個巨大的心臟,它發射出的射線震動我們體內最細小的血管。而月亮則是一個巨大的、發著光的神經中樞,我們永遠因它的影響而顫抖。誰能搞清楚土星對我們的影響是什麼?還有金星對我們的影響又是什麼?但這是一種巨大的力量,時時刻刻像連綿不斷的漣漪一樣湧向我們,彌漫在我們的身體裡。如果我們對畢宿五星視而不見,那麼畢宿五星就會永不停歇地用刺刀刺向我們。非順我者,即逆我者!這就是宇宙的法則。

以上所說的一切都是真實的,沒有半點玄虛。在輝煌的古代,人們已經懂得這些道理。在未來,人們也一定會重新懂得這些道理。

早在拔摩島的約翰的年代,人們,尤其是受過教育的人們,就已失去了那個偉大的宇宙。太陽、月亮、行星,不再是交流者、融合者、生命的賦予者,也不再是輝煌的天體,不再令人敬畏,早已陷入死寂的狀態。這些天體冷漠而專制,用機械的方式決定著萬物的命運。早在耶穌生活的時代,人們就已把宇宙變成了一個機械性的體系,萬物的興衰就由這個機械性的體系來決定。這個宇宙早已成為一個牢籠。基督徒們為了逃離這個牢籠,連帶著把肉體也否定了。但遺憾的是,實在無路可逃啊!尤其是透過否定現實來進行

逃避，這是最危險的行為。基督教，以及我們創造出來的以理念為主導的文明，早已淪為一種漫長的逃避。這種狀態引起了無數的謊言與無盡的痛苦。現在，人們終於理解了這是一種怎樣的痛苦，這種痛苦並非源於生理上的不足，而是源於生命力的衰竭——比起吃不到麵包，生命力萎縮豈不是更加令人痛苦！這是一次漫長的逃避，其唯一結果就是人終於發明了機器！

我們早已失去了宇宙。太陽不再賜予我們力量，月亮也不再撫慰我們。用祕教的話來說，月亮已向我們呈現出黑色，太陽宛如喪服一般。

現在我們必須找回那個偉大的宇宙，但這不是靠耍一點小聰明就能夠辦到的。我們的身心原本能夠對宇宙做出豐富的回應，但是這種能力已經僵死了，我們必須喚醒我們體內的這種能力。扼殺這種回應能力，人們用了兩千年的時間，如今想要喚醒這種能力，又有誰能說得清我們還得用多長時間才能實現！

每當我聽到現代人抱怨自己太孤獨，我就立刻明白究竟發生了什麼。其實他們是丟失了宇宙。我們缺少的不是人類自身的東西，我們缺少的是與宇宙相交融的生命，我們需要的是自己身體裡的太陽與月亮。我們赤身露體，像豬一樣躺在沙灘上，但這並不意味著我們擁有太陽。太陽一邊把我們的皮膚晒成棕色，一邊腐蝕我們的內心，可我們並不能立刻

意識到這一點，因為這是一種逐漸分解的過程。只有透過虔誠的膜拜，我們才能真正擁有太陽。同樣，只有透過虔誠的膜拜，我們才能真正擁有月亮。我們要膜拜我們用眼睛看到的太陽，同時也要膜拜我們透過血液感知到的太陽。在這件事上，耍小聰明或者裝模作樣都只能讓情況變得更糟。

六

現在我們必須承認，我們應該感激聖約翰為我們寫下了《啟示錄》這部書，因為在這部書裡他用隱晦的方式為我們描述了恢弘的宇宙，讓我們能夠實現與宇宙的片刻交融。的確，這種交融狀態只能是短暫的，然後就被另外一種完全不同的精神破壞了，即「充滿希望的絕望精神」。但我們仍應該為這片刻的交融而感激聖約翰。

在《天啟》的前半部分裡，隨處都閃現著真正的宇宙崇拜精神。黑暗時代結束之後，早期天主教教會曾在一定程度上恢復了宇宙崇拜，但在眾多的基督徒心目中，宇宙已經被排除在宗教信仰之外。宗教改革之後，宇宙被新教徒再次從信仰中清除掉。他們用毫無生機的宇宙代替了古老的宇宙。他們的宇宙充滿了各種蠻力，遵循的是機械性秩序，而且除了力與機械性之外，其他一切都變成了抽象的概念。人們從此進入了緩慢的死亡過程。在這個過程中，科學與機器誕生

了，而此二者皆為「死亡」的產物。

毫無疑問，死亡是不可避免的。人類社會正是在這樣一個漫長的過程中緩慢地死去。這個過程與耶穌所經歷的迅速的死亡在本質上是一樣的，與諸神的瀕死狀態遙相呼應。這的確是死亡，其結果將是人類的滅絕 —— 這正是拔摩島的約翰所熱切期待的 —— 若要避免這樣的結局，唯一的出路就是做出改變，恢復人類的生機，回到宇宙的懷抱。

對宇宙的描寫，在《啟示錄》裡隨處隱約可見。但是我們根本無法確定，這些欲言又止的描寫是否真的出自拔摩島的約翰的筆下。身為一位天啟作者，他是在借用異族的火光呈現自己的悲傷與希望。在基督徒的心裡，希望有多大，絕望就有多深。

其實，在基督教出現之前《天啟》就已經存在了。「天啟」是一種特殊的文學形式，猶太人與猶太基督徒都曾寫過這類作品。這種文學形式大約出現於西元前 200 年左右，晚於《先知書》[072] 的成書時間。其實《但以理書》就是一部早期的「天啟」，最起碼《但以理書》的結尾部分肯定是「天啟」；另一部早期的「天啟」應該是以諾的《天啟》[073]，這部書最古老的章節形成於西元前二世紀。

猶太人，即上帝的選民，一直認為自己是應天命而生的

---

[072] 《先知書》是《舊約聖經》的一部分，從《以賽亞書》到《瑪拉基書》都屬於《先知書》。
[073] 以諾的《天啟》現已被基督教認定為偽經。

民族。他們曾一再抗爭，卻一再慘敗，最終放棄了。被稱為安條克·埃皮法尼[074]的塞琉古國王們毀掉了猶太人的神廟，此後猶太民族就不再幻想建立一個通常意義上的偉大的猶太帝國，先知們永遠地沉默了，猶太人的天命被無限期地拖延。於是，先知們紛紛開始寫作「天啟」。

先知們必須解決天命被拖延的問題。而這個問題單靠預言已無法解決，「幻象」才是解決這個問題的最好辦法。上帝從不告訴祂的僕人即將發生什麼，因為即將發生的事幾乎是無法講述的。上帝只為祂的僕人展示幻象。

任何一次深刻的新突破，都會重拾舊意識，即回歸到幾乎被遺忘的古老的意識中去。同樣，天啟作者們也紛紛重拾古老的宇宙觀。神廟被第二次摧毀之後，猶太人徹底絕望了，有意識地或者無意識地不再對選民在塵世中獲取勝利抱有任何希望。於是他們頑強地寄希望於來世。這就是天啟作者的根本出發點：在幻象中描述選民們在來世將獲得的勝利。

為了描述這個勝利圖景，他們需要有一個能夠俯瞰一切的視角 —— 他們必須既清楚開端又知曉結尾。在此之前，人們從來不曾渴望了解世界將會怎樣毀滅。人們一直覺得，世界已經被創造出來，並將永遠存在下去，知道這些就足夠了。但是到了此時，天啟作者們必須構想出世界末日的圖景。

---

[074] 人們用這個名字統稱敘利亞塞琉古王國的十三位國王中的任何一位。

於是他們把目光投向宇宙。以諾所描述的關於宇宙的幻象非常有趣，不太符合猶太人的風格。但是以諾在描述幻象時對宇宙中的方位掌握得極為精確，這一點令人感到不解。

　　當我們開始閱讀約翰所寫的《天啟》並逐漸了解其中的內容時，就會為這部書裡的一些內容感到震驚不已。首先，是這部書所呈現的鮮明的結構。這部書分為兩部分，這兩部分的主旨截然不同。前半部分講的是彌賽亞出生之前的事情，其主旨似乎是拯救與新生，即讓這個世界獲得新的生機。然而，後半部分講的卻是異教徒興起之後的事情，流露出一種仇恨世界的情緒，古怪而又神祕。同時，這也是對世俗權力的仇恨。無論何人何事，只要違背了彌賽亞，《天啟》的後半部分都對之表露出強烈的仇恨。這部分極為醒目地表達了強烈的仇恨，並直接了當地表達了一個強烈的渴望，即渴望看到世界的毀滅。「渴望」，是唯一可以描述這種想法的詞彙。《天啟》作者非要看到那個為人們所熟知的宇宙被徹底消滅不可，他們希望只留下一個聖城，以及一個深淵一般的地獄，地獄裡燃燒著熊熊的烈火。

　　《啟示錄》前後兩部分，主旨截然不同 —— 這是令我們感到吃驚的第一件事。前半部分的內容較為凝鍊，所以就比後半部分晦澀難懂些，而且前半部分所包含的情感更為強烈，同時其內涵也更為博大而深邃。也不知道是怎麼回事，我們在前半部分裡感受到的是異教世界的恢弘壯麗，而在後

半部分裡，我們感受到的卻是作為個體的早期基督徒的宗教狂熱。這種狂熱與現在教堂裡的普通信眾以及復興主義者所流露出的狂熱非常相似。

其次，我們還覺察到，在前半部分裡，我們接觸到了偉大的古代象徵符號。這些符號帶領我們回到遙遠的過去，回到了異教徒所仰望的宇宙中。可是在後半部分中，所採用的意象卻具有鮮明的猶太寓言特點，非常有現代感，也非常淺顯易懂，用世俗生活的經驗就能解釋其全部含義。就算某些意象偶然呈現出真正的象徵意味，這些意象也絕不是被直接鑲嵌在現代建築中的古代磚瓦，而只是遙遠的古代在這部書中留下的一點淡淡的痕跡。

令我們感到震驚的第三件事是，這部書反覆使用異教以及猶太教中表示權力的稱謂來指代上帝與人子。「萬王之王」與「萬主之主」這兩個典型稱謂貫穿全書的始終，此外還有「宇宙之王」[075] 和「宇宙至尊」[076]。這些都是表示權力的稱謂，而不是表達愛的稱謂。作為全能的征服者，基督揮舞著巨劍，不停地破壞，毀滅了無數人，直到鮮血漫過了他的坐騎。這根本就不是救世主基督，根本不是。《天啟》中的人子為塵世帶來一種可怕的新型權力，即便龐貝將軍或者亞歷山大大帝以及波斯國王居魯士所擁有的權力也無法與之

---

[075]　此處原文是「Kosmokrator」。
[076]　此處原文是「Kosmodynamos」。

相比。這是權力，非常可怕的權力，可以帶來沉重打擊的權力。當人們讚美人子或者為人子唱讚美詩時，人們所稱頌的實際上是他的權力、財富、智慧、力量、榮耀以及恩澤。這原本是對世俗中的國王或者法老們的讚美，根本不適合用來讚美被釘在十字架上的耶穌。

於是我們陷入困惑之中。如果拔摩島的約翰是在西元96年完成了這部《天啟》，那麼令人感到奇怪的是，他對耶穌的生平竟然所知甚少，一點也沒展現出《福音書》的精神。要知道，耶穌的生活年代以及《福音書》的寫作年代均在他寫作這部書之前啊。這位拔摩島的老約翰，無論其真實身分如何，的確是一個讓人琢磨不透的人物。但是不管怎麼說，他集中表達的情感就是未來幾個世紀人類社會即將出現的那種情感。

關於《天啟》這部書，我們的感覺是，這不只是一部書，而是由好多部書匯合而成。但是《新約》裡的《天啟》並不像以諾的《天啟》那樣只是把很多書拼湊起來。這部書毫無拼湊的痕跡，但包含了很多層次。這就好比，在挖掘一個深埋在地下的古代城市的過程中，你會看到不同時期的文明沉積在不同深度的地層中。沉積在這部書最底層的是異教文明，這部書的底稿可能是愛琴文明時代的某部書，主要內容大概是異教的神祕教義。這部書先是被猶太教的天啟作者們一再改寫、擴寫，最終被猶太基督徒中的天啟作者約翰反

覆改寫。約翰去世後，這部書又被後來的基督教編輯者們反覆提煉、修改、增刪，因為他們希望將它變成一部真正的基督教經書。

拔摩島的約翰生前一定是一個古怪的猶太人：性情暴躁，滿腦子都是希伯來語的《舊約》，同時還精通各類異教思想。所有能夠點燃他的狂熱激情的事物，他都精通。他還狂熱地期待基督的第二次降臨，期待羅馬帝國在基督的巨劍之下徹底覆滅，期待上帝的憤怒的酒榨將人類剿滅乾淨，直到鮮血漫過馬的轡頭，期待比歷代波斯國王更加偉大的騎白馬者獲得勝利。接下來，在他的想像中，殉教者將統治世界一千年，在此之後，哦，在此之後，就是整個世界徹底毀滅，然後就是最後的審判。「主耶穌啊，我願祢來！」[077]

約翰堅定地相信耶穌很快就會降臨。早期的基督徒們戰戰兢兢地把全部希望寄託於耶穌的再次降臨。這個願望在其他人看來是多麼恐怖！這足以使異教徒認為基督徒是全人類的公敵。

但是耶穌一直不曾降臨。以至於現在我們也不太關心耶穌是否真的會降臨了。讓我們感興趣的是異教對這部書的影響，以及至今仍殘留在這部書裡的異教內容。現在我們理解了，當時的猶太人只能用異教徒的視角來觀察非猶太人的世界。大衛王時代結束之後，猶太人已經失去了觀察世界的獨

---

[077] 《啟示錄》，22:20。此處的原文是莫法特的英譯文。

立視角。在此之前，他們不斷內省，膜拜心裡的耶和華，結果就是，他們最終失去了觀察外部世界的能力。於是他們只好用相鄰的異族人的視角來觀察世界。猶太先知們觀看幻象時，所看到的也只能是亞述人或迦勒底人的幻象。他們借用異族人的神祇來觀察自己的那位不可見的上帝。

以西結的偉大幻象在《天啟》中反覆出現，其本質是異教的，估計後來被心懷嫉恨的基督徒在抄寫時故意篡改成現在這個樣子。這個幻象所表達的其實是異教徒對時代精神、「宇宙之王」以及「宇宙至尊」[078] 的理解。這是一個非常宏偉的思想。在此基礎上，這部書還添加了另一個意象，即宇宙之王站在天空的巨輪之間，這些巨輪被稱為阿那克西曼德 [079] 之輪。在這裡，我們終於明白了這部書引領我們進入了怎樣的世界。這部書讓我們置身於異教宇宙的宏偉世界之中。

但是《以西結書》裡的文字已被篡改得面目全非。毫無疑問，是狂熱的基督徒在謄寫時篡改了這部書，他們想掩蓋書裡的異教幻象。這種故意篡改的行為在歷史上屢見不鮮。

儘管如此，在《以西結書》中竟然可以看到阿那克西曼德之輪，這終究是非常令人震驚的。阿那克西曼德之輪證明，古人渴望對和諧而複雜的宇宙運行狀態做出解釋。關

---

[078] 原文分別是「Kosmokrator」與「Kosmodynamos」。
[079] 古希臘米利都學派唯物主義哲學家、天文學家、數學家。

於巨輪的設想是以世界的二元性為基礎的，即溼與乾、冷與熱、空氣（或雲）與火，這是異教徒對萬物中二元對立的「科學」現象的最初理解。天空中的巨輪不停地旋轉，這是多麼令人神往，又是多麼不可思議。這些巨輪由濃稠的空氣或厚實的烏雲構成，裡面包裹著耀眼的宇宙之火，火的光芒透過巨輪的孔隙照射下來，形成了燦爛的太陽與璀璨的星辰。所謂天體其實就是黑色巨輪上盛滿火焰的小孔。每個輪子裡面還套著輪子，每一層的輪子都朝著不同的方向轉動。

阿那克西曼德大概是古希臘第一位思想家，據說他於西元前六世紀在伊奧尼亞提出了天空之輪的理論。但以西結卻是從巴比倫人那裡學到這個理論的。又有誰知道這個理論會不會原本就是迦勒底人的思想呢。可以確定的是，在這個理論至少是脫胎於迦勒底人在漫長的歷史時期中累積的天文學知識。

在《以西結書》裡能看到阿那克西曼德的巨輪，這真是一件讓人感到無比欣慰的事。因為這使《聖經》成為一部關於人類的書，而不是一個被塞子塞住的、盛滿了「神靈的啟示」的瓶子。我們在這部書裡還能看到，天空的四個方位裡有四個「活物」，這四個「活物」都長著翅膀，在天空裡亮閃閃的。能看到這些，也是一件令人感到欣慰的事。當看到這些描述，我們瞬間就脫離了當下的時空，來到了迦勒底人的偉大星空之下，我們的心靈不再被禁錮在狹小的猶太神龕

之內。糟糕的是，這四個「活物」後來被猶太人賦予了人格化特徵，變成了四位大天使，甚至還有了名字，比如米迦勒和加百利。這只能說明猶太人的想像力是有限的，總是跳不出人類自身的經驗。儘管如此，令人欣慰的是，現在我們終於意識到，上帝的這四位護法，即四位大天使，在迦勒底人的宇宙學理論中，其實就是古代天空四個方位裡長著翅膀、看上去像星星一樣閃亮的「活物」，它們振動著巨大的翅膀，鎮守著天空的四角。

　　但是到了拔摩島的約翰的筆下，「巨輪」不見了。早在很久以前，「天體」就已取代了「巨輪」。但是這更加突顯出，上帝是宇宙中多麼不可思議的謎。上帝像琥珀色的天火一樣，創造了並統治著星輝燦爛的宇宙，是偉大的造物主，是宇宙之王，是祂推動了宇宙的巨輪。上帝是偉大且真實存在的神靈，是一切力量的源頭，但這並不是指心靈的力量或者道德的力量，而是指宇宙的力量與生命的力量。

　　順理成章也好，牽強附會也罷，那些正統的釋經者對於這一點向來持否認態度。執事長查理斯[080]承認，人子右手握著的七個星星就是圍繞著北極運轉的大熊星座裡的七個星星，還承認這七個星星源自巴比倫人的天文學理論。但是他緊接著又說道，「我們的作者[081]當時可能並沒有想到這一點。」

---

[080]　查理斯（Robert Henry Charles, 1855-1931），西敏寺執事長，頗負盛名的宗教學者。
[081]　基督教內部通常用「我們的作者」來稱呼《聖經》作者。

當然，如今那些了不起的神父們都非常懂得「我們的作者」的內心想法。既然拔摩島的約翰是基督教的聖人，那麼他的腦子裡根本「不可能」有任何異教思想。歸根結柢，正統派觀點就是這個。但實際上，「我們的作者」——拔摩島的約翰——所流露出來的幾近於野蠻的異教思想讓我們震驚得瞠目結舌。無論他究竟是何種身分，他的確毫無顧忌地使用了異教符號，甚至毫無顧忌地全盤接受了異教的信仰。古代宗教所崇拜的是生命力、力量與權力，這一點我們永遠都不應該忘記。只有希伯來人的宗教才是道德化的，但希伯來人也只是在某些方面呈現出道德化的特點而已。在所有古代異教信仰中，道德僅僅意味著社交禮儀，指的是得體的言行。但是到了基督的時代，所有的宗教以及所有的思想似乎都不再延續古老的信仰，不再信奉生命力、力量以及權力，而是開始思索死亡、死後的福報與死後的惡報，以及道德等問題。從那個時候起，宗教不再崇拜現世的生命，轉而信仰來世，崇拜死亡與死後的福報。所謂「來世的福報」，意思是「你在此生必須是個好人」。

拔摩島的約翰滿腦子都是復仇思想，接受了「死後才能應驗的天命」這個說法，但對於「在此生成為好人」卻並不太在意。他渴望得到的是「至高無上」的權力。儘管身為猶太人，但實際上他是個異教徒，內心深處崇拜的其實是權力，咬牙切齒地幻想著在死後獲得無上的榮耀。

我認為，他非常清楚這些象徵符號在異教思想中的含義，更知道這些符號所代表的異教思想是與猶太教和基督教尖銳對立的。他隨心所欲地使用這些具有異教含義的符號，因為他可不是一個畏手畏腳的人。若說拔摩島的約翰根本就不理解推動宇宙巨輪的「宇宙至尊」，也不清楚右手握著七個星星的宇宙之「火」究竟蘊含著怎樣的意義[082]，就連那位執事長[083]也不會相信。在西元一世紀，世界上遍布著崇拜星辰的宗教。在東方國家，就連小孩子都知道這位宇宙的推動者。正統派的釋經者們先是草率地下結論說，「我們的作者」頭腦裡根本就沒有崇拜星辰的異教思想，然後又詳細論證了這樣一個觀點：人憑藉基督教逃離了無感無識、充滿機械力的天空，擺脫了行星對人的控制以及由占星學與星相學決定的宿命，因此人對基督教一定是充滿無限感激。可是直到現在，我們表達驚嘆時仍然在說：「我的老天啊！」只要稍作冷靜思考，我們就會發現，關於天道決定命運的思想曾經牢牢地占據著人們的頭腦，人們曾經相信，天既具有宇宙的性質又具有機械的性質，卻並不具有人格化特點。

　　我可以肯定地說，不僅拔摩島的約翰，就連聖保羅、聖彼得以及使徒聖約翰也非常了解天文學，也非常熟悉異教思想。只是那三位聖人故意把這些思想掩蓋住了，而拔摩島的

---

[082] 此處的「宇宙至尊」與「宇宙之火」的原文是「Kosmodynamos」與「cosmic Fire」。
[083] 就是前文提到的執事長查理斯。

約翰卻堂而皇之地借用了這些思想。因此，自西元二世紀的
釋經者與編輯者起，一直到現在的執事長查理斯，基督教地
正統派們全都竭力掩蓋他的異教思想。但一切努力都是枉然：
因為崇尚神聖的權力的人，其主要思維方式就是用符號來進
行思考。用各種象徵符號來進行直觀的思考有點像下象棋。
棋盤上有國王和王后，還有士兵。這是迫切渴望得到權力的
人們的典型思維模式。而這樣的人是大多數。社會中最底層
的人仍然崇拜權力，其模糊的思維仍基於符號，仍然對《天
啟》堅信不疑，卻對耶穌所做的「山上寶訓」[084]毫不在意。
然而，處於教會與國家的頂層的人們似乎也是從權力的角度
信奉基督教，──他們當然如此，也的確如此。

就連像執事長查理斯這樣的正統派釋經者也希望能從中
分得一杯羹。他們十分垂涎《啟示錄》中隱含的古老的異教
權力觀念。一方面，他們花費大量的精力來掩蓋《啟示錄》
所流露出的權力感。倘若實在無法掩蓋，他們就會提著袍子
的下擺匆匆地溜之乎也。但另一方面，《啟示錄》對他們來
說的確是一席異教思想的饕餮盛宴，只不過他們在狼吞虎嚥
的時候還必須裝出十分虔誠的模樣。

基督教釋經者之所以如此虛偽（用這個詞來形容一點也
不過分），是因為他們內心深處有一種恐懼感。一旦開口承

---

[084] 亦稱「登山寶訓」，指《馬太福音》第五章到第七章裡，耶穌在山上所講的
話。其核心思想是基督徒的基本行為準則，或者基督徒必須具有的美德。

認《聖經》中的某一處的確屬於異教成分，承認裡面有任何一處是源於異教或者包含著異教思想，接下來你就會看到越來越多的異教內容，於是你就再也停不下來了。恕我說句大不敬的話，那就好像上帝從一個小瓶子裡逃了出來然後再也回不去了一樣。十分明顯，《聖經》裡到處都是異教成分，而《聖經》中最深刻的思想恰恰就蘊涵在異教內容之中。可是一旦承認這點，基督教就必須從它的殼裡鑽出來。

倘若重讀《啟示錄》，嘗試著理解這部書的縱向與橫向的結構，我們就會隨著閱讀的深入而越來越強烈地感覺到，這部書是在漫長的時間裡積澱而成的，還會發現這部書的內容主要是關於彌賽亞的神祕奧義。這部書絕非出自一人的手筆，甚至也絕非一個世紀就能夠完成。對於這一點我們十分肯定。

這部書裡最古老的部分肯定源於一部異教經書。這部異教經書描寫的可能是皈依者入教的「祕儀」，可能是阿提密斯教，也可能是希栢利教，甚至是奧菲斯教之類的神祕宗教。最大的可能是，這部異教經書出自於地中海東部地區，或者也很可能真的出自於以弗所 —— 這樣的解釋看上去順理成章。如果西元前二、三世紀的確存在這樣一部經書，那麼當時所有研究宗教的學者都一定非常熟悉它。而且可以確定的是，在那個年代，尤其是在東方國家，有思想的人一定都研究過宗教。那時，人們都因宗教而變得瘋狂而不是因宗教而變得理性。在這一點上，猶太人與非猶太人沒什麼不同。

分散在各地的猶太人肯定會閱讀並討論所有他們能得到的書
籍。因此，我們必須徹底放下主日學校灌輸給我們的觀念，
不要以為猶太人彷彿被封閉在一個瓶子裡，腦子裡只有他們
自己的上帝。事實絕非如此。西元前一世紀的猶太人就像現
在的猶太人一樣，充滿好奇，閱讀廣泛，心懷世界。當然，
一些激進派的狂熱分子除外。

　　因此，這部古老的異教經書一定在很久以前就被一位猶
太天啟作家改寫過，改寫的目的是把異教入教儀式中的個人
體驗改寫成關於彌賽亞的以及關於拯救世界（或毀滅世界）
的猶太思想。此後，《天啟》又接著被改寫過很多次。在西
元一世紀，這部書肯定為所有尋求宗教信仰的人所熟知，其
中就包括《福音書》的那幾位作者[085]。或許在拔摩島的約
翰動筆改寫這部書之前，曾另有一位猶太基督徒以天啟作者
的身分再次改寫了這部書，很可能他還借鑑了《但以理書》
的預言形式，增加了這部書的內容，並預言了羅馬帝國終將
覆滅。畢竟猶太人所熱衷的事只有一件，那就是預言非猶太
王國的滅亡。接下來，拔摩島的約翰在孤島上的監牢裡把整
部書又改寫了很多次，使用的是他自己的獨特風格。我們覺
得，他並沒有增加多少新內容，也沒增加什麼新思想，但是
他的的確確對把自己打入大牢的羅馬人恨之入骨。所以，他

---

[085] 福音書的四位作者分別是：馬太（《馬太福音》）、馬克（《馬可福音》）、路
　　加（《路加福音》）、約翰（《約翰福音》）。

對東方的古希臘異教文化並沒表現出憎惡的情緒。實際上，他就像接受本民族的希伯來文化一樣自然而然地接受了希臘人的文化，甚至比接受新出現的基督教精神還自然而然，因為後者與他本人的思想是相異質的。他改寫了舊版的《天啟》，可能把異教的段落刪減得更短了，唯一的原因是那些段落沒有表達彌賽亞式的反羅馬思想，而不是因為他反對其中包含的異教思想。接下來，在改寫後半部分的時候，他更加隨心所欲了。在這部分裡，他讓名為「羅馬」（或巴比倫）的怪獸、名為「尼祿」或「尼祿轉世」的怪獸以及名為「反基督」或「羅馬國教祭司」的怪獸受到狠狠的鞭笞。至於新耶路撒冷的那最後幾章，經他改寫後是什麼樣，我們不得而知。但是目前來看，這最後幾章的內容混亂極了。

我們覺得，約翰是一個性情暴躁、思想不夠深刻的人。如果保羅寫給七個教會的信是他編造出來的，那麼這些內容枯燥的信真可謂整部書的敗筆。儘管如此，他的不可名狀的狂熱情緒卻賦予《啟示錄》一種極為強烈的張力。現在我們不禁對約翰產生了好感，因為他基本上完好地保存了那些偉大的象徵符號。

但是約翰改寫完這部書之後，思想更加純正的基督徒紛紛繼續改寫這部書。我們真正憎惡的其實是這些人。這些基督徒害怕自己的宗教被蒙上異教色彩，於是一葉障目，失去了平衡的心態，變得偏激起來。從此，基督教盲目否定異教

的宗教觀，這是何其愚蠢的態度啊。基督教認為異教思想毫無價值，只有獸性，因而必須徹底清除《聖經》中的異教痕跡，至少讓異教內容看上去沒什麼特殊含義，或者乾脆將其改造成基督教或猶太教的樣子。

這就是在約翰改寫完這部書之後發生的事情。我們永遠也搞不清，抄寫這部書的基督徒們究竟刪掉了多少句子和段落，又添加了多少句子和段落，偽造了多少次「我們的作者」的風格。但是他們的的確確留下了太多做過手腳的痕跡。他們所做的一切都是為了掩蓋這部書中的異教內容，把這部非基督教書籍勉強變成基督教的經書。

對於這種典型的基督教式的恐懼心理，我們真的是厭惡至極。正是出於這種恐懼心理，基督教從一開始就否定一切不符合自己觀點的東西，甚至對其採取強行壓制的手段。對於任何一息尚存的異教成分，基督教從不姑息。這已經成為基督教的本能，其根源就是恐懼。從西元一世紀到現在，在基督教世界裡一直如此。這種壓制是徹底的，也是有罪的。從尼祿時代的早期信徒開始，一直到現在的普通教區牧師，基督徒們已經肆意地毀掉了無數珍貴的異教文獻。現在，只要某位牧師在其教區中發現有哪部書是他讀不懂的，他就會斷定這是異端邪說，然後將其付之一炬。每當想到這裡，人們簡直不敢繼續往下深想。現在我們覺得，蘭斯大教堂[086]裡

---

[086] 蘭斯大教堂位於法國東北部的城市蘭斯，是一座歷史悠久頗負盛名的教堂，其地位不亞於巴黎聖母院。

的喧鬧聲是多麼具有諷刺意味。有很多典籍，對我們來說本該是觸手可及的，而如今卻再也無緣見到，這完全是因為基督徒們故意將之焚毀了！他們的確保留了柏拉圖與亞里斯多德的書籍，但這是因為他們覺得這兩位在思想上與他們是近親。至於其他的書籍 —— 唉！

對於異教的遺跡，基督教出於本能而採取的一貫措施就是 —— 壓制、銷毀、否認。這種不誠實的心態從一開始就阻礙了基督教自身的思想成長，還阻礙了人類文化學思想的發展。奇怪的是，現代人從不把西元前 600 年以後的希臘人與羅馬人視為真正的異教徒。這與我們對其他古代民族的看法完全不一樣，比如印度人或者波斯人，巴比倫人或者埃及人，甚至克里特人。我們認為希臘人和羅馬人是我們思想文明與政治文明的源頭，認為猶太人為我們創建了道德化的宗教文明。所以這些古代民族可以被視為「我類」，從而得到接納。至於其他古代民族，全都毫無價值，全都愚蠢蒙昧。古希臘文明體系之外的所有民族皆為「蠻族」，這包括米諾斯人、伊特拉斯坎人、埃及人、迦勒底人、波斯人，以及印度人。按照一位著名的德國教授的話來說，這些民族都處於「Urdummheit」狀態。「Urdummheit」這個詞的意思就是「蒙昧」，指的是在偉大的荷馬時代之前人類的普遍狀態。事實上，所有民族都經歷過這樣的狀態。但我們認為，希臘人、猶太人與羅馬人卻是例外。而且還有一個例外，那就是 —— 我們自己！

令人覺得不可思議的是，那些淵博的學者們儘管能以嚴謹治學的公正態度來描述早期的古希臘人，但是一旦談及地中海地區的土著民族或者埃及人以及迦勒底人，就會言之鑿鑿地強調這些民族的心智是多麼幼稚，這些民族所取得的成就是多麼微不足道，並且認為他們必然處於尚未開化的狀態中，即所謂「Urdummheit」狀態。這些創建了偉大文明的民族在學者們的眼裡全都是愚昧無知的，他們認為真正的知識是從泰利斯、阿那克西曼德與畢達哥拉斯開始的，也就是說，是從古希臘人開始的。他們認為迦勒底人對真正的天文學根本一竅不通，還認為埃及人不懂數學也不懂科學。儘管在很長時間裡人們曾認為是印度人發明了那個重要的數學概念，「零」或者「無」，但現在的學者們卻對此矢口否認。他們認為，這一概念的發明者是阿拉伯人，因為阿拉伯人接近於「我類」。[087]

這可真是太匪夷所思了。我們能夠理解基督徒對於異教知識形態的畏懼心理，但是為什麼連科學界也對此談虎色變？我們的科學體系何以僅僅透過一個詞「Urdummheit」就表達了其深層的恐懼心理？我們一面欣賞著埃及人、巴比倫人、敘利亞人、波斯人以及古印度人留下的偉大遺跡，一面反覆喃喃自語：「Urdummheit！Urdummheit！」我們一面參觀伊特拉斯坎人的墓穴，一面捫心自問：「這就是所謂的 Ur-

---

[087] 阿拉伯人的宗教，即伊斯蘭教，與基督教有著共同的起源。

dummheit？這就是所謂的原始蒙昧？」可是為什麼，在這些最古老的民族之中，在埃及人與亞述人的雕梁畫棟之中，在伊特拉斯坎人的繪畫之中，在印度人的雕刻之中，我們看到了燦爛輝煌的智慧？看到了一種敏銳的、令人喜悅的智慧？毫無疑問，在現在這個到處充斥著「Neufrechheit」[088] 的世界中已經找不到這樣的智慧了。其實我們與那些古老民族的差異不過就在於一個是新時代的野蠻，而另一個是原始時代的蒙昧而已。兩者相比，我倒寧可接受原始時代的蒙昧。

執事長查理斯是一位真正的學者，也是《天啟》研究領域的權威，盛名遠播。他主觀上力求實事求是地面對基督教與異教之間的淵源，但根本做不到。因為他的傾向性和可怕的偏見實在是根深蒂固，無法克服。只要排除他個人的局限性，我們就可以正確理解他的話。而且我們必須諒解他的不理性的態度，因為他是在戰爭的硝煙中[089] 著書，正值大戰的末期。當然，我們也必須清楚，他的觀點的確有失公允。在他的《啟示錄評注》第二卷第 86 頁上，他如此評論《啟示錄》中提到的「基督之敵」：「這是一幅無與倫比的肖像圖，描繪的是與上帝為敵的強大勢力，這股勢力將從那以後逐漸增強。這位『基督之敵』崇拜的是強力而不是正義，他不

---

[088] 這是勞倫斯發明的德語複合詞。名詞 Frechheit 的意思是「無恥」。前面的 Neu 的意思是「新」。這裡的意思是，基督教世界認為古老的蠻族是蒙昧而無羞恥感的，而勞倫斯則認為基督教世界裡才到處是「無恥」的心態與行為。為了區別於蠻族的所謂「無恥」，勞倫斯在這裡加了「Neu」一詞。

[089] 指第一次世界大戰。

計較一時的成敗，鍥而不捨地企圖攫取統治世界的權力。而且他身後還有無數學識淵博的人充當他的幫凶，支持他的謊言，為他的行為開脫罪責，用經濟戰協助他實現政治目的。這場因搶奪利益而爆發的戰爭威脅著所有不願意屈服於其淫威更不願意追隨其瀆神野心的人，隨時會為不願屈服的人帶來滅頂之災。只要略有真知灼見，或者曾親身經歷過當前的這場戰爭，就一定可以看出這個預言正確無比。儘管如此，我們還是看到，就在 1908 年，在黑斯廷斯主編的《宗教與倫理的百科全書》[090] 中，波塞特在一篇論述『基督之敵』的文章裡這樣寫道：「對那些（關於『基督之敵』的）傳說十分感興趣的人都來自底層的基督徒，或者來自各種宗派組織，要不然就是一些古怪的個別分子或者狂熱分子。』」

查理斯還說：「任何偉大的預言都不可能在單獨一件事中或者某一連續的事件中得到最終的圓滿應驗。實際上，倘若一個預言是當初預言家為反對某件事而說出的，那麼這個預言就永遠無法在這個被反對的事情中得以應驗。但是如果這個預言所表達的是一個偉大的道德真理或精神真理，那麼這個預言一定會在不同時間、以不同方式、在不同程度上得到應驗。目前歐洲同盟國在強權與正義之間的衝突、專制主義與宗教之間的衝突以及國家與上帝之間的衝突上所持的態

---

[090] 這是由詹姆斯·赫斯廷斯於 1908 年至 1927 年主持編寫的一部百科全書，波塞特是編寫者之一。

度，就應驗了《啟示錄》第十三章中約翰的預言[091]，這是該預言得到的最顯著的一次應驗。《啟示錄》第十三章中的『基督之敵』形象詭異，令人難以確認它究竟是何物[092]，就連這一特點也在當前的邪惡勢力製造的騷亂中得到了充分應驗。在第十三章中，『基督之敵』被假定為一個單獨的個體，比如惡魔一樣的尼祿。但是即便如此，請別忘了，在尼祿的身後是整個羅馬帝國，他與這個帝國是一體的，在本性與意志上是一致的，所以第十三章裡的怪獸也代表著第四王國[093]或者『基督之敵』的王國──實際上，它就是『基督之敵』。就目前的這場戰爭而言，我們很難確定德國皇帝與他的臣民能否屢戰屢勝，最終獲得『現代基督之敵』這頂頭銜。如果他真的是《啟示錄》中所描述的『基督之敵』，那麼他所統治的帝國也一定是『基督之敵』，因為無論從軍事方面來看還是從思想與工業方面來看，這個帝國在精神與意志上與其領袖是完全一致的。他以及他的帝國在某種程度上遠遠超過了古羅馬皇帝與古羅馬帝國，即那些『敗壞世界之人』[094]。」

於是我們看到，這位「現代基督之敵」講的是德語，而查理斯執事卻在引用德國學者們的著作來分析《天啟》。就

---

[091] 在《啟示錄》第十三章中，世人膜拜怪獸。
[092] 指《啟示錄》第十三章中的怪獸，形狀像豹，腳像熊，口像獅子。
[093] 指《但以理書》中第四隻怪獸所代表的羅馬帝國。
[094] 《啟示錄》，11:18。

好像倘若沒有了對立面的制衡，基督教與文化人類學就無法獨立存在似的。這個對立面可以是「基督之敵」，也可以是所謂的野蠻人，即「Urdummheit」。而所謂「基督之敵」或者野蠻人（Urdummheit），其實不過就是與我們不一樣的人罷了。「基督之敵」現在說的是俄語，但一百年前說的卻是法語，明天又有可能說倫敦東區方言或者格拉斯哥土腔。而至於野蠻人，他可以使用任何一種語言，卻唯獨不可以使用牛津腔或哈佛腔，哪怕是為了諂媚而對這兩種腔調進行模仿也是絕對不可容忍的。

七

這真是太幼稚了。現在我們必須承認，新時代（也就是我們所處的時代）[095] 的開端剛好就是異教時代的結束，或者按照希臘人的說法，就是蠻族時代的結束。現代文明，大約於西元前 1000 年時萌發出第一顆幼芽。而恰在那時，在更為古老的國家裡，偉大的古代文明正在走向衰落，這主要包括幼發拉底河、尼羅河以及印度河流域的大河文明，其次還有愛琴海附近的海洋文明。如果我們否認那個時代，否認三個輝煌的大河文明，否認處於三個大河文明之間的波斯或伊朗的古代文化，以及愛琴海、克里特、邁錫尼等地的古代文

---

[095] 此處指基督教誕生後的文明。

化，那可真是太幼稚了。我們不必牽強附會地謊稱這些古代文明中的人能夠計算非常複雜的除法題。其實，在這些古代文明中很可能連單輪推車都沒有發明出來。在現代文明中，一個十歲的孩子就能在算術、幾何甚至天文學方面完勝古代文明的人。但這又能說明什麼呢？

　　什麼也說明不了。古代文明的確缺少現代文明中智性的與機械性的成就。然而，難道我們就可以據此而認定，古埃及人、迦勒底人、克里特人、波斯人以古印度人不如我們現代人「文明」，並且認定他們缺少真正的「文化」嗎？看看拉美西斯的宏偉坐像吧，或者看看伊特拉斯坎人的墓穴，要不就讀一讀亞述國王阿西伯尼帕[096]或波斯國王大流士的書，然後再來發表意見吧。與古埃及普通百姓家裡房梁上的精美圖畫相比，如今的產業工人的生活究竟是怎樣一番景象呢？再把身穿卡其布制服的現代士兵與古代亞述王國平民家庭裡的雕梁畫棟放在一起比較一下，又會感覺如何？或者再把特拉法加廣場[097]裡的群獅雕塑與邁錫尼的雕塑比較一下？何謂「文明」？「文明」應該展現在豐富的感知力之中，而不是展現在各種發明創造之中。就民族的整體狀態來講，我們現在所擁有的東西是否能夠與西元前兩三千年時的古埃及人所擁

[096] 阿西伯尼帕（Assiburnipal），古代亞述帝國的一位國王，在他統治期間，亞述帝國的國力達到巔峰。在他之後，亞述帝國走向衰敗。他曾在尼尼微建造一座宏偉的圖書館。

[097] 英國倫敦著名廣場，以建築與雕像著稱。

有的東西相媲美？「文化」或者「文明」的衡量標準應該是鮮活的感受力。我們的感受力是否比西元前三千年古埃及人的感受力更加敏銳而豐富呢？我們是否比他們更充滿活力？答案很可能是否定的，我們比古人差多了。我們現代人的感知，範圍很大，卻像紙一樣薄，毫無深度可言。

佛陀說，走向鼎盛就意味著走向衰落[098]。因此一個正在崛起的文明其實就是一個即將衰落的文明。希臘文明崛起於愛琴文明的衰落。愛琴文明是埃及文明與巴比倫文明之間的過渡。與希臘文明崛起於愛琴文明的衰落一樣，羅馬文明也是繼希臘文明的衰落而走向興盛。具體來說就是，伊特拉斯坎文明是愛琴文明遺留下的最後一脈，而羅馬文明正是承接著伊特拉斯坎文明而崛起的。波斯是在幼發拉底河文明與印度河文明之間興起的。毫無疑問，就是在這兩個大河文明走向衰落的過程中，波斯文明逐漸壯大起來。

可能每個處在崛起過程中的文明都必然批判那個正在衰落的文明。其實這是新文明內部的自我抗爭。比如，希臘人猛烈地抨擊蠻族。現在我們都知道，古代地中海東部的蠻族與希臘人並無本質的區別。只不過後者是「正宗」的希臘人，或者說是土生土長的希臘人，他們堅守舊文化傳統，拒絕接受新文化。就其本質來說，愛琴文明其實一直就是希臘文明。但是古愛琴文化與我們現在所說的希臘文化是不同

---

[098] 佛家有言：諸行無常，生為死因。

的，特別是在宗教方面。我們可以肯定地說，一切古代文明都以宗教信仰為基礎。在古代世界，一個國家就是一個教會，或者說就是一個龐大的信仰體系。從宗教到文化 [099]，僅僅一步之遙，但這一步卻是一個複雜的過程。古代民族的智慧成果就是其信奉的宗教思想。而我們現在所擁有的則是文化。

想要在不同的文化之間實現相互理解，這本就是一件極困難的事情。而讓已經進入文化階段的人理解原始的宗教信仰，則是難上加難。若讓蠢人來理解這些，那就更是絕無可能。因為「文化」主要由頭腦中的思維構成，而原始的宗教信仰則由鮮活的感覺構成。在前希臘的古代世界裡，人們對於由思維確定的長度概念一無所知。就連畢達哥拉斯，無論其成就多麼令人矚目，也對此毫無概念。還有赫拉克利特、恩培多克勒或阿那克薩哥拉等，莫不如此。而蘇格拉底與亞里斯多德則是看到文化之萌芽的第一批智者。

但是另一方面，對於古人的感知力究竟具有怎樣的廣度，我們則是一無所知。現代人已經喪失了古人所擁有的發達而豐富的感性意識，也遺忘了古人獲得的感性知識。古人憑藉本能與直覺而非憑藉理性獲得知識，能夠直抵知識的最深處。古代的知識不是基於詞語，而是基於意象。古人的抽象思維並沒有用於歸納概括，也沒有用於分析事物的性質，

---

[099] 此處「宗教」的原文是「cult」，「文化」的原文是「culture」。

而是用於創造象徵符號。知識之間並不依靠邏輯而是依靠情感來建立連繫。「所以」這個詞在那個時代並不存在。人憑藉本能按照感覺上的關聯性來安排意象或者象徵符號的順序。在《聖經》的《詩篇》中就能找到這樣的例子。意象或者象徵符號的排序並不指向確定的終點，因為根本不存在這樣的終點。人們渴望的是讓意識進入某種狀態並進而達到這種狀態的極致，從而實現某種情感狀態。如今，現代人頭腦中殘存的那一點點原始思維，可能只表現在象棋與撲克牌這類遊戲中了。象棋與撲克牌中的人物形象其實就是「象徵符號」：無論棋局或牌局如何變化，它們的「價值」是不變的，它們的「活動」不是邏輯性的，而是隨機多變的，其深處隱藏著人的權力本能。

只有對古人的思維方式有了些許的理解，我們才能領悟古代世界的「神奇」。就以斯芬克斯的謎語為例：什麼東西最初四條腿，然後兩條腿，最後三條腿？謎底是：人。偉大的斯芬克斯之謎，在現代人眼裡可能過於淺顯。但是古人的思維並不是思辨式的，他們透過感知來理解形象，因此這個謎語會使古人產生複雜的情感與種種恐懼心理。謎語中，「用四條腿走路的東西」其實是一隻動物，明顯與人不同，具有動物的潛能。這隻動物的意識幽深而混沌，而人的意識則被封閉於其中。謎底告訴人們，人類在嬰兒時期是用四條腿走路的。這會立刻引起人們的另外一種複雜感受，覺得既

恐懼又有趣，因為人意識到自己其實就是動物。尤其在嬰兒時期，人的確是用四肢走路，臉朝下，肚子也朝著地面，而不是朝著太陽。按照最樸素的看法，嬰兒的確更像動物而不像人。謎語的第二句裡描述的兩條腿的東西，使人聯想到很多事物的形象，包括人、猴子、鳥、青蛙等等。當把這四種形象莫名其妙地連繫在一起時，人其實是快速地展開了一次想像。這類想像對於我們現代人來說是難以完成的，但現在的孩子卻仍經常進行這樣的想像。謎語最後一句提到的用三條腿走路的東西，會讓人感到驚訝，也讓人有點恐慌，讓人忍不住去想，在沙漠與海洋的另一邊，在最幽深的地方，是否還隱藏著從未現身的野獸。

由此可見，在古代這樣一個謎語所引起的情感反應是巨大的，就連赫克托爾[100]這樣的英雄，或墨涅拉俄斯[101]這樣的國王，也會對這個謎語產生同樣的情感反應，與現在的孩子聽到這個謎語時產生的反應一樣，只不過這些英雄的情感反應的強度與廣度會超出普通人千百倍。有這樣的情感反應並不是因為古人愚蠢。比起古人，現代人才是一群蠢貨。現代人剝奪了自己的情感反應能力與想像力，於是現代人什麼也感覺不到了。我們為此付出的代價是，我們陷入了沉悶無聊的僵死狀態。我們的思維方式是枯燥乏味的，不再像古人

---

[100] 赫克托爾，《荷馬史詩》裡的一名勇士。
[101] 斯巴達的一位國王。

的思維方式那樣充滿生趣。斯芬克斯的謎語從古至今都是一個令人畏懼的謎語，曾經讓俄狄浦斯王感到萬分恐懼，如今也會讓現代人感到恐懼，甚至比古人更加感到恐懼。因為在現代文明中這個謎語的謎底已經改變了。現在，這個謎語的謎底是——「活死人」。

八

從古至今，人其實一直是借助具體的形象來進行思考的。但是現在我們所使用的形象幾乎毫無情感內涵。我們總是渴望得出一個「結論」，擁有一個「目的」。在我們的思維方式中，我們總是渴望做出一個決定，看到一個結局，抵達一個終點。只有這樣我們才會獲得一種滿足感。我們的思維總是保持直線向前的狀態，其過程可以分為很多階段，就像我們所使用的句子，每一個句號就是一個界碑，代表著我們的「進程」進入了什麼階段，來到了什麼地方。我們的思維無休止地向前延伸，總以為前方有一個目的地等著我們奔赴，似乎人的意識也指向一個目標。但是實際上並不存在什麼目標。意識本身就是自己的目的。我們總是咬緊牙關，忍受千辛萬苦，只為抵達某個地方。可是一旦抵達了，我們就覺得那仍然不是我們要去的地方。這是因為，我們本來就無處可去。

從前，人們認為意識是從心臟或者肝臟裡產生的，根本不了解直線延伸型的思維模式。對於古人來說，人的情感意識可以不斷累加，不斷深化，不斷進入新的狀態，直到最終實現圓滿，而思想就是指情感意識的圓滿狀態。古人認為，情感就像旋渦，思想則形成於情感旋渦的最深處，人們的決定也是在情感旋渦的最深處做出的。這個過程無法被劃分為若干個階段，並不存在一個邏輯性的鏈條貫穿於其中，更不會不斷向前延伸。

懂得了這一點，我們就能理解古人是如何利用預言或神諭來做出決定的。古人並不期待神諭能夠準確地預言即將發生的事情，他們只期待神諭能夠提供一些活生生的形象或者象徵符號。問卜者希望在自己思考神諭或者預言的時候，這些活生生的形象或象徵符號能夠激發自己的情感，使情感的旋渦旋轉得越來越快，直到問卜者陷入一種沉迷的狀態，只有在這種狀態中他才能夠做出決定。或者我們也可以說，問卜者的決定不是被思考出的結論，而是一種情感的抵達。事實上，在危急狀態中我們現代人也是用同樣的方式做出決策的。當需要做出重大決定的時候，我們會凝神屏息陷入沉思，於是各種深邃的情感受到激發，一同旋轉起來，旋轉，旋轉，直到形成一個中心，於是我們就知道「該做什麼」了。如今的政客們都不敢憑藉強烈的情感來思考問題，而這就是為什麼當今這個時代如此缺少真正的政治頭腦的原因。

九

接下來，我們繼續探討《天啟》。只是別忘了這一點：雖然經過無數次刪改，現在的《天啟》仍可被視為古代異教文明遺留下來的典籍之一；在這部書裡我們看到的不是現代人的直線型思維模式，而是古代異教的螺旋型形象思維模式；思維過程中的每個具體形象，都要完成一個微小的螺旋式循環過程，在這個過程中，一個行為被不斷重複直至最終完成，一個意義也被不斷加深直至最終形成；然後，一個形象會被另一個形象取代。在《天啟》的前半部分裡，尤其是在聖嬰出生之前，字裡行間所展現出的思維模式就是這樣的。每個形象都是一個圖像編碼，在不同的讀者眼裡，形象與形象之間的關係也不盡相同。或者說，由於每個讀者的情感反應是不同的，所以每個讀者對這些形象的理解也不同。但是在所有差異的背後終歸存在著一個明確的框架。

我們必須牢記，在古老的人類意識模式中，人只能理解「真正發生了的事情」。每件事情都是具體的，不可以有抽象的成分在裡面。每一個事物都代表著一個具體的動作。

在古人的意識中，一切事件、物質或者真實可感的物體都是神靈。一塊巨石就是一個神靈。一個池塘也是一個神靈。怎麼可能不是這樣呢？我們年紀越大，就越有可能返璞歸真，回歸最古老的感知模式。一塊巨石就是一個神靈。我

能夠觸摸它。它的存在是不可否認的。它就是神靈。

　　能夠移動的物體則具有雙重的神性。也就是說，我們對該物體的神性具有雙重的感知：存在著的它，與移動著的它。這就是雙重的神性。每個物體首先是一個「物體」。而每個「物體」都會有行為並作用於其他事物。所謂世界，就是指由一切真實存在著的、活動著的並對其他事物產生作用的物體的行為的總和。這個複雜而巨大的「總和」就是「神」。

　　現代人幾乎無法理解古希臘人所說的「神」即「theos」究竟是什麼意思。每個事物都是「theos」；但即便如此，這並不意味著在某一時刻裡所有事物同時都是「theos」。在某個時刻，能夠感動你的那個事物才是神靈。如果一汪池水能夠感動你，那麼這池水就是神靈。如果一道藍色的微光深深地打動了你的心靈，那麼這道藍光就是神靈。如果在暮色中升起的一片淡淡的霧氣能夠激發你的想像，那麼這霧氣就是「theos」；或者看到水的時候，渴意襲來，那麼「渴」就是神靈；或者喝水的時候，渴意頓消，感覺到難以言傳的舒暢，那麼這種感覺就又是一個神靈；或者你把手指浸入水中，猛然間感覺到水的涼意，這意味著又有一個神靈出現了，這個神靈就是「冷」。「冷」不是水的屬性，而是一個獨立存在的事實，幾乎是一個生靈，那麼它當然就是一個「theos」了。或者乾渴的嘴唇突然感受到一絲清涼，這是「溼」，也是一個神靈。在古代，就連科學家與哲學家也認為，「寒」、

「溼」、「暑」、「燥」都是具體的事物，是客觀存在的，是「神靈」，是「theoi」。這些事物都能夠發出動作。

自從蘇格拉底[102]來到這個世界上，自從這個世界出現了「心靈」，宇宙就死去了。從那以後，兩千年來，人類一直生活在一個死氣沉沉的宇宙中，幻想著死後能夠進入天堂。而且所有的宗教都成為死者的宗教，都宣揚死後的福音。用科學家們常用的詞來說，這就是「末世論」[103]。

對於現代人來說，異教的思維方式是很難以理解的。閱讀現代人翻譯的古埃及故事傳說時，我們常常覺得摸不到頭腦。當然，很可能這是因為存在著翻譯上的錯誤。誰敢假裝自己能夠真正讀懂那些象形文字呢？但是當閱讀布希曼人[104]民間故事時，即便已經翻譯成了我們熟悉的現代語言，我們仍會陷入同樣的困惑。每個詞都是可以理解的，但詞與詞之間的關係卻是無法理解的。甚至在讀海希奧德[105]或者柏拉圖的譯文時，我們也會感覺到某些意義是被強塞進來的，根本就不是作品本身具有的。這種錯誤產生於意義傳遞的過程中，這個過程包含複雜的內在連繫。我們盡可以自吹自擂，說自己有多麼了解柏拉圖的思想，但實際上我們無法跨越在喬伊特[106]教授的思想與柏拉圖本人的思想之間存在著的巨大

---

[102] 蘇格拉底自稱「智慧的助產士」，專門引導人們形成自己的思想。
[103] 原文是「eschatology」，這個詞既可以是宗教詞彙，也可以是科學詞彙。
[104] 南非的一個游牧民族。
[105] 古希臘詩人。
[106] 19 世紀研究柏拉圖與亞里斯多德學說的著名學者。

差異。喬伊特的柏拉圖終究是喬伊特自己，全無柏拉圖本人活生生的氣息。一旦從異教的文化背景中剝離出來，柏拉圖不過就是維多利亞時代的一尊塑像，儘管塑像的身上穿著一件古羅馬時代的托加袍，也就是古希臘式樣的短斗篷。

若要理解《天啟》，我們就必須理解異教思想家與異教詩人的思維模式 —— 異教思想家們一定首先是詩人 —— 他們的思考都是從一個具體的形象開始，然後讓這個形象動起來，讓它形成自己的運行軌跡，於是他們又聯想到另一個形象。古希臘人非常擅長形象思維，這一點可以在古希臘神話中得到印證。他們腦海中的形象都非常自然而和諧。他們所遵循的邏輯是行動的邏輯而非理性的邏輯。他們也不需要磨道德的利斧。但是古希臘人還是比東方人更接近於我們的思維方式。後者的形象思維常常散漫無著，甚至連行動邏輯也不遵循。在《聖經》的一些詩篇裡我們可以看到這個特點，從一個形象迅速轉換到另一個形象，且不需要兩個意象之間存在最起碼的關聯，僅僅是一種奇特的聯想把各個意象連接了起來。東方人喜歡用這種方式來思考。

若要理解異教的思維方式，我們必須放棄直線延伸式的思維方式，也就是必須從一點開始然後在另一點結束的思維方式。我們必須讓自己擁有螺旋形思維模式，或者讓思維在眾多形象之間不斷跳躍。現代人通常把時間視為一條永遠向前延伸的直線，這嚴重地損傷了我們的知覺。而古代異教徒

則把時間視為一個不斷循環往復的圓周，他們的時間觀念比
現代人的時間觀念更為自由，因為這樣的時間觀念使人既能
夠接受意識的向上運動，也能夠接受意識的向下運動，容許
人們在任何時刻都徹底轉變思維狀態。當完成了一次循環之
後，人們的意識可以下降或者上升到另外一個層次，於是人
便進入了一個新的世界。但是按照現代人的直線型時間觀
念，人們就只能疲憊地不停向前，翻越一個又一個障礙。

　　《天啟》所包含的古老的思維方式是這樣的 —— 首先提
出一個形象，然後創造一個世界，然後在時間的循環與事物
的運動變化過程中，甚至在「史詩般的重大事件」過程中，
離開這個世界，然後再重返這個世界，而此時這個世界已發
生了變化，進入新的境界之中。「世界」是在「十二」這個
數字的基礎上被創造出來的。也就是說，在人的意念中，
「十二」是宇宙秩序中的基礎數字，萬物的循環以「七」為
一個週期。[107]

　　如今，這種古老的思維方式仍舊存在於現代人之中，只
不過已經支離破碎了。猶太人總是把道德思想或者民族觀念
強加於古老的異教思維模式，從而破壞了這種思維模式的美
感。猶太人的道德本能總是與《聖經》原本的構思相牴觸。
《聖經》原本的構思非常美好，其本質是異教的，也是無關

---

[107] 古希臘奧林匹斯山上有十二主神，基督有十二門徒，一年有十二個月；每週
　　　有七天，《聖經》從《創世紀》到《啟示錄》共包含七個時代；佛教認為「七」
　　　代表圓滿，比如「救人一命勝造七級浮屠」。

道德的。因此，讀完《以西結書》與《但以理書》時，我們會感到有很多景象雜亂地浮現在腦海裡 —— 猶太神殿裡的飾物彷彿突然出現在眼前，似乎看到二十四位忘記了自己身分的長老[108]仍在竭力裝出猶太人的模樣，諸如此類 —— 如果有這樣的感受，我們完全不必詫異。宛如玻璃般晶瑩明亮的海水已經從巴比倫的世界向我們這裡湧來，那是從天堂流出的明亮的海水，與塵世中苦澀而毫無生機的海水完全不同。但是如此美麗的海水是一定要盛在盤子裡的，盛在神殿的一個器皿之中。猶太人的一切都是「內隱」的。就連天上的星星與從潔淨的天空落下的雨水也必須被嚴嚴實實地收藏在神龕裡或沉悶的神殿裡，然後再遮上一道簾子。

但是我們搞不清楚，究竟是不是拔摩島的約翰把《啟示錄》裡的寶座、四個活物以及二十四位長老原本完整且具有無限豐富內涵的景象變成現在這副殘破不堪的樣子。或者，也可能是後來的編輯者出於純粹的基督教精神故意破壞了這部書本來的構思。究竟是怎麼回事，我們不得而知。當然，拔摩島的約翰是一個猶太人，因此他根本不在意他所描述的幻象會不會在其他人看來是根本無法想像的。[109]但即

---

[108] 《啟示錄》，4:4-6。此處勞倫斯的意思是，這二十四位長老很可能原本是異教《天啟》中的長老，但被基督教規定了猶太人的身分。

[109] 此處勞倫斯的意思是說，拔摩島的約翰之所以不注重讀者能否接受他所描述的幻象，是因為他是一個猶太人，而猶太人一直就是一個不被其他民族理解並接納的民族；這已然成為他們的民族性格；因此，若說把《啟示錄》改寫成現在這個樣子的人就是他，也不無道理。

便如此，我們還是感覺到，真正破壞了原書結構的人是那些抄寫《啟示錄》的基督徒們，他們的目的就是要使這部書變得「很安全」。基督徒們一向都致力於讓一切都變得「很安全」。

起初，《啟示錄》受到排斥，曾遭到東方教父們的強烈反對，險些不被納入《聖經》。現在想來，如果基督教的教父們當初也像克倫威爾一樣，割了異教徒的鼻子或剁了他們的手，目的就是要讓他們變得「安全」，我們倒不必大驚小怪。我們能做的事只有一件，那就是牢記一點──在這部書的最深處很可能隱藏著異教思想。我們還應該記住的是，在西元前，這部書曾被很多猶太天啟作家改寫過，而拔摩島的約翰只是在前人的基礎上再次對整部書做了改寫，以使這部書符合基督教的思想；在那以後還有很多基督徒抄寫並編輯這部書，不斷對這部書進行修補，目的就是要使這部書變得「安全」。基督徒們可能不停地改寫了一百多年。

儘管那些異教符號已經或多或少地受到了猶太思想以及基督教反偶像崇拜思想的歪曲，猶太神殿與猶太人的宗教儀式符號也曾經被人們胡亂解釋，以至於廣闊的天空被封閉在以色列人精美的神殿裡──儘管如此，只要我們承認這些事情的確真實發生過，我們就能明白《啟示錄》描繪的原本是怎樣一種景象，就能想像出眾多神獸簇擁在寶座旁，一齊發出讚美，還能想像出身披彩虹的宇宙之王，被七彩的光籠罩

著，那光如彩虹與雲朵一般絢麗斑斕 ──「伊麗絲[110]也是一朵雲。」這位宇宙之王發出的光就像玉石和紅寶石一樣。有些評注者說，這是黃綠色，而在《以西結書》中這道光又被描述成琥珀黃，宛如天庭的火焰在噴發。玉石與雙魚座對應，在星相學上雙魚座是我們這個時代的代表。正是由於這個原因，在西元一世紀耶穌被稱為「魚」[111]。現在我們正在穿過雙魚座的邊際，即將獲得一個新的象徵、進入一個新的時代。起源於迦勒底人的星辰理論竟然對現代人的思想產生了如此難以消除的影響！

從寶座上傳來雷聲、閃電和話語聲[112]。雷其實是宏偉的宇宙發出的第一聲巨響。雷是一個獨立存在的事物，它代表全能神或造物主的一個方面。雷的聲音是宏偉的宇宙發出的第一道聲音，預示著創造。在造物之初，偉大的邏各斯就是一道霹靂，穿透茫茫的混沌，然後宇宙就出現了。雷也代表著全能神，閃電就是烈火一樣的全能神噴出的第一道生命的火焰，它是燃燒著的邏各斯。但是雷與閃電也都具有暴戾與破壞性的一面。雷可以在蒼穹中炸響並進行創造，閃電可以帶著火焰疾馳而使大地富饒，但它們也可以形成相反的作用，具有強大的破壞性。

在寶座的前面有七盞燈。人們解釋說，這代表上帝的七個

---

[110] 原文是「Iris」，為古希臘彩虹女神。

[111] 「魚」是基督教的一個代表符號。

[112] 這是《啟示錄》（4:5）裡描繪的情景。

靈。對於像《聖經》這樣的書來說，人們做出的解釋總是靠不住的。其實這七盞燈代表著七大行星（包括太陽和月亮），它們是天空中的七位統治者，統治著大地，也統治著我們。宏偉的太陽創造了白晝，也創造了大地上的生靈。月亮控制著潮汐，也控制著我們的生理變化，悄悄地控制著女性的月經週期以及男性性慾的波動。餘下的五個行星是火星、金星、土星、木星，以及水星，分別代表每個星期裡的五天。它們過去統治著我們，現在仍統治著我們。它們對我們的影響，從來沒有增加一點，也從來沒有減少一點。我們已經知道我們依賴太陽而活，但是我們尚不知道我們對另外六個行星的依賴程度是怎樣的。我們把行星對我們的作用簡單地解釋為引力作用。就算是只有引力作用，這其中也包含著無數神祕而微小的力把我們往月亮與星星的方向牽引。這些微小的引力牽引著我們的靈魂，我們從月亮那裡就可以感受到這一點。但是這些星星究竟是怎樣作用於我們的呢？我們怎麼才能說清楚這件事呢？我們已經失去了感知這一切的能力。

其實，《天啟》所講述的戲劇性事件發生在廣闊的背景之中，我們現代人也正置身於其中。如果你願意，你甚至可以稱之為天堂。其實這個宏大的背景就是整個宇宙，也就是我們現在所置身於的宇宙，那個亙古不變的宇宙。

全能神手中拿著一本書 [113]。這本書無疑是一個猶太符

---

[113]《啟示錄》5:1。

號。猶太人是崇尚讀書的民族，也是偉大的記錄者 —— 他們經世累代地記錄著人類的罪行。這本書有七個封印，代表著由七個階段構成的輪迴。「書」這個猶太符號還是很貼切的，儘管我想像不出如何才能把七個封印逐一開啟，然後再把這本書一點點地展開。因為這部書是被捲起來的，必須先把所有封印開啟然後才能打開它。當然了，無論對天啟作者來說，還是對我來說，這只不過是一個細節。或許《天啟》的作者根本就沒想讓這本書被打開，除非是到了最後時刻。

基督教認為猶大支派的獅子[114]能夠打開這本書。但是啊，這頭高貴的猛獸一登場馬上就變成了長著七隻角（力量之角，代表七種力量）、七隻眼（代表那七個古老行星）的羔羊。我們總能聽到獅子的怒吼，但是看到的卻是一隻正在發怒的羔羊。我們懷疑，拔摩島的約翰筆下的羔羊其實就是那頭古老而高貴的獅子，只不過披著羊皮而已，因為這隻羔羊的行為太像一隻威風凜凜的獅子了。只有約翰才硬把牠說成是羔羊。

當然，約翰不得不堅持說牠是一隻羔羊，儘管他其實更喜歡獅子。因為現在獅子座必須讓位給白羊座。在全世界任何地方，那個受了血祭的、像獅子一樣的神必須隱匿於背景之中，而那個被當作血祭犧牲掉的神則必須占據最醒目的位置。異教中也有此類神祕教義，其主旨是為了實現更偉大的

---

[114] 《啟示錄》5:5。

復活而把神靈犧牲掉。這些異教的神祕教義出現於比基督教更早的年代。《天啟》就是基於這類異教教義而寫下的。牠必須是一隻羔羊。要不然牠就是代表密特拉神[115]的牛：從牛的喉嚨湧出的鮮血浸溼了新入教的皈依者（人們在割牛的喉嚨時把牛的頭抬起來），於是這位皈依者就獲得了新生。

「用羔羊的鮮血為我洗禮吧，

我將變得比雪還潔白 —— 」[116]

救世軍[117]在鬧市裡這樣高聲唱著。倘若你告訴他們這隻羔羊很可能原本是一頭牛，他們一定會驚呆了！但是也可能他們瞬間就會恍然大悟。在社會的最底層裡，宗教一直保持著原來的樣子，無論經歷了多麼漫長的時間[118]。

（但是在古希臘的百牲祭上，人們讓牛的頭朝下，也就是朝著地面，然後對準地上的坑割牛的喉嚨。我們覺得約翰的羔羊就是百牲祭上的牛。）

神變成了被宰殺的動物，而不是那個施行殺戮的動物。在猶太人那裡，神之所以必須是羔羊，部分原因是他們有逾越節獻祭的古老傳統。猶大的獅子被貼上了羊毛，但是看看牠張開血盆大口的樣子，我們就知道牠到底是什麼了。約翰堅持說這是一隻被宰殺的羔羊。但是我們從來沒有見過牠是

---

[115] 古波斯的光神。

[116] 這是一首流傳很廣的讚美詩裡的句子。

[117] 基督教的一個慈善性質的組織。

[118] 這裡的意思是，對於社會底層的信徒來說，是羊是牛無所謂。

如何被宰殺的，我們只看到牠殺戮了無數人類，最終牠身上沾滿了勝利的鮮血，但那血並不是牠自己的血，那是反對牠的國王們的鮮血。

「用敵人的鮮血為我洗禮吧，

我就會變成我本來的樣子——」

這才是拔摩島的約翰真正想說的話。

獻祭之後就會有讚美歌。可這讚美歌其實是異教的讚美歌，讚頌的是即將顯靈的神。長老的數量是十二的二倍，而十二象徵著宇宙的秩序。他們其實是黃道帶的十二個代表，坐在他們的「座位」上，不停地站起身向寶座鞠躬，就像禾捆對著約瑟下拜[119]。盛滿了香的瓶子被貼上這樣的標籤：眾聖徒的祈禱。這個細節很可能是後來某個不知名的基督徒添加的。成群的猶太天使湧進來。然後宏偉的戲劇就開始了。[120]

十

四位聞名遐邇的騎馬者登場了[121]，於是這幕戲劇就真正地拉開了帷幕。這四位騎馬者顯然是異教徒，甚至連猶太

---

[119] 《創世紀》，37:6-7。約瑟對哥哥們說：請聽我做的夢。我們在田裡捆禾稼，我的捆能起來站著，你們的捆就圍著我的捆下拜。

[120] 《啟示錄》，5:6-14。《啟示錄》第五章結束之後，羔羊逐一開啟書上的封印。

[121] 從《啟示錄》第六章開始，四名騎馬者依次出現，順序是穿白衣的騎馬者、穿紅衣的騎馬者、穿黑衣的騎馬者、穿灰衣的騎馬者。

人[122]都不是。他們騎著馬，依次出現。然而他們為什麼要在開啟「書」[123]上的封印時出現，我們不得而知。他們騎著馬來了，《啟示錄》在此處對他們的描述只有寥寥數語，卻非常醒目，然後就再也沒有更多的描寫了。關於這四位騎馬者的具體描寫一定是被刪掉了，最終只留下了這簡短帶過的一筆。

但是他們的確出現了。很明顯他們具有星相學上的意義，他們屬於黃道帶，騎馬到來是為了實現一個目的。什麼目的呢？這一次，他們真的以個體的人類形象出現了，而不是作為天體。在此處，被七個封印封住的經卷其實就是人的肉體。這的確是人的肉體，可以是亞當的肉體，也可以是任何人的肉體。這七個封印就是人的意識（處於活躍狀態的意識）的七個中心，或者說是七個通往外界的門戶。在《啟示錄》裡，我們看到人類肉體中「靈」的中樞被開啟然後又被征服了。老亞當就要被征服了，就要死去了，即將再生成為一個新亞當。但是這個過程包含好幾個階段——總共七個階段，也就是六個階段再加上最後的高潮，這高潮就是第七個階段。人的意識可以劃分為七個層級，越是深處的意識就越是高級的意識。或者也可以說，這意味著人的意識的七個方

---

[122] 猶太人的宗教是猶太教，在基督徒眼裡也是異教。但猶太教與基督教有十分緊密的關係，所以在這句話裡，勞倫斯使用的是這樣的語氣，意思是他們是與基督教差異巨大的純粹的異教徒。

[123] 見上一章。

面。而人的意識則必須被逐步征服、逐步改造、逐步變形。

人的意識的七個方面究竟是什麼？這個問題你盡可以隨意回答，答案因人而異。但是按照通常「流行」的說法，我們應該這樣說，人的意識的七個方面就是人的四個生命力屬性與三個所謂「高級」屬性。象徵符號當然具有意義，但象徵符號的意義是因人而異的。如果讓象徵符號具有了固定不變的意義，那麼你就落入了寓言故事的窠臼。

馬，總是馬！馬的形象牢牢地占據了古人的思維，尤其是在地中海地區！在古代，倘若你有一匹馬，你就是一位貴人了。馬的形象一直昂首騰躍在人類靈魂中最古老而幽暗的深處。馬是一個極其重要的象徵符號。馬能夠賦予我們尊貴的身分。馬是人與全能神之間第一道可感知的、活生生的紐帶，把我們與強大的閃著紅光的全能神連繫了起來。甚至可以說，馬象徵著人類肉體中最初出現的神性。馬作為一個象徵符號，漫遊在人類靈魂深處幽暗的草場上，在你我靈魂的幽深處時而踏步時而騰躍。神的兒子們來到塵世，認識了凡人的女兒，並與她們生下了偉大的巨人。以諾[124]說，這些巨人是「馬的同族」。

在最近的五十年間，人失去了那匹馬。而如今，人失去

---

[124] 以諾是亞當的第七代子孫，《創世紀》(5:21-24) 裡說他「與神同行三百年」，後來「神將他取去，他就不在世了」。此處簡短的紀錄引起後人很多爭論與想像。曾有《以諾啟示錄》流傳於世，後來被正統教會視為偽經。在《以諾書》中有關於兩百位天使違抗神的旨意與凡間的女子結婚並生下巨人的描寫。

了自己。人被剝離了生命和力量，淪為賤民，成了廢物。然而倫敦的街道上一直有馬匹踏過，因此倫敦倖存了下來。

馬啊，馬！牠象徵著人類奔騰的生命力與行動的力量。多少英雄曾經威風凜凜地騎在馬背上。就連耶穌也騎了一頭驢，儘管比起馬，驢的力量遜色得多。馬是配給真英雄的。不一樣的馬意味著不一樣的力量，以及不一樣的氣概與豪情。

那騎白馬者啊！他是誰？越是渴求解答，就越不可能得到正確的答案。而人類總是在不停地尋求解答，這似乎是人類的宿命。

比如說，人類天生有四種性情：多血質、膽汁質、憂鬱質、黏液質。在《啟示錄》裡，你可以看到四種顏色的馬，白、紅、黑，以及灰（或者淡黃色）。但是多血質怎麼會是白色呢？啊，這是因為血液就是生命，就是生命本身，而生命所具有的力量是白色的，是令人感到炫目的白色。在古代，血液等同於生命，被視為力量，因此就像熾白的光。而紅色與紫色僅僅是血液所呈現的外觀。啊，充滿生命力的血液呈現出鮮紅色，而血液本身卻像純淨的光。

紅色的馬意味著膽汁質：不僅形成憤怒，還引起天然的熱烈情感，就是所謂的激情。

黑馬意味著黑色的膽汁，象徵著倔強的脾氣。

最後是黏液，身體中的淋巴，也就是灰馬。它最極端的效用就是帶來死亡，因此牠的身後是冥河。

再比如說，人類還有四種與行星相關的性情，即愉快、英勇、陰鬱以及機智[125]。如果深入考察這幾個詞的拉丁語起源，就會找到這四種性情均與更為古老的希臘神祇相對應。偉大的朱比特就是太陽，是新鮮的血液，就是那匹白馬。憤怒的戰神瑪爾斯騎著紅色的馬；農神薩杜恩穿著黑衣，性情執拗而陰鬱；商業神墨丘利其實就是冥神荷米斯，祂看守著兩條路，是兩扇門的開啟者，負責引領亡魂穿越冥間。

這裡面有兩種對應方式，都與人的身體有關。我們先別管其中的宇宙意義，因為《啟示錄》裡此處文字的含義更多的是與人的身體有關。

你可以在很多地方看到過作為象徵符號的白馬。拿破崙不是也有一匹白馬嗎？那些古老的意義仍舊控制著我們的行為，哪怕我們的頭腦已經對這些象徵符號熟視無睹。

騎白馬者是戴著王冠的。他是高貴的「我」，就是人的自我，他的馬就是人所擁有的全部神力。他就是「我」，我的神聖自我，這個自我響應「羔羊」的號召採取新一輪的行動，策馬向前，不斷征服，征服舊我，催生新我。就是他，將征服自我所包含的其他一切力量。他策馬前行，像太陽，像箭矢。他的目標是征服，並不憑藉刀劍，因為刀劍意味著

---

[125] 原文中這四個詞的英文是：「jovial」、「martial」、「saturnine」和「mercurial」。這幾個詞還有另外的意思，分別是：「木星的」（詞根是「朱比特」）、「火星的」（詞根是「戰神瑪爾斯」）、「土星的」（詞根是「農神薩杜恩」）以及「水星的」（詞根是「商業神墨丘利」）。

審判。他不是別人，是我自己，我自己的生命力與能量。肉體就是他的彎弓，如同一彎新月。[126]

至於異教神話以及異教儀式中使用的形象如何發揮作用，這些內容已經全被刪除了。騎白馬者登場後轉眼間就消失了。但是我們明白他為什麼會出現，也明白為什麼在《天啟》的末尾又出現一位騎白馬者與他遙相呼應[127]。最後的這位騎白馬者是天國裡的「人子」，他剛剛完成了對「列王」的最後征服。若是凡間的人子，比如我或者你，策馬前行時往往只是為了完成一次小小的征服。而這位「偉大的人子」在騎上白馬前已經徹底征服了整個世界，現在他在馬上繼續統帥著他的軍隊。他的衣衫被列王的鮮血染紅了，他的大腿上寫著他的尊號：萬王之王，萬主之主。（為什麼寫在大腿上？你稍稍思考一下就能夠回答這個問題。畢達哥拉斯不也是在神殿上露出他的金腿嗎？[128] 難道你不知道，在地中海地區大腿是一個古老的、充滿力量感的象徵符號？）但是最後出場的這位騎白馬者能口噴邏各斯之利劍，用以進行末日審判。我們還是回到第一位騎白馬者那裡，看看他的弓與箭

---

[126] 《啟示錄》(6:2) 裡的原文是：「我就觀看，見有一批白馬；騎在馬上的人拿著弓，並有冠冕賜給他。他便出來，勝了又勝。」

[127] 《啟示錄》(19:11-21) 又出現了一位騎白馬者，被稱為「萬王之王，萬主之主」。他是審判者，他擒殺了兩隻魔獸。

[128] 傳說畢達哥拉斯曾讓一位老祭司看他的金腿以證明自己是神的傳人。他的金腿是一位埃及祭司做的標記。

吧，他可是還沒受過審判呢。[129]

　　原本內容生動的神話，到頭來被簡化成一堆拼湊在一起的象徵符號。第一位騎馬者除了騎馬之外什麼也沒做。第二位騎馬者出現之後[130]，和平就被打破了，這個世界爆發了戰爭與衝突 —— 其實這是指自我的內心世界。第三位騎馬者，騎黑馬者，手裡拿著天平，這其實是說他可以稱量人的肉體中各種成分的比例。他出現之後，麵包就變得稀有，但是酒和油卻沒有被損毀。麵包，大麥，在此處意味著肉體，被象徵性地犧牲了 —— 這就如同在希臘的獻祭中，人們把大麥撒在祭品上。「把麥餅吃下，這是我的身體」。此時肉體處於飢餓狀態，極為虛弱。最終，騎灰馬者出現了，那個肉體的或者說是充滿生命力的自我死了，這是皈依者[131]所經歷的一次「短暫的死亡」。然後我們就進入了一種類似於死亡的狀態。

　　我們進入了類似於死亡的狀態，我們的肉體此時處於「死亡」狀態。但是陰間裡的邪惡力量只能損毀這個世界的四分之一[132]，也就是說，只能損毀肉體的四分之一。這意味著，這只是一種神祕的死亡，受到傷害的肉體僅僅屬於最初

---

[129] 即在《啟示錄》第六章出現的第一位騎白馬者。他未受過審判，意思是他代表異教精神。

[130] 即騎紅馬者。在前文中，勞倫斯解釋紅色代表憤怒與激情，與戰神瑪爾斯有關。

[131] 此處皈依者指的是古代異教中神祕宗教的皈依者。勞倫斯認為《啟示錄》裡這部分的內容起源於古代祕教的入教儀式。在這類儀式上，皈依者會經歷一種神祕的死亡體驗，然後獲得新生。

[132] 《啟示錄》，6:8。騎灰馬者能殺害地上四分之一的人。

的造物。在這短暫的死亡中，肉體會感到飢餓以及各種生理痛苦，但是除此之外再沒有其他更嚴重的傷害。尚沒有瘟疫發生。瘟疫所傳達的一般是神的憤怒，而在這裡我們沒有看到全能神的怒火。

對這四位騎馬者，人們通常有一個膚淺而生硬的解釋，但很可能剛好暗合這四位騎馬者所代表的真實含義。根據後來的一位天啟作者的觀點，那些正統派釋經者們在談及提圖斯（也被稱為維斯帕西亞）[133] 時代的大饑荒時，對於大麥與小麥的理解可能是正確的。最初的含義很可能是異教的，後來卻被篡改了，以適應「抵抗邪惡的非猶太勢力的基督教會」的需求。但是他們的解釋都沒有真正涉及這四位騎馬者。比起《啟示錄》的其他章節，此處的文字最能讓我們看清楚篡改的方法，因為此處仍保留著最初的基本結構。

但是《啟示錄》裡還有三個封印尚未開啟呢。那三個封印被開啟的時候又是怎樣的情形呢？

第四個封印被開啟時，騎灰馬者登場了。此後，在異教儀式中，皈依者的肉體死了。《啟示錄》裡至今還保留著亡者遊歷冥間的文字。在冥間，那個活著的「我」必須首先放下魂與靈，然後才能最終赤裸著走出地獄另一頭的大門，進入新

---

[133] 古羅馬皇帝，曾於西元 70 年攻破耶路撒冷。其短暫的在位期間，羅馬數次發生災荒，包括毀滅了龐貝城的維蘇威火山噴發，羅馬大火，以及嚴重的瘟疫。他在繼位前曾因生活放蕩、手段殘酷而被稱為「第二個尼祿」，但繼位後卻是一位寬大無私，仁慈善良的皇帝。

的白晝。魂，靈，以及那個活著的「我」，是人的三個神聖屬性。四個肉體屬性已被遺棄在塵世裡。而魂與靈這兩個神聖屬性只有在冥間才能被剝離掉。最後出現了一道烈焰，這道烈焰在「我」進入新白晝時將重新被包裹以靈、魂，以及軀殼。此時獲得重生的「我」則再次具有了四重塵世屬性[134]。

現在我們可以確定，原本的異教文字描述了死者穿越冥間的過程，描述了死者如何擺脫魂，再擺脫靈，最終完成了神祕的六重死亡，然後第七個封印立刻成為死亡的最後一道霹靂，同時也是新生的第一聲雷鳴，這雷鳴是新生的頌歌，充滿了無限的喜悅。

但是猶太人憎惡人在塵世中具有的、注定隨著肉體一起消亡的神性。基督徒也痛恨這種神性。按照猶太人的觀點和基督教的觀點，人的神性只能在很久以後實現，也就是說，必須在死後分享上帝的榮耀時才能獲得神性，人絕不可能在肉體中獲得神性。因此猶太天啟作者們與基督教天啟作者們都把死者獨自遊歷冥間的神祕經歷刪掉了，取而代之的是一群殉教的亡靈在祭壇下哭喊著復仇 —— 在猶太人的思想裡，復仇是一項神聖的使命。然後這些亡靈被告知還得繼續等待，等著有更多的信徒殉教 —— 獲得神性的日子總是被一再拖延。這些亡靈還被賜予了白色袍子。但這可有點太早了，因為白袍子意味著獲得新生的軀體。那些哭喊著的亡靈怎麼

---

[134] 此時的四重屬性是：火、靈、魂、軀殼。

可以在冥間就穿起了白袍子呢？難道是在墳墓裡穿嗎？不管怎麼說，這就是猶太天啟作家與基督教天啟作家們在第五道封印處弄出來的一筆糊塗帳。

　　第六道封印意味著，此時的「我」已進入瀕死狀態，而靈離開了「我」。可是那些天啟作家們卻把此處描寫成一次昏天暗地的大災難。太陽變黑像毛布，這意味著太陽變成了黑色天體，向外噴射著肉眼可見的黑暗。月亮紅得像血，這在異教徒看來是一種可怕的反常現象，因為月亮本該照看人類充滿體液的肉體。血液本該屬於太陽。而月亮，只有在徹底進入娼妓般的邪惡狀態時，才會像女魔頭一樣痛飲鮮紅的血。可是它本應該為人類的肉體提供清涼的水分，呵護肉體中的甘泉。星辰墜落，天空挪移。天像書卷一樣被捲起來，「山嶺海島都被挪移離開本位」。這意味著乾坤再次陷入大混亂，宇宙萬物的現有秩序被徹底破壞。但是這仍不是最終的毀滅，因為塵世間的君王以及百姓都藏身在離開了原位的山洞裡，躲避著羔羊永不平息的憤怒。[135]

　　毫無疑問，這次天地間的大災難其實是與那位皈依者的最終死亡相對應的。此時，他的靈離開了他，他體驗到了真正的死亡，但是仍保留著生命的最後一縷火苗，並帶著這縷火苗沉入冥間的深處。但遺憾的是，那些天啟作者們總是喜歡橫加干預、胡改亂塗。如今的「天啟」，僅剩下對天地間一連串大

---

[135]《啟示錄》，6:12-17。

災難的描寫，乏味極了。要是能夠讀到最初的異教文字，了解異教的皈依儀式，我們寧可獻出新耶路撒冷。所謂永遠無法平息的「羔羊的憤怒」，這種說法有點像一群老頭子，牙都掉光了，卻仍在沒完沒了地威脅別人，這真是令人惱火。

經過這六個階段，神祕的死亡過程終於結束了。在第七個階段裡，死亡與新生同時發生。此時那個永恆的自我只剩下最後一點生命的火星，然後那點火星從地獄中浮出，就在即將徹底熄滅的瞬間突然綻放成一朵新的火焰，於是死者便獲得了新的身體，長著金腿和一張散發出光暈的臉。但此時有一個停頓，這是一個自然而然的停頓。整個過程必須在此處稍作延遲，因為餘下的事情要轉入另一個世界來進行，那是一個超越於天地之外的世界。在開啟第七層封印之前，也就是在毀滅與榮耀同時發生之前，整個過程並不像前幾個階段那樣複雜，儀式變得簡單多了。

十一

我們知道，世界是個四方形 [136]，因此「四」是與「創世」緊密相連的數字。從世界的四個角落裡吹出四股風，三股是壞風，一股是好風。當這四股風一起從各個角落裡吹出來的時候，天空陷入混亂，大地面臨毀滅。

---

[136] 下一段中提到，這是西元前二世紀時人們信奉的觀點。勞倫斯曾在另一部著作「*Phoenix*」裡提出過這個觀點。

　　據說有四位天使被派去掌管這四股風，以免毀壞大地、海洋以及樹木——也就是說，保護真實的世界免遭破壞。

　　但是從東方吹來一股神祕的風，這股風托起太陽和月亮，使其像張滿了帆的船一樣在天空上緩緩漂浮。——這是西元前二世紀時古人們相信的事情之一。——掌管這股風的天使從東方升起，他要在神的僕人的前額貼上封印，並命令其餘三股會給世界帶來毀滅的風停息下來。於是猶太人的十二個分支被仔細清點人數，分別領受了封印[137]：這是猶太全民族的一次歷時較長的集體行為。

　　後來完全是另外一番景象。我們看到一大群人，穿著白袍子，手裡握著棕櫚枝，站在寶座前，面對著偉大的羔羊，大聲呼喊著：「願救恩歸於坐在寶座上我們的神，也歸於羔羊。」[138]在寶座前，眾天使、眾長老，以及四個長著翅膀的活物都面伏於地，敬拜神，說：「讚頌、榮耀、智慧、感謝、尊貴、權柄、力量都歸於我們的神，直到永永遠遠。阿門。」[139]

　　這意味著第七道封印被開啟了。天使命令四股風全都停下，然後一批被賜福的、獲得新生的人出現了。接著那些「剛剛從大患難中走出來」的人，或者剛剛在入教儀式中經歷了死亡與新生的人，帶著榮耀出現了，穿著雪白得耀眼的袍子，袍子下面是他們剛剛獲得的新軀體，他們手裡拿著生

---

[137] 《舊約·民數記》。
[138] 《啟示錄》，7:10。
[139] 《啟示錄》，7:12。

命樹的枝條，站在燦爛的光芒之中，面對著全能神。他們唱著讚美詩，眾天使便接受了他們的讚頌。

無論那位天啟作者是如何描述的，在此處我們可以看到一位異教的皈依者，可能是在一座希栢利[140]神殿裡，他突然從神殿幽暗的深處走出，出現在柱子前面的光芒之中。他因這光芒而感到目眩，他是剛剛獲得新生的人，穿著白袍子，拿著棕櫚枝，圍在他身邊的吹笛手興高采烈地吹響了長笛，女人們一邊跳舞一邊為他戴上花環。光芒閃耀著，香爐上升起一縷縷輕煙，智慧卓越的男女祭司們紛紛張開雙臂，唱著讚美詩讚頌這位榮耀的新生者，他們環繞著他，迷狂地為他歡呼。遠處的人群激動得幾乎透不過氣來。

在神殿前發生的這一幕昭示著新皈依者獲得了榮耀，也昭示著他已經在神面前獲得了身分，被神接納。他被籠罩在光芒與神跡之中，為笛聲與花環所圍繞，而他面前則是滿心敬畏的人群，他們觀看著這一切。我們知道，這其實就是伊西斯[141]祕教儀式的最後一幕。而天啟作者們卻把這一幕變成了基督教的一個幻象。但這一幕的確發生在第七個封印被開啟之後。皈依者完成了個人的從死亡到新生的全部過程。偉大的衝突與征服結束了。那位皈依者死了，又復活了，獲得了新的軀體。他的前額受了封印，就像佛教僧侶一樣。這

---

[140] 古代小亞細亞人崇拜的自然女神。
[141] 古埃及豐饒女神。

代表他已經歷過死亡，並且實現了第七層自我。他出生了兩次，他的「神祕之眼」，即「第三隻眼」，已經睜開。他同時置身於兩個世界，在這兩個世界裡觀看著一切。或者說，就像那些在眉間印著蛇形標記的法老們一樣，他獲得了太陽的力量，煥發著榮耀。

但這一切都是異教的，不符合基督教的精神。只要是在塵世中，在活著的時候，任何一個基督徒都不可能獲得新生並獲得神聖的新軀體。因此我們在《新約》裡看到的是一群升入天堂的殉道者。

印在前額的封印可能是骨灰：那是意味著肉體死亡的封印。或者，那封印也可能是紅布，或者是光環，即新出現的光或者幻象。但這的確就是第七道封印。

現在一切都結束了，接下來大約半個小時內，天堂裡一片寂靜。

十二

最早的異教手稿可能到此就結束了。至少整部戲劇的第一個循環過程[142]已經完成。某位早期天啟作者儘管顧慮重重，卻仍繼續描寫下一個循環。這次他不再描寫個人的死亡與新生，而是描寫整個世界的死亡與新生。對於這部分，

---

[142] 所謂「循環過程」，就是指從死亡到新生的過程。

我們的感覺還是那樣，還是覺得其寫作年代遠遠早於拔摩島的約翰的年代。但是這部分的文字的確帶有鮮明的猶太風格 —— 異教精神被猶太人的道德感與災難意識歪曲了，因為猶太人對懲罰與災禍有一種狂熱的偏執。這種情緒彌漫在《天啟》的文字之中。現在 [143] 我們可以身臨其境地感受猶太人的宗教氛圍。

　　但是在這部分裡異教思想仍依稀可辨。輕煙從香爐上升起，飄入全能神的鼻孔，全能神則端坐在氤氳繚繞的煙霧之中。然而，這如雲朵一般的煙霧被基督教寓言化了，其寓意是聖人們的祈禱被帶到神那裡。緊接著，神聖的火被拋到大地上，於是整個世界，即大地與人類，開始經歷短暫的死亡，然後獲得最終的新生。七位天使，即代表神的七個動態屬性的天使，拿著七枝號，將要宣布七件事。

　　接下來，這部已經被改造成猶太經文的《天啟》開始依次描寫七枝號所帶來的事件，也就是第二個循環過程。

　　這裡，「七」再次被分為「四」和「三」[144]。我們看到世界在神的旨意下如何遭到毀滅（只是短暫的毀滅）。每當有一枝號被吹響，世界的三分之一（不是四分之一）就會被毀滅。神的數字是「三」[145]；而世界的數字是「四」，世界是四方形的。

---

[143] 指從第八章開始，《啟示錄》呈現出典型的猶太人的宗教特點。

[144] 見第十章，人的意識具有七個屬性，四個生命力屬性，三個「高級」屬性。

[145] 比如，「三位一體」。

第一聲號響，三分之一的植物死亡了。

第二聲號響，海中的活物死了三分之一，船也壞了三分之一。

第三聲號響，大地上三分之一的水變苦，並且有毒。

第四聲號響，天空以及日月星辰的三分之一被毀滅了。

這些內容依次對應著先前的那四位騎馬者——猶太人的《天啟》總是包含著這類笨拙的對應結構。現在，宇宙在物質層面上處於暫時的死亡狀態。

接下來是「三次災禍」，這「三次災禍」所影響的不是世界的物質層面，而是世界的靈與魂（在此處化為人形）。一顆星星墜落到大地上——天使以猶太人的形象降臨塵世。他掌握著開啟無底坑的鑰匙，而無底坑就是「黑帝斯」在猶太教中的說法，也就是冥世。此處的事件所表現的不是第一個循環中個人所經歷的「冥間」，而是整個世界即將經歷的「冥間」。

從此處開始，《啟示錄》徹底進入猶太寓言模式，再無象徵意味可言。太陽與月亮都變昏暗了，因為此時是在冥間。

無底坑與冥間一樣，充滿了邪惡的力量，對人是有害的。

因為無底坑就像冥間一樣，代表著被壓抑住的創造力量。

古老的人性必須讓位於新的人性。在此過程中，古老的人性沉入幽深的冥間。於是冥間就湧動著一股股被壓抑住的力量。這些陰鬱的力量永不消散，充滿怨毒。

所有古代宗教都曾深刻地揭示過這個事實，這也是人們

膜拜冥間力量的根本原因。最古老的希臘宗教可能就是起源於對冥間力量的膜拜，即「chthonioi」。這種幽冥之力其實就是人類古老的、被壓抑住的自我，可是當人沒有足夠的力量克制住這種幽冥之力，也不懂得用活祭或者燔祭來撫慰它的時候，這種力量就轉而攻擊人自身，再次把人毀滅掉。因此對生命的每一次征服都意味著「對地獄的擾動」。

同樣，宇宙每發生一次巨變，就意味著其古老的力量被壓抑住了，被壓抑的力量會變得邪惡，對新世界充滿怨毒。這就是隱藏在蓋亞、烏拉諾斯、克洛諾斯以及宙斯系列神話故事 [146] 深處的世界真相。

因此宇宙的確具有邪惡的一面。太陽，偉大的太陽，只要它仍是那個衰老的太陽，處於被壓抑住的宇宙之中，它就對柔弱的新我充滿惡意與怨恨。它時刻傷害著我，侵蝕著那個不斷掙扎的我，因為它仍然作用於我的舊我，並且滿懷仇恨。

與此相同的是，宇宙中的水也有其另一面。只要它處於衰朽的、被壓抑的狀態，它就仇恨生命，尤其憎惡人類的生命。偉大的月亮是我的體液之源，但是當它處於無比衰老、僵死的狀態中時，它就仇恨我的肉體，時刻傷害著它，因為它仍控制著我的舊軀體。

---

[146] 在古希臘神話故事中，蓋亞是地母，烏拉諾斯是蓋亞的兒子，也是蓋亞的丈夫，他們生下了很多巨人。但是烏拉諾斯對待妻子與子女非常殘暴，把子女壓在蓋亞的身體裡。所以他的兒子之一，克洛諾斯就推翻了他。克洛諾斯擔心自己的子女也會推翻自己，就把自己的子女都吞進肚子裡。後來他果真被自己的兒子宙斯推翻。

　　這就是「兩次災禍」的最初含義。這層含義對於拔摩島的約翰來說實在太深奧了，他根本無法理解。隨著第五聲號響，第一次災禍發生了，從深淵裡飛出無數蝗蟲。這些蝗蟲如今已是婦孺皆知，其實牠們是象徵符號，含義非常複雜，但並非不可理解。牠們不傷害地上的植物，只傷害前額上沒有新封印的人類。這些人忍受著蝗蟲的折磨，卻不會因此而死去。因為這不是真正的死亡。他們只需忍受五個月的痛苦。五個月就是一個季度，大約是一年的三分之一。

　　接著這些蝗蟲變得像即將出征的戰馬一樣。馬，又是馬。這回牠們代表的是充滿怨毒的力量。

　　這些馬長著女人一樣的頭髮，其實那是牠們頭上戴的冠冕，如太陽一般發出燦爛的光芒，具有太陽般的力量。

　　牠們長著獅子的牙齒 —— 那是紅獅，代表著太陽的邪惡一面。

　　牠們長著人一樣的臉，這是因為牠們只傷害人類的內在生命。

　　牠們戴著金冠：這說明牠們是高貴的，來自高貴的太陽。

　　牠們的尾巴上長著毒鉤，這說明牠們處於悖逆本性的狀態，無比邪惡。牠們曾經是善良的生物，但是受到了壓抑，於是逆轉本性，變得邪惡無比，轉而用毒針傷害人類。

　　牠們的王是亞玻倫，其實就是阿波羅，那個偉大的太陽

神 [147]（祂是異教的神，所以是邪惡的）。

這個象徵符號原本十分詭異，其含義含混而複雜。可是現在，這個象徵符號的含義終於變得一清二楚了。於是那位古代的猶太天啟作者就宣布，第一次災禍結束了，還有兩次災禍即將到來。

十三

第六聲號響之後，從金祭臺傳出聲音：「把捆綁在伯拉大河的四個使者釋放了。」[148]

顯然，與掌控四股風的天使一樣，他們也是天空四角裡的天使。因此毫無疑問的是，伯拉大河，巴比倫的邪惡之河，代表著流動在大地之下的水，或者說是代表著深淵裡的海洋，處於邪惡的狀態。

於是那四位天使就被釋放了。接著出現了邪惡的馬軍，騎兵的數目有兩億之多，《啟示錄》上說，他們都是從深淵裡湧出來的。[149]

馬軍裡的馬長著獅子一樣的腦袋，口中噴著火和硫磺。這些馬用口中噴出的火、煙和硫磺殺死了三分之一的人類。

---

[147]《啟示錄》，9:11。聖經原文中，亞玻倫是「Apollyon」，其拼寫的確與古希臘神話中的太陽神阿波羅的名字「Apollo」非常相近。

[148]《啟示錄》，9:14。伯拉大河的原文是「the great river of Euphrates」。Euphrates，如今一般譯為「幼發拉底河」。

[149]《啟示錄》，第九章。

接下來的事情非常出乎我們的意料，我們被告知，牠們的能力不僅在牠們的嘴裡，還在牠們的尾巴上。牠們的尾巴像蛇，長著腦袋。牠們就用這尾巴害人。

這些詭異的生物就是典型的「天啟意象」[150]。但牠們不是象徵符號，而是比拔摩島的約翰更早的一些古代天啟作者創造出來的含有明確寓意的形象[151]。這些馬就是力量，是帶來災禍的神聖工具，牠們殺掉了三分之一的人類。後來我們得知牠們其實就是瘟疫，而瘟疫就是上帝對世界的鞭撻。

現在牠們本應該代表深淵之水或冥間之水的邪惡力量，這是水在逆轉了本性時所具有的力量。但是牠們卻像硫磺一樣，顯然是由深淵之火或冥間之火變成的獸，性情暴烈。而深淵之火就是太陽的邪惡之火。牠們長著獅子一樣的腦袋，像極了邪惡狀態下的太陽。

緊接著，很突兀的，這些馬被裝上了蛇尾，於是牠們的尾巴就具有了邪惡的力量。現在我們回過頭再來看看這種動物的真實面目：牠們是馬身蛇尾的怪物，來自地獄中結滿了鹽晶的深處[152]，是冥世之水的力量的化身。牠們悖逆水的

---

[150] 此處的意思是說，天啟類書籍裡常常出現類似的意象。

[151] 勞倫斯在前文說過：象徵符號帶給人的感受與聯想是綜合性的，故而其含義是一個模糊的整體；而寓言故事裡的形象卻只具有固定而明確的含義。

[152] 勞倫斯曾經寫過一首名為〈鹽〉的詩：
  鹽是被太陽烤乾的水
  凝結成固體，像雪一樣白
  鹽永遠處在兩個狀態之間
  既不屬於火，也不屬於水

本性，充滿邪惡，殺掉了三分之一的人類，很可能攜帶著疾病，會使人流膿甚至死亡。相比之下，此前隨著第五聲號響而出現的蝗蟲卻與這些馬不同，那些蝗蟲帶給人類的疾病僅僅造成了灼熱與痛苦，並不真正致死，而且這種痛苦只持續了數月而已。

此處的文字似乎出自兩位作者之手。較晚的那位沒能理解先前的作者的思路。他在此處添加了口噴硫磺的馬以及眾多騎兵。他想像著，騎兵的胸甲像火、紫瑪瑙以及硫磺一般（紅色、暗藍色以及黃色）。於是，他就順著這種有趣的想像寫了下去。很可能他曾看到過火山噴發的情景，或者曾見到過東方騎兵，這些騎兵身上穿著帶有紅、藍、黃三種顏色的服裝，這令他覺得絢麗極了。這是真正的猶太人寫作方式。

但是他還是得回到原稿之中，得處理那些長著蛇尾的水怪。於是他把原稿裡的蛇尾拼接到他自己想像出來的馬身上，還讓這些蛇尾馬身的怪物飛快地疾馳。

很可能正是這位想像出口噴硫磺的馬怪的天啟作者，想像出了「燃著硫磺的火湖」。那些墮落的天使以及邪惡的凡人，其靈魂都將被扔到火湖裡，忍受永世的烈火焚燒之苦。想像出這樣一個可怕的地方，的確令人感到非常解恨，這就是基督教中地獄的原型，是《天啟》的獨創。比較而言，古代猶太人想像出的地獄，「示阿勒」與「欣嫩

子谷」[153]，都非常溫和，不過就是一些如同古希臘神話中的冥間之類的地方，這些地方僅僅是令亡魂感到不太舒服而已。新耶路撒冷在天堂裡建成之後，猶太人的地獄就消失了。與《天啟》裡的地獄不同的是，猶太人的地獄是古老宇宙的一部分，與古老宇宙同生同滅，並非永恆之地。

但對於那位發明了硫磺火之說的天啟作者與拔摩島的約翰來說，猶太人的地獄遠未達到他們的期待。他們認為，地獄裡必須有一個巨大而可怕的火湖，裡面的硫磺之火永不熄滅，敵人的亡魂將永遠在地獄裡痛苦地扭動。最後的審判結束之時，天空、大地以及一切造物都將消失，只有榮耀的天堂永遠存在。除此之外，還要保留這個熊熊燃燒的火湖，那些亡魂還要繼續忍受永世的痛苦。到那時，上面是光芒耀眼的永恆的天堂，而下面則是火光刺目、燃著硫磺之火的慘烈的火湖。這就是拔摩島人心目中的永恆。只有確認仇敵在地獄裡痛苦難捱，他們才會在天堂裡感到稱心如意。

《天啟》把這種景象帶給了世人。而在此之前，這種景象從未在世人的心裡出現過。

從前，冥間的水就像海水一樣苦，展現的是地下水的邪惡一面。但另一方面，地下水也被認為是一個神奇的湖，其中的水甘甜可口，深藏在岩石的下面，是所有地表河流的源頭。

---

[153] 原文分別為：Sheol 與 Gehenna。這兩個詞都是希伯來語。欣嫩子谷出現在《舊約》中很多章節中，比如《列王記下》（23:10）和《耶利米書》（*the Book of Jeremiah*）（19:6）。

在冥間，深淵裡的水像海水一樣鹹。鹽曾在人們的想像中發揮極重要的作用。鹽曾被人們認為是「非正義」的產物。而「非正義」是構成世界的一個重要元素。火與水是兩個活生生的重要元素，彼此對立，一切物質產生於水與火的不穩定結合，當一方占了上風，「非正義」就出現了。因此，如果太陽的火焰過於猛烈，超過了甘甜的水所能承受的程度，太陽就會把水烤乾。如果水被太陽的火焰烤乾了，「非正義」之子──鹽就出現了。這個「非正義」之子對水產生破壞作用，使水變得苦澀。於是大海就出現了。接著大海裡出現了蛟龍，即海中怪獸。

所以說，地獄裡苦澀的水就是淹沒亡魂的地方。這些水匯成了苦澀的末日之海，與生命相對立。

在漫長的年代裡，人們對大海充滿了憎恨。苦澀的、藏汙納垢的大海──柏拉圖曾這麼說過。但是這種觀念似乎在古羅馬時代逐漸消失了。因此我們的天啟作者就以硫磺火湖代替，因為硫磺比苦澀的海更可怕，能夠讓亡者更加痛苦。

三分之一的人被這些噴著硫磺火的騎兵殺死了。可是那活下來的三分之二的人仍在膜拜「不能看、不能聽、不能行走」的偶像。

《啟示錄》此處的文字似乎仍具有鮮明的猶太特點與前基督教特點。因為此處的文字根本沒提到「羔羊」。

後來，第二次災禍在地震中結束，這種現象在天啟類文

字中是常見的。一般說來,大地的震動必定立刻引起一個巨大的變化。而此次變化卻耽擱了一段時間才發生。

十四

已經有六枝號被吹響了。於是此處出現了一次短暫的停息。這與六個封印被打開後的情況是一樣的。那時也出現了短暫的停息,目的是為了讓執掌四股風的天使休整一下,讓剛剛發生的事傳達到天堂。

但是,在這個停息的過程中發生了很多事情。首先有一位大力的天使從天上降臨[154]。他是宇宙的主,最初看起來有點像人子。但是實際上此處似乎一點也沒有提及「人子」或者與彌賽亞有關的任何稱謂。這位大力的天使雙腳像火,一腳踏海,一腳踏地,像獅子一樣吼叫,吼聲傳遍了天際。接著就有七雷轟鳴。這七雷是具有創造能力的。我們知道,這七雷代表著全能者即天地創造者的七個聲音屬性。現在,這七雷發出了七道新旨意,目的是開啟宇宙新時代與造物新時代。先知打算立刻記錄下這些旨意,但是有聲音制止了他,以防他洩露天機,因為這些旨意將帶來一個全新的宇宙,而我們則只能耐心等待這些旨意的實現。然後這位偉大的「天使」,即宇宙之主,抬起一隻手,指著天與地以及地下的水

---

[154]《啟示錄》,10:1

起誓 —— 其實這是古希臘諸神的誓言 —— 舊的時代已經結束，神的奧祕就要應驗。

然後天使讓這位先知吃下一小卷書。書裡寫的是無人知曉的奧祕，內容是關於舊世界的毀滅與新世界的創造。這個奧祕的重要性稍遜於先前被封了七道印的那本書裡所記載的毀滅老亞當與創造新人類的資訊。吃下這卷書之後，起初嘴裡是甜的，但很快就變成苦的。這是因為，復仇的感覺貌似甜美，但個中滋味終究還是苦澀的。

接著又發生了一件事：測量神殿。這是純粹的猶太風格 —— 在舊世界毀滅之前，清點選民的數量，把非選民清除出去。

然後又出現了兩個見證人，這是在此期間發生的最古怪的事。正統的釋經者們認為這兩位見證人就是摩西和以利亞 [155]。他們曾在高山上向耶穌顯現，[156] 他們代表著更為古老的時代。這兩位見證人是穿著麻衣 [157] 的先知。也就是說，他們處於悲痛的狀態，心裡充滿敵意，此時他們的本性是逆轉的。他們是立在世界之主「阿多乃」[158] 面前的兩個燈臺、兩棵橄欖樹。他們能控制天空中的水（雨），能夠把水變成血，能夠用各種瘟疫攻擊世界。他們做完見證之後，就會有

---

[155] 以利亞，原文是 Elija，《舊約》中一位重要的先知。

[156] 《馬可福音》，9:4。

[157] 身穿麻衣是猶太人表示悲傷的方式。

[158] 原文是「Adonai」，希伯來語，上帝的意思。關於這兩位先知，見《啟示錄》11:3-4。

獸從無底坑裡上來殺死他們。他們的屍首就倒在大城的街上。地上的人為他們的死而歡喜快樂，因為這兩位先知曾使地上的人受苦。但是三天半之後，有生氣從神那裡進入這兩位死者，他們就站起來，然後有大聲音從天上傳來：「上到這裡來。」[159] 於是他們駕著雲上了天，他們的仇敵驚恐地看著他們。

這裡似乎隱藏著一個古老的神話故事，暗示這裡有兩個「神祕的雙生子」，即「兩個小人兒」，他們掌控著人的本性。但是猶太天啟作者與基督教天啟作者都對《啟示錄》裡的這個細節語焉不詳，對此他們都沒有給出明確解釋。

這兩個雙胞胎其實源於一個非常古老的異教信仰，而且這是古代歐洲人普遍信奉的信仰。在古代人的信仰裡，他們是天堂裡的雙生子，是從天上來的。古希臘人認為，他們是廷達柔斯雙子，即卡斯托和波路克斯[160]，在《奧德賽》（Odyssey）裡就曾出現過。他們輪流住在天上與冥間，看管著這兩個地方。所以，他們可能化身為蠟燭或者天上的星星，但也可能化身為陰間的橄欖樹。

一個神話故事越是古老，在人類的意識中就扎根越深，就會在人的淺層意識中具有更為繁多的呈現形式。我們必須

---

[159] 《啟示錄》，11:12。
[160] 廷達柔斯雙子，即卡斯托與波路克斯是古希臘神話中麗達的兩個兒子。卡斯托是麗達與斯巴達王廷達柔斯的兒子，波路克斯是麗達與宙斯的兒子。據說他們是從一個蛋裡生出來的。後來他們化作天上的雙子星座。

記住一點，那些古老的神話故事裡的象徵符號能夠把現代人的思想意識帶回到遙遠的古代，可以使人穿越一千年、兩千年、三千年、四千年，甚至更久。而「雙生子」就屬於這類古老的象徵符號。曲折暗示所產生的效果最是令人無從掌握。這種暗示要麼毫無作用，要麼就會使人的無意識迅速穿越漫長的時間回到遙遠的從前，或者讓無意識稍稍發生了一點穿越然後就停在了半路上。

如果我們想到英勇的狄奧斯庫洛伊[161]，即古希臘的廷達柔斯雙子，我們的思緒就會在穿越的半路上停下來。古希臘的英雄時代有一個神奇的效應，這個時代使一切有關宇宙的概念都變得擬人化了，但同時絲毫損害不了宇宙的神奇。以至於狄奧斯庫洛伊既是又不是那兩個古代的雙生子。

但是古希臘人總是緬懷英雄時代即奧林匹斯時代之前的諸神與偉人。奧林匹斯英雄時代只是一段插曲。古希臘人總是覺得關於奧林匹斯英雄的幻想實在太膚淺，古老的希臘靈魂更樂於不斷向深處探究，向宗教意識中更加古老而幽暗的地方追尋，不惜穿越成百上千年。雅典有神祕的特里托帕托爾[162]兄弟，祂們也被稱為「雙生子」，即狄奧斯庫洛伊，祂們是風神，掌管孩子們的降生。只有在聯想到這些時，我們現代人的意識才真正回到了古老的深處。

---

[161] 即上文提到的雙生子，卡斯托與波路克斯的合稱。

[162] 原文是 Tritopatores。

西元前三世紀至西元前二世紀，薩莫色雷斯島上的宗教信仰在整個希臘廣泛傳播，這兩個雙生子逐漸演變成「卡比洛」[163] 或者「卡比利」[164]，於是這兩個神話人物再次對人們的思想產生深刻的影響，使人產生無數聯想。卡比利再次展現了古老的「神祕雙生子」的概念，與天空的風雨陰晴以及大地的繁衍生息密切相關，還影響著天地之間神祕而永恆的平衡狀態。而撰寫《啟示錄》的天啟作者看到的卻是這對雙生子帶來的災禍。在《天啟》中，祂們掌管著天空的水與大地的水，能夠把水變成血，能夠從冥間帶來瘟疫，無論祂們來自天堂還是來自冥間，都對人類充滿惡意。

但是卡比利其實還與很多事有關聯。據說時至今日在伊斯蘭國家仍有人在崇拜祂們。在古代，祂們就是那兩個神祕的「小人兒」，兩個小矮子，兩個彼此爭鬥的「對手」。祂們還與雷有關，對應著兩塊圓形的黑色雷石，因此也被稱為「雷之雙子」。祂們能夠控制雨，還能使奶水凝固。當懷揣惡意的時候，祂們就把水變成血。既然祂們是「司雷者」，那麼祂們也是「劈砍者」。祂們能劈開雲朵、空氣和水。祂們總是相互對立，祂們是分割者、分裂者，既能做好事也能做壞事。祂們是平衡者。

祂們的象徵含義千變萬化。祂們還是古代的門柱之神，

---

[163] 原文是「Kabeiroi」，是古希臘神話裡陰間的諸神。關於這些神靈的傳說包含著前希臘時代的元素，甚至還包含了一些非希臘的元素。

[164] 原文是「Kabiri」。

於是祂們就成為大門的守護者。在巴比倫、愛琴海以及伊特拉斯坎人的繪畫與雕刻中，常常可以見到守護神壇、樹木或者水甕的雙獸。「雙生子」也與這「雙獸」有關。祂們常常化身為豹子或獅鷲獸，或者化身為大地上夜晚出現的動物。祂們滿懷妒意，禁止人類崇拜其他神靈。

祂們把事物分割開，創造一個空間，開關一條通道。於是，祂們成為布雨者。祂們開啟天空之門，可能就像分開兩塊雷石一樣。同理，祂們還在暗中掌管著性交，因為古人認為性交意味著把兩個原本分離的事物融合在一起，在融合的瞬間新生命就形成了。從性的角度講，祂們的確能夠把水變成血。陰莖就是那個小矮子。從某個方面來說，陰莖就是大地的雙生子，就是那個能夠製造水的小人兒，也是那個體內充滿血液的小人兒。這兩個小人兒意味著人自身本性中所具有的兩個對立面，對應的象徵物就是人的兩個睪丸，也就是那兩個雷石。因此，祂們也是那兩棵橄欖樹的根，能結出橄欖，還能生出油，也就是具有生殖力的精液。祂們還是立在大地之神阿多乃面前的兩根蠟燭。祂們生出人們的兩個基本意識形式，即白晝意識與黑夜意識。因此，在漆黑的深夜裡與在明亮的白晝裡，我們的意識處於完全不同的狀態。人的意識就是這樣具有雙重性，而且相互矛盾。那兩個雙生子則警惕地看守著人的雙重性。從生理角度上來看也是如此，祂們分別掌管著人體的兩大液體循環系統，即體液與血液。如

果血與水在我們體內融合了，我們就會死去。兩個對立的雙生子負責把這兩個液體循環系統分隔開。人的雙重意識就源於身體裡這兩個液體循環系統。

現在這兩個相互衝突的小人兒成為生命的「見證人」，因為生命樹就是在祂們之間的衝突之中生出來的，祂們之間的衝突就是生命樹扎在大地中的根。祂們永遠在大地之神或者生殖之神的面前作見證。而且祂們永遠為人類設定限制。在人類的每一種世俗行為或者生理行為中，祂們都提出告誡，「要適可而止」。祂們限制著每一個行動，每一個「塵世」中的行為，使之不超出一定的限度，而且還透過施加反作用來加以制衡。祂們是守護大門的神靈，但是祂們也是掌控萬事萬物的邊界的神靈。祂們永遠彼此嫉妒，永遠約束著對方。生命因祂們而形成，也因祂們而受限。祂們就如同睪丸一樣，負責使陰莖處於平衡狀態，祂們是陰莖的兩個見證人。祂們憎惡狂喜或迷狂的狀態，厭惡淫蕩與放縱。祂們總是向阿多乃作見證。因此，當來自無底坑的怪獸，即毀滅大地與人類肉體的惡龍，殺死了這兩個守護神的時候，縱慾之城的人們興高采烈，因為這兩個守護人相當於「索多瑪」與「埃及」[165] 的警察。祂們的屍首三天半之後才被焚燒。三天半就是半週，即一個週期的一半。在這段時間裡人們放棄了所有德行與克制。

---

[165] 在《啟示錄》裡，這兩個地方被視為淫蕩與邪惡的代名詞。

《啟示錄》裡的原文是這樣的：人們「歡喜快樂，互相饋贈禮物」。這暗示人們在慶祝異教的農神節，就像克里特島的赫爾墨斯節[166]與巴比倫的薩卡亞節一樣，都是狂放的節日。如果這就是天啟作者的真實所指，這說明這位作者對於異教儀式是多麼熟悉。古代各民族所慶祝的農神節都代表著古老秩序的破壞，至少意味著古老的律法被暫時打破了。可這一次被打破的竟然是兩個見證人所代表的「自然法則」。在那幾天裡──三天半，也就是神聖星期的一半，或者說是一個小週期的一半──人們短暫地悖離了「天性的法則」。[167]接下來，這兩位見證人彷彿是在宣告新世界即將到來以及人即將獲得新的身體，祂們重新站了起來，人們看見之後恐懼極了。這時從天上傳來聲音召喚這兩個見證人，於是祂們就駕著雲朵升天了。

　　「兩個，兩個純潔的小男孩，穿著綠衣服哦──」[168]

　　所以說，這兩個相互對立的神聖雙子倘若被殺死了，大地以及人的肉體也就隨之死去了。

　　接著發生了地震，第七位天使吹響了號，並宣布：「這世上的國成了我主和主基督的國。祂要作王，直到永永遠遠。」[169]於是天堂裡的天使與長老們再一次向神膜拜並感

---

[166] 古希臘人紀念荷米斯的節日。

[167] 此處「自然」與「天性」是同一個詞，都是「nature」。

[168] 這是一首古代歌謠中的一句話。這首歌謠在各個時期以及在各個語言中有不同的版本。

[169] 《啟示錄》11:15。

恩，慶祝神再次成為統治者。天上的神殿開了，現出神殿裡的至聖所[170]與約櫃[171]。然後有閃電、話語聲、雷鳴、地震和冰雹。這些異象預示著一個舊時代的結束以及一個新時代的開始。第三次災禍結束了。

《啟示錄》的前半部分，即有著古老淵源的前半部分，到此結束。接下來的神話，思路單一，在整部《啟示錄》裡顯得相當突兀，與其他內容明顯不協調。是從前的某位天啟作者硬把這部分插入《啟示錄》，以便湊成一個完整的神學框架：在大地與人類都被毀滅之後，彌賽亞降生了。此後的天啟作者們都保留了這部分內容。

十五

接下來的部分是講偉大的太陽女神誕下了新太陽神，以及這位太陽女神被一條紅色巨龍追趕的過程。這個神話故事被當作《天啟》的核心內容而保留了下來，意在預示彌賽亞的降生。就連正統的釋經者都承認，這個故事的確違背了基督教精神，甚至也不符合猶太教精神。在這裡我們觸碰到了一塊異教精神的基石，然後我們還可以在其他各章節裡看到，眾多猶太教徒與猶太基督徒在這塊基石之上不斷搭建的新內容。

---

[170] 至聖所指教堂裡最神聖的地方，只有少數人才能進去。
[171] 古代以色列民族的聖物，就是盛放上帝與以色列人所訂立的契約的櫃子。

但是這段講述新生兒降生過程的異教神話故事畢竟太簡短了，只是整部關於四個騎馬者的神話故事中的一個片段。

「天上現出大異象來。有一個婦人身披日頭，腳踏月亮，頭戴十二星的冠冕。她懷了孕，在生產的艱難中疼痛呼叫。

天上又現出異象來。有一條大紅龍，七頭十角，七頭上戴著七個冠冕。牠的尾巴拖曳著天上星辰的三分之一，摔在地上。龍就站在那將要生產的婦人面前，等她生產之後，要吞吃她的孩子。

婦人生了一個男孩子，是將來要用鐵杖轄管萬國的。她的孩子被提到神寶座那裡去了。婦人就逃到曠野，在那裡有神替她準備的地方，使她被養活一千兩百六十天。

在天上就有了爭戰。米迦勒和牠的使者與龍爭戰，龍也和牠的使者去爭戰，並沒有得勝，天上再沒有牠們的地方。

大龍就是那古蛇，名叫魔鬼，又叫撒旦，是迷惑普天下的。牠被摔在地上，牠的使者也一同被摔下去」[172]

這個片段的確是整部《天啟》的軸心。這個故事讀起來有點像從希臘、埃及以及巴比倫的神話故事中逐漸演化出來的異教神話故事。可能在西元前很多年的時候，第一位天啟作者把這個故事加進了最初的異教天啟手稿裡，以便描述彌賽亞降生的幻象，並把他說成太陽之子。但是若與那四位騎

---

[172]《啟示錄》，12:1-9。

馬者和兩個見證人連繫起來看，就會發現這位身披太陽、腳踏新月的女神很難與猶太人見到的幻象融合起來。猶太人當然仇恨一切異教神靈。但對異教女神，他們的態度就遠遠不只是仇恨了。除非萬不得已，他們甚至絕不願意提起異教女神。而這位身披太陽、腳踏新月的婦人的奇異形象實在太輝煌燦爛了，似乎暗示著東方的大女神，即「地母神」，也就是羅馬人所崇拜的「瑪格娜·瑪塔爾」[173]。這位偉大的女神懷著孩子，站在遠處，若隱若現。祂似乎站在地中海東部地區的歷史深處，站在民族剛剛形成而母系制度仍是天然的社會秩序的遠古時代。但祂又是如何進入猶太人的《天啟》並成為令人仰視的核心人物的呢？對此我們無法解答。唯一的解釋就是那個古老的信條 —— 把魔鬼從前門趕走，祂又會從後門進來。這位偉大的女神蘊涵著聖母瑪利亞的形象。祂的出現補充了《聖經》此前不曾描述的內容 —— 這位偉大的宇宙母親身穿長袍，遍體輝煌，卻遭到迫害。很顯然，在這樣一個充滿了權力與顯赫之感的故事結構中，祂是核心要素。因為這樣的敘事結構絕對不能缺少一位王后。只有那些主張放棄一切慾念的宗教才徹底排除女性。突顯權力的宗教必須有一位偉大的王后，而且是一位偉大的母后。正是因為這個原因祂才出現在《天啟》之中，因為這部書所表達的就是對權力的崇拜受到壓抑之後的情感。

---

[173] 原文是 Magna Mater。

這位地母神逃脫了惡龍的追趕之後，整部《天啟》就變換了語氣。大天使米迦勒突然出現了。這是一個巨大的變化，因為此前我們看到的是星空裡的四隻神獸，而那四隻神獸只是小天使而已。惡龍被確認為路西法和撒旦，即便到了此時祂仍必須把力量交給海裡來的怪獸，那個怪獸的名字叫尼祿。

　　《天啟》在此處出現了巨大的變化。我們離開了古老的宇宙與充滿自然力的世界，來到了猶太人的世界。這是一個乏味至極的世界，這個世界裡的天使就如同警察與郵差一般。只有那個妓女[174]還算有點生氣，可她也是從異教中借來的人物，顯然與那個身披太陽的偉大婦人相對應。後來的天啟作者隨意地辱罵她，稱她為淫婦，還用很多其他醜惡的名字來稱呼她，絕不願意看到她身披太陽，更不願意向她表達敬意。

　　總體來說，《天啟》的後半部失去了前半部分的恢弘氣勢。在「七碗」[175]那章裡我們就感受到了這一點。盛著羔羊的烈怒的七個碗，其實是對七個封印與七枝號的拙劣模仿。天啟作者甚至不明白自己在說什麼。這一次，「七」沒有被分成「四」和「三」，第七碗之後沒有重生也沒有榮耀。這回，七碗僅僅意味著接連不斷的災難。然後我們在《但以理

---

[174]《啟示錄》，17:4-5。
[175]《啟示錄》，16:1-17。

書》以及《聖經》其他各部分讀到的預言與詛咒都在此處一一應驗。這裡描述的景象非常含混，而且顯然具有寓言式的含義。比如，踹全能神烈怒的酒醡[176]等等。這是從別處竊來的詩，是從古代先知那裡竊取來的詩。此外，羅馬帝國必將覆滅這個主題實在過於露骨，而且相當乏味。再怎麼說，羅馬帝國還是比耶路撒冷宏偉得多。

　　只有巴比倫的大淫婦[177]出現的時候場面還較為絢麗。她穿著紫色和朱紅色的衣服，騎在朱紅色的獸上。她就是邪惡狀態下的「瑪格娜·瑪塔爾」[178]，衣服的顏色是太陽在憤怒時呈現出的顏色，她的坐騎正是那隻大紅龍，牠代表著宇宙的憤怒。她坐在那裡，輝煌豔麗，而她的巴比倫也是同樣的輝煌豔麗。後來的天啟作家們是多麼喜歡繪聲繪色地描述邪惡的巴比倫所擁有的金子、銀子和桂皮啊！他們巴不得把那些金銀財寶全都占為己有！對於巴比倫的燦爛與輝煌，他們都快嫉妒死了！真的是嫉妒啊，他們甚至想要毀掉這一切。那個淫婦衣著豔麗地坐在那裡，手裡拿著金杯子，裡面的美酒象徵著肉體的歡樂。那些天啟作家是多麼渴望痛飲她手裡的那杯酒！可是他們不能這樣做，於是他們就急切地想要砸碎那支酒杯！

　　異教式的博大與深沉早已蕩然無存。因此再也沒人能看

---

[176]《啟示錄》，19:15。
[177]《啟示錄》，17:1。
[178] 見前面的注解。

到那個宇宙女神身披溫暖的陽光，腳踏那個賜予我們潔白肉體的月亮。宇宙的地母神——那個頭戴王冠，王冠上點綴著黃道帶上的十二顆巨星的地母神，已經離開了我們。祂被撞到沙漠裡了。象徵著混沌的水龍向祂噴出大洪水，但是仁慈的大地吞下了洪水。這位偉大的婦人則生出翅膀，像鷹一樣遠走高飛，但是此後祂仍須被困在曠野裡「一載二載半載」[179]。這個時間長度與「三天半」的時間[180]或者《天啟》其他部分提到的幾年時間一樣，都是指某個時間週期的一半。

這是我們最後一次看到祂。從那時起，這位宇宙地母神就一直被困在曠野裡，祂頭上的王冠還鑲嵌著象徵黃道帶的各種標誌。自從祂離開之後，我們所見到的不是處女就是娼妓，都是不完整的女人。她們是基督教時代所特有的殘缺的女人。異教的地母神已經在舊時代行將結束時被驅趕到曠野裡，而且再也沒有被喚回來。在拔摩島的約翰曾居住過的以弗所，被人們膜拜的黛安娜女神並不是戴著群星閃耀的王冠的地母神，祂不過是地母神的仿製品。

如今的這部《天啟》可能正是脫胎於一部講述祂的「奧義」並描述祂的宗教的皈依儀式的書。如果的確如此，那麼這部書一定曾經被改寫過很多遍，以至於到最後祂的身影只

---

[179] 《啟示錄》，12:14。
[180] 前文提到的《啟示錄》(11:9)裡的內容，即兩個見證人被殺死之後，屍體在街道上躺了三天半。

剩下了那瞬間的閃現。而另一個與這位宇宙地母神遙相呼應
的人物也只是匆匆閃現了一下，卻被描寫成「穿著朱紅色的
衣服」[181]。對於《天啟》裡的那些災禍、瘟疫與死亡，我
們是多麼厭倦啊。至於那個珠光寶氣的天堂——新耶路撒
冷，我們連想一想都感到無比厭煩。這些瘋狂的想法全都與
生命為敵！這些可怕的救世論者，甚至無法容忍太陽與月亮
的存在。他們不過就是滿懷嫉妒罷了！

十六

　　這位婦人是《啟示錄》裡的一個「謎」，而那條大龍則
是《啟示錄》裡的另一個「謎」。龍是人類意識中最古老的
象徵符號之一。作為象徵符號，龍或者蛇一直扎根於人類各
種意識的深處，以至於只要草叢裡稍有一點聲響，無論體格
多麼健壯的現代人也會從內心深處受到驚動。而對於這種來
自內心最深處的反應，人根本無法控制。

　　首先，最重要的一點就是，龍象徵著在我們體內快速流
動的生命。被啟動的生命在我們體內流動，這很像蛇。或者
生命盤踞在我們體內，蟄伏著，也很像蛇。但其實這就是
龍。生命在宇宙中的存在狀態也像我們體內的龍一樣。

　　從遠古時代開始，人類就已經意識到自己身體裡蘊藏

---

[181] 即前文提到的巴比倫的「大淫婦」。

著「能量」，同時也意識到身外的世界裡蘊藏著同樣的「能量」，但他並不能完全掌控這種能量。這是一種流動的、綿延不斷的能量，可以蟄伏，可以沉睡，但隨時都可能一躍而出。比如，有時突然有一團怒火從我們心底升騰而起，而且這團怒火來勢洶洶，在性子暴烈的人身上表現得尤為可怕。同樣，有時我們會突然充滿狂躁的欲望、強烈的性慾、無法忍受的飢餓感，或者任何一種極為強烈的欲望，而有時我們會突然間睏倦，渴望入睡。是飢餓讓以掃出賣了自己的長子名分。這種飢餓感就可以被稱為以掃身體裡的龍。後來，希臘人稱之為身體裡的「神」。這是某種超越於他自身的東西，卻也是他身體內的東西。它像蛇一樣敏捷，出沒不定，又像龍一樣高高在上。它隨時可能從人身體裡的某個角落一躍而出，然後瞬間把人征服。

原始初民，也就是早期的人類，都在一定程度上對自己的天性充滿敬畏，因為人們發現自己的天性難以馴服也難以預料，感到自己的天性總是在跟自己「搗鬼」。人早就意識到，自己體內存在著一股神祕的力量，這股力量構成了他的天性 —— 半是神聖半是邪惡。有時這股力量在人身上突然迸發，使人周身閃耀著光芒，就像徒手打死獅子的力士參孫或者以卵石擊殺巨人歌利亞的大衛一樣充滿英雄氣概。荷馬時代之前的希臘人可能會把這兩種行為奉為神明，他們會認為這類行為中隱含著超人的本質，或者認為這類行為的實施

者也具有超人的性質，而這個實施者就隱藏在人的身體裡。其實，這個「實施者」就是一股流動的、迅捷的、不可征服的、甚至能預知未來的力量。這股力量能夠湧遍人的全身，能夠充溢於人的心靈。這就是龍，偉大的神龍，是人自身具有的超人能力。同時它也是惡龍，是人自身具有的破壞力。就是它在我們體內湧動，讓我們行走，讓我們行動，讓我們創造。我們因它而出生，也因它而活著。現代哲學家們可能稱之為「力比多」[182]，或「生命衝動」[183]，但這些詞彙都顯得太蒼白了，他們的語言都沒能真正展現出那條龍所具有的豐富含義。

從前的人非常「崇拜」龍。在遙遠而偉大的古代，一個人倘若能夠征服一條惡龍，並把龍的力量吸收進自己的肢體與胸膛裡，那麼他就是一個真英雄。當摩西在曠野中舉起銅蛇[184]——千百年來，摩西的這個行為一直占據著猶太人的想像力——他其實就是在用善龍的力量克制惡龍的力量。在這個故事中，龍就是蛇。這就是說，蛇既可以幫助人也可以攻擊人。當蛇幫助人時，人幾乎等同於神。當蛇攻擊人時，人的身體內部就會受傷或者中毒，甚至徹底垮掉。在古代，人面臨的一個重要問題就是如何征服這條充滿惡意的蛇並釋

---

[182] 佛洛伊德精神分析學說的術語。

[183] 伯格森生命哲學的術語。

[184] 《聖經》裡記載的故事：摩西帶領百姓前往上帝應許的地方，一路上百姓不斷抱怨，上帝降下火蛇懲罰百姓，摩西按照上帝的吩咐舉起刻著銅蛇的拐杖，凡被火蛇咬的人望一眼銅蛇就立刻得救了。

放自己體內那條亮閃閃的金蛇，啟動身體裡金色的生命之流，也就是說，如何喚醒男人或女人體內那條絢麗的神龍。

如今，人們的痛苦就在於，有成千上萬條小蛇在不停地啃噬並毒害著人們，而那條偉大的神龍卻一直處於蟄伏狀態。在現代社會裡，我們無法喚醒這條神龍。牠只能在生命的初級層面上甦醒。有時牠在一位名叫林白的飛行員身上甦醒，有時牠在一位名叫登普西的拳擊手身上甦醒。當這條小金蛇醒來的時候，這兩個人就會在瞬間煥發出英雄氣概。但是在生命的高級層面上，這條龍消失得無影無蹤。

龍不屬於某個人，而是屬於整個宇宙。在群星閃耀的廣闊宇宙裡，牠翻滾擺動著。現代人只能看到牠的邪惡狀態，我們所看到的牠是血紅的。但是我們不要忘記，當牠煥發生機、變成綠龍，並在夜晚澄澈的星空裡閃閃發光的時候，夜晚就會因牠而顯得格外神祕而又迷人。當牠安穩地把身體盤蜷起來的時候，天空就變得莊重而寧靜。牠在宇宙裡四處游動，守護著行星，使牠們不受侵害並永遠充滿力量。牠讓恆星發出光彩，並為之注入新的力量。牠使月亮更加恬靜而美麗。當牠盤踞在太陽裡，太陽便神采奕奕地舞動起萬丈光芒。當處於善的狀態時，龍就是整個宇宙的生命賦予者，是偉大的促進者。

龍至今仍影響著亞洲人。我們在亞洲人的器物上經常看到這條長長的綠龍，牠處於善的狀態，帶來生命，賜予生

命，創造生命，激發生命。牠就盤踞在官員官服的胸口上，還在官服的後擺上揮舞著尾巴，令人望而生畏。事實上，那位被龍盤繞著的官員非常高貴，充滿了自豪與力量。那是一條綠龍，是神龍。印度教徒也認為在人的脊柱末端臥著這樣一條龍，有時這條龍會沿著脊柱舒展開來。瑜伽修行者所做的就是盡力控制好這條龍。對龍的崇拜至今仍非常普遍，在全世界仍是一種充滿活力的宗教信仰，尤其是在東方國家裡。

但是，如今臥在星辰之中的那條龐大的綠龍，即便是在群星發出最耀眼光芒的時候，也緊緊地蜷縮著身體，一動也不動，正處於漫長的休眠期，只有那條紅龍偶爾探出腦袋，還有無數小蛇蠍時刻蠢蠢欲動。現在，小蛇蠍正在啃噬我們，就像牠們曾經啃噬滿腹抱怨的以色列人一樣。我們需要一位如摩西一般的人物，為世人高高地舉起銅蛇。就像後來耶穌被高高地釘在十字架上一樣，這條蛇也應該被高高舉起，以便拯救世人。

紅龍就是神靈的反面 [185]，是處於邪惡狀態中的龍。在古代文化裡，紅色代表人散發出的光彩，但在宇宙層面上或在神靈世界裡紅色卻是邪惡的顏色。紅獅子代表太陽的邪惡與破壞性。紅龍代表的是宇宙所蘊藏的巨大破壞力。

---

[185] 「神靈的反面」，原文是「kakodaimōn」。「daimon」，等同與「daemon」。「daemon」的意思是：1. 神靈；2. 等於「demon」。另外還有一個詞「eudaemonia」，源於希臘語，意思是「幸福」。可見，「daemon」這個詞的含義很複雜，有可能指「神靈」，也有可能指「邪神」。根據勞倫斯的思想觀點，譯者認定此處「daemon」指的是「神靈」。

現在，善神終於變成了惡神，綠龍也漸漸變成了紅龍。在宇宙的末日，曾經給予我們幸福的，最終變成了苦難的淵藪；曾經帶給我們救贖的，最終變成了我們背負的詛咒。從前那位充滿創造力的神靈，烏拉諾斯，或者克洛諾斯，在宇宙的末日變成了破壞者，甚至變成了吞噬者。人們在一個時代初期所尊奉的神靈，往往會在這個時代的末期變成最大的惡魔。如今，時間仍舊在按照週期循環的軌跡運行著。在當前的週期中，曾在初期代表善的力量的綠龍，如今在末期變成了代表惡的力量的紅龍。基督教時代初期的善如今終於蛻變為基督教時代末期的惡。

這是古老的智慧，是亙古不變的道理。時間的運行軌跡現在依舊是循環式的而非直線式的，我們正處於基督教時代的末期。基督教時代初期的善龍，即邏各斯，如今已經變成基督教時代末期的惡龍。牠已不能為新事物注入能量，只能讓衰朽的更加衰朽，讓惡毒的更加惡毒。牠現在是紅龍，我們只能期待英雄們將其再次殺死，因為我們已經對那些天使毫無指望了。

根據那些古老的神話，徹底落入惡龍的掌控之中的是女人，而女人毫無逃脫的能力，除非有男人前來解救她。煥然一新的龍則是綠色的或者金色的，牠的綠色與穆罕默德所接受的綠色[186]是一致的，都蘊涵著豐富而古老的含義。那是隱

---

[186] 伊斯蘭教崇尚綠色。

隱閃現在晨曦之中的綠色，是全新的生命之光的精華。神的創造就開始於這樣的晨曦之中，開始於一片清澈澄明的綠光之中，因為這是造物主自身發出的光芒。拔摩島的約翰注意到了這道古老的光芒，他讓虹把全能神的臉映照得如同綠寶石一般。[187] 而這可愛的綠光其實就是龍，牠蜿蜒游動，進入宇宙的深處。牠就是造物主所具有的力量，這股力量盤繞於整個宇宙，並且沿著人的脊柱蜿蜒而上，直抵兩眉之間，就像法老眉間的蛇形標記一樣。牠使人變得光彩照人，使人成為國王、英雄、勇士。人被牠所環繞的時候，就會發出金子般的光芒，其實那就是龍的光芒。

在我們這個時代之初，邏各斯降臨了，使人煥發出另一種光彩。而如今邏各斯已經成為邪惡的蛇，成為勞孔[188]，預示著全體世人的死亡。曾經如春天般散發出綠色生機的邏各斯，如今已經變成無數條灰色的小毒蟲，四處啃噬著，荼毒著生命。現在我們不得不壓制住邏各斯，只有這樣才能讓那條巨龍煥然一新，再次發出綠色的光芒，從星際間蜿蜒而下，賜予我們生命力，恢復我們的氣概。

衰朽的邏各斯緊緊地纏繞著人們，其中最為痛苦的就是女人。從古至今，一直就是如此。曾經靈動的氣息如今已經

---

[187] 《啟示錄》，4:3。

[188] 勞孔是特洛伊城裡的祭記，曾阻止木馬進入特洛伊。當他為阿波羅獻祭時，兩條巨大的海蛇把他和他的兩個兒子緊緊纏住，並將他們殺死。特洛伊人以為這就是神靈降下的啟示，於是就讓木馬進了城。

僵化，變成邪惡的桎梏，像裹屍布一樣捆綁著我們。而女人所受的捆綁更甚於男人。現在，女性特質中最優秀的部分已經被邏各斯緊緊束縛住，於是女人就失去了身體，變得抽象起來，被可怕的自我意志掌控著。現在的女性已經成為古怪的「靈性」生物，不斷受到惡魔也就是衰朽的邏各斯的逼迫，片刻也無法逃脫，根本不能成為她自己。這個邪惡的邏各斯說，女人必須活得有意義，必須讓自己的生活變得有價值。於是女人不停地努力，竭力做出有價值的事來，使我們的文明滋生出越來越多的邪惡。女人片刻也不能逃離這個惡魔的掌控，無法投入生機勃勃的綠龍的懷抱。現在我們的生命所呈現出的一切形態都是邪惡的。但是女人們卻在堅持不懈地尋求生命中「最美好」的事物，但她們的真實意思是要在諸多邪惡的生命形態中找到一個「最佳」的形式。這種鍥而不捨的精神其實本來是非常聖潔的。但女人沒能醒悟，她尋求的所謂「最美好」其實是「最邪惡」，因為現在生命的總體形態就是邪惡的。

於是現代文明中的羞恥感與痛苦感像灰色的小蛇一樣折磨著女人，而女人就在這樣的痛苦狀態下苦苦尋求所謂的「最美好」。唉，可悲的是，她所尋求的「最美好」其實是「最邪惡」。現在的女人都具有鮮明的「女警」特質。古代安朵美達[189]赤裸著身體，被綁在一塊岩石上，古老的巨龍朝她

---

[189] 希臘神話中的衣索比亞公主。

噴出濃煙。而可憐的現代安朵美達則被迫穿上女警的制服，在大街上巡邏，捲起袖子，手裡還拿著旗幟與棍棒。人們管這個棍棒叫指揮棒！誰還願意前來拯救這樣的她？即便讓她穿上蓬鬆舒適的衣服，或者穿上純潔的白色衣服，你也仍能看出來，在外套的裡面依然是那個身體緊繃的現代女警，她在努力，竭盡全力地努力。

上帝啊，安朵美達至少還可以不穿衣服，她的裸體是美麗的，柏修斯[190]還想為了得到她而奮力一搏。但是我們的現代女警卻不再擁有赤裸的身體，她們所擁有的就是一套套制服。誰願意為了得到一套女警制服而與惡龍，也就是與那個有毒的邏各斯奮不顧身地鬥上一鬥呢？

女人啊，妳經歷過那麼多痛苦。但是妳從未像現在這樣受到惡龍的詛咒變成了女警。

哦，在新時代裡，在我們尚無法預知的新時代裡，綠龍將是多麼可愛！綠龍，你快點來吧！快點來到我們身邊！把我們從邪惡而腐臭的邏各斯的魔爪中解救出來！靜悄悄地來吧，不用任何言辭。快來觸摸我們，就像溫柔而清新的春風那樣觸摸我們，把那可憎的警察制服從我們的女人身上統統吹走，把生命變成清新自然的花蕾！

在人們編寫《天啟》的年代，那條古龍是紅色的。現在牠已然成為灰色的了。牠曾經是紅色的，因為牠代表著古

---

[190] 宙斯之子。

老的傳統，代表著舊形式下的權力、王位、財富、浮華以及欲望。但是到了尼祿的時代，這種舊形式下的浮華與感官欲望已經變得十足墮落了，這條龍也變成了汙穢之龍。這條汙穢之龍，也就是原來的那條紅龍，必須讓位於白龍，即邏各斯──歐洲根本就沒來得及見識綠龍。在我們的時代剛剛開啟的時候，這條龍一出場就閃著白光：牠從一開始就是白龍。同樣，我們的時代也以對白色的崇拜而收場，但是那條白龍如今已經變成了一條巨大的白蟲，髒兮兮又灰乎乎的。而我們的膚色正是這種髒兮兮的白色，或者灰色。

　　起初我們的邏各斯呈現出炫目的白色──拔摩島的約翰也堅守著白色，所以聖人們的長袍是白色的──後來逐漸變得髒乎乎的，最後竟然看不出究竟是什麼顏色。與此同時，那條古老的紅龍逐漸變得愈發鮮紅。古龍之中最為古老的那一條就是鮮紅色的，散發出金色的與血紅的光彩。這條龍非常明亮，是明亮的鮮紅色，就像最鮮豔的朱砂一樣。在遙遠的從前，在人類歷史剛剛破曉的時候，這種明豔動人的金紅色就是那個時代的第一條古龍所呈現出的第一種色彩。遠古時代的人類凝望著天空，在金色和紅色的照耀下觀察萬物，而不是在綠色或閃亮的白色的照耀下。在很久很久以前，在金色與紅色的照耀下，人們臉上散發出龍的光彩，透出朱砂般鮮豔的顏色。於是英雄們以及如英雄一般的國王們，他們的臉都如同被陽光穿透的罌粟花一樣發出紅色的光。這是榮

耀的顏色。這是充滿野性的鮮血的顏色，而充滿野性的鮮血就是生命本身。紅色的、奔騰的鮮血，是最深邃的奧祕，而緩慢流淌的、暗紅中透著紫色的血液則是最高貴的奧祕。

古羅馬帝國的文明其實落後於地中海東部地區上千年。古羅馬的君主們把臉塗成朱砂色，以顯示自己神聖的君主地位。北美的印第安人也把臉塗成紅色，而且他們只用朱砂塗臉，他們稱朱砂為「藥物」。印第安人的文化與宗教處於新石器階段。當美國新墨西哥州的培布羅人紅光滿面地出現在你面前的時候，你就會感受到你與他們之間隔著漫長而幽暗的時間距離。簡直就是神明！他們看起來就如同神明一般！使他們如此熠熠生輝的就是那條紅龍，那條美麗的紅龍。

但是這條龍漸漸衰老了，牠的生命形態漸漸變得僵化。即便在新墨西哥州的培布羅人那裡，儘管他們的古老生命狀態仍然是偉大的紅龍的生命狀態，儘管那是最偉大的龍，可是他們的生命狀態也已經透出邪惡了。他們熱愛藍色，即綠松石的藍綠色，卻逃避紅色。藍綠色與銀色，是他們渴望的顏色。金色是紅龍的顏色。很久很久以前，金子是龍的身體，柔軟而閃亮，彰顯著龍的榮耀，因此人們佩戴柔軟的金子來彰顯自己的榮耀，就像愛琴海地區與伊特拉斯坎的勇士們死後在墳墓裡所佩戴的那樣。後來紅龍變成了邪神，人們開始渴望綠龍與銀色的臂帶，於是金子就失去了榮耀而淪為金錢。是什麼使金子淪為金錢？美國人會這樣問你。這個問

題算是切中了要害！偉大的金龍死去了，綠龍與銀龍到來了，波斯人與巴比倫人是多麼喜歡藍綠色啊，迦勒底人酷愛天青石。他們早就背棄了紅龍！尼布甲尼撒[191] 的龍是藍色的，是披著藍色鱗片、昂首闊步的麒麟。如今，這條龍已經與當初的樣子大不相同。《天啟》中的龍其實較之更為古老。但《天啟》中的龍已經是一個邪神。

可是在古代，皇家的顏色仍是紅色，即朱砂色與紫色。這不是藍紫色而是紫紅色，是鮮血的顏色。這類純正的顏色曾是帝王們的專屬顏色，但後來卻成為了惡龍的顏色。天啟作者讓大淫婦穿上這種顏色的衣服，他稱她為巴比倫。生命本身的顏色竟然成為令人憎惡的顏色。

目前正值邏各斯灰龍時代與鋼鐵時代，社會主義者們重新拾起最古老的生命之色，於是全世界就因這顏色能令人聯想起朱砂而驚恐得顫抖。如今大多數人都認為，紅色意味著毀滅。孩子們也說：「紅色的意思是危險。」歷史就是這樣周而復始的 —— 黃金時代與白銀時代的紅龍與金龍，黃銅時代的綠龍，黑鐵時代的白龍，以及鋼鐵時代的灰龍。然後世界就會回到最初的階段，燦爛的紅龍時代。

然而一個富於英雄氣概的時代會本能地尋求紅龍，或者金龍。一個怯懦的時代則會本能地背棄牠們。就像在《天啟》中，紅色與紫色成為禁忌的顏色。

---

[191]　古巴比倫王。

　　《天啟》裡那條偉大的紅龍長著七個頭，每個頭都戴著王冠。這意味著牠擁有尊貴的身分與無上的權力。牠的七個頭，意味著牠有七條命。同樣，人也有七種天性，宇宙也有七種潛能。牠的七個頭將全部被砍掉，這就是說人還要再完成七次征服，而這回要征服的是這條龍。抗爭從不曾中斷。

　　這條龍原與宇宙渾然一體，在被從天空摔落到地上之前，牠破壞掉了宇宙的三分之一，牠的尾巴掃落了三分之一的星辰。於是，那個婦人就生下了孩子，這個孩子「將拿著鐵連枷，成為偉大的牧羊人，而全體世人都將成為他的羔羊」。如果這預示著彌賽亞或者耶穌即將統治世界，那麼這個預言是多麼準確啊！現在的人們可不就是被統治在一把鐵連枷之下。這個孩子被送到上帝那裡去了，可我們卻寧可他是去了龍那裡。那個婦人逃到了曠野裡，這就是說，在男性的世界裡，這位偉大的世界之母根本沒有立足之地。既然她不能死，她就只能藏身於沙漠之中。就這樣，她至今仍藏身於沙漠。那神祕的「三年半」[192]顯然至今仍沒有結束。

　　接下來《天啟》的後半部分開始了。這部分乏味極了。在這部分中，我們將見到但以理的預言得以實現，基督的教會被確立，以及塵世中各個王國紛紛覆滅。羅馬大城以及羅馬

---

[192]《啟示錄》，12:14。此處三年半，即啟示錄所寫的「一載二載與半載」，勞倫斯在前文提到過。

帝國確如所預言的那樣土崩瓦解，但我們對此實在提不起多大興趣。

十七

在讀後半部分之前，我們應該首先了解下這部書裡出現的重要的象徵符號，尤其應該了解下這部書裡的數字記號。這部書的結構其實就是建立在這幾個數字的基礎之上，即七、四和三。所以我們應該盡力弄清楚這幾個數字對於古人來說究竟意味著什麼。

從古至今，「三」一直是神聖的數字，正所謂「三位一體」。這個數字代表神的本質。在這個問題上，科學家們，或者說是古代的哲學家們，能夠給我們最重要的啟發，讓我們透過數字理解古代的宗教信仰。古代科學家領悟了宗教中象徵符號的寓意，然後將其轉變為真正意義上的「思想」。我們知道，古人是用具體的方式來理解數字的，比如用一塊塊或一行行的鵝卵石來理解數字。「三」就意味著三塊鵝卵石。在畢達哥拉斯學派的原始數學理論中，「三」是一個完美的數字，因為三不能從中間分開，永遠不會在中間留下空白。對於三塊鵝卵石來說，的確如此。你無法破壞「三」的整體性。即便把兩邊的鵝卵石調換了位置，仍有一塊鵝卵石穩穩地保留在中心位置上，就像鳥兒兩翼之間的身體一樣，

牠的兩邊還是各有一塊鵝卵石，保持著完美的平衡。直到西元前三世紀 [193]，人們才開始發覺「三」意味著世間萬物的完美狀態，或者說是神聖狀態。

我們還知道，阿那克西曼德在西元前五世紀發明了「無限定」這個概念，即無固定限界的物質。他認為這種物質位於諸多對立因素的中間，比如熱與冷，乾與溼，火與暗，這些對立因素就是偉大的「對立物」。這種位置關係出現於造物之初，是萬物的起源。古人把充滿生命力的宇宙劃分成三個部分，其思想基礎就是把「三」視為神聖數字。「神」的概念是後來從這個思想中逐漸獨立出來的。

說到這裡不妨再插一句，古代世界是宗教性的，卻也是無神的。那時，人們生活在一起，從生理上看，他們親密無間，渾然一體。就好像天空中飛翔的鳥群，他們在生理上就是一體的。古代部落的內部就是這樣融合無間，個體幾乎不可能從群體中分離出來。同樣，部落與宇宙直接相連，與宇宙保持著本真的交流。而那時的宇宙生機盎然，直接與人類的肉體緊密相連。所以在天人之間根本就沒有間隙，神的概念也無從產生。後來個體的人有了隔離感，陷入自我意識之中，也就是陷入了疏離狀態 —— 從神話角度來理解就是，個體的人吃的不是生命樹上的果子，而是智慧樹上的果實，

---

[193] 在本書很多地方，勞倫斯使用的時間表達方式不太規範。比如此處，原文是「the third century」，即「三世紀」，但結合史實與語境，此處應該是「西元前三世紀」。

從那以後他開始感受到自己的孤立狀態。自此,「神」的概念就產生了,「神」成為聯絡人與宇宙的仲介。關於人的最古老的概念是純粹宗教性的,但是其中毫無上帝或神靈的概念。上帝與神靈是人陷入孤獨感與隔絕感時才出現的概念。歷史上最早的哲學家們,比如發明了「神聖的無限定」概念並發現了「神聖的二元對立」現象的阿那克西曼德,還有創立了「神聖氣體」理論的阿那克西美尼,其思想都指向「無遮蔽的宇宙」,這個概念出現的時間早於「神」的概念。而且這些哲學家對於西元前六世紀人們普遍信奉的神靈也十分了解,但是他們的興趣並不局限於這些神靈。畢達哥拉斯學派的早期學者們,雖然也表現出了傳統意義上的宗教熱情,但是他們更為深刻的宗教性在於他們提出的二元對立思想。他們認為,世界是由兩大基本物質形式構成,即火與夜,或者火與暗。所謂「暗」就是一種濃稠的氣體或者一種蒸汽。這兩大基本物質形式意味著「有限」與「無限」。「夜」是「無限」,但「夜」在「火」之中則成為「有限」。這兩大基本物質形式處於矛盾對立狀態,這恰好說明它們原本是一體的。赫拉克利特說,萬物皆從火中演化而來,太陽每日都是新的。「昏曉的界線就是大熊星座[194],大熊星座的對立面就是光明宙斯的邊界。」此處光明宙斯代表的是明亮的藍

---

[194] 古人觀察到,夜空裡所有星座都有東升西落的現象,唯有大熊星座與小熊星座永遠留在地平線之上。

天，因此他的邊界就是地平線。所以，赫拉克利特的意思可能是說，大熊星座的對面，即光明宙斯的下方，也就是地平線之下，永遠是黑夜。至於地平線之上，則是晝盡而夜生，夜盡而晝生。

西元前四世紀或五世紀，那些偉大的哲學家們都持類似的觀點。他們的思想聽起來很怪異卻又非常令人著迷，展現著古老的形象思維[195]的特點。奧菲斯教宣揚「逃離出生之輪」[196]，這種觀點真是乏味至極。從那以後宗教就變成了說教，或者變成了一種狂熱，宗教開始把人變得抽象化，使人與生命剝離開來。其實最純粹、最古老的宗教源於古代的科學理論。在伊奧尼亞，人們的思想回歸至最古老的宇宙宗教觀，並以這種宗教觀為出發點來探索宇宙科學。而歷史上最早的哲學家們所厭惡的就是那種新型的宗教，因為那種新型宗教充滿狂熱情緒，還包含著逃避思想，本質上是一種純粹個人化的宗教。也就是說，這種新型宗教失去了與宇宙的連繫。

因此，早期的哲學家們接受了古人的觀點，也認為神聖的宇宙由三個部分組成。《創世紀》中也有類似的觀點。在《創世紀》中，我們看到了上帝造物的過程。上帝把世界劃分為天、地與水，這就是最先被創造出來的三大基本物

[195] 此處原文是「symbolic mind」，意思是以象徵符號為基礎進行思考的思維方式。這個說法非常接近於形象思維，但從嚴格意義上來說略有不同。
[196] 古希臘的一個神祕宗教，宣揚輪迴觀，認為靈魂是不死的，而肉體則是靈魂的牢籠，靈魂只有在肉體死亡之後才能得到片刻的自由，然後就很快投入下一個肉體之中。

質。《創世紀》的這個故事說明，萬物的存在是以造物主的存在為前提條件的。但古代迦勒底人在把天劃分為三個部分的時候，卻認為天本身就是神聖的，而且充滿生機，並不因為它是神的居所才值得崇拜。起初，人們並不需要神靈或上帝，廣闊的宇宙獨自存在，與人融合無間。迦勒底人仰望蒼穹時，心裡充滿了宗教激情。然後，憑著一種莫名的直覺，人們把天劃分為三個部分，然後就真正「領會」了星辰的奧妙。可是在那之後，這個奧妙竟再也無人能懂了。

後來，人們發明了上帝、造物主以及天空的主宰等諸如此類的概念，於是宇宙就被劃分為四個部分，而這種古老的劃分方法存在了很久。於是，隨著上帝或者造物主概念的出現，巴比倫人古老的天文理論以及虔誠的星辰崇拜就蛻變為巫術與占星術。人可以憑藉巫術與占星術來操縱世界。但是古代迦勒底人的宇宙理論仍然沒有徹底消失，這些理論一定是被伊奧尼亞人繼承了去。

千百年來，儘管人們相信天有四重結構，可人們還是相信天有三位古老的統治者，太陽、月亮與晨星。然而《聖經》裡說的卻是太陽、月亮與星辰。

自從出現了神的觀念，晨星就一直被認為是神靈。但是西元前 600 年左右，在整個古代世界裡，人們開始紛紛信奉經歷了死後重生的神靈，於是晨星轉而象徵獲得新生的神靈。它控制著黎明與黃昏，掌握著白晝與夜晚的交替，所以

它既被奉為白晝之神也被奉為夜晚之神。祂渾身閃亮，一隻腳踏在暗夜的潮水之上，另一隻腳踏在白晝的大地之上，也就是說，一隻腳在海上，而另一隻腳在岸上。於是我們知道了，夜晚曾被認為是潮水或者水汽。

十八

「三」的寓意是「神聖」，「四」的寓意是「創造」，世界屬於「四」這個數字。世界是四方形的，被劃分為四個部分，每個部分都由一個龐大的活物統治著。祂們就是圍繞在全能神寶座四周的長著翅膀的活物。這四個龐大的活物共同掌管遼闊的天空，既掌管黑暗又掌管光明，祂們的翅膀引起天空的震動，使天空發出雷鳴般的聲音，那是對造物主的讚頌。這一切都是對造物主的讚頌，而造物的確應該永遠讚美造物主。祂們的翅膀前前後後都長滿了眼睛（嚴格按照《啟示錄》字面的敘述），這些眼睛其實就是指天空上的星辰。綴滿星辰的宇宙變幻不定，運行不息，其深處湧動著無限生機。儘管《以西結書》已經被篡改得混亂不堪、支離破碎，我們仍能從中看到在轉動著的宇宙之輪之間有四個龐大的活物 —— 這是西元前七世紀至西元前五世紀時期人們信奉的觀念。我們還能看到，這四個活物用翅膀的末端支撐起水晶般透明的最高天，那裡有全能神的寶座。

從源頭上看，這四個活物可能比上帝還古老。這是古代人創造出來的非常宏偉的概念。在東方民族所信奉的長著翅膀的神獸中大多都可看到這四個活物的影子。在祂們受到崇拜的年代，宇宙的生機已處於末期。在那時，人們相信宇宙不是被創造出來的，宇宙也無所謂好壞與善惡，因為宇宙本身就是神聖的，而且是萬物的本源。所有的創世神話都包含著這樣一個偉大的思想，即宇宙一直存在著，沒有起始，宇宙從前就是存在著的，而且將一直存在下去。宇宙不可能是由神靈創造出來的，因為宇宙本身就是神靈，是神聖的，是萬物的起源。

　　起初，人們把這個活生生的宇宙分為三個部分。後來，也說不清是在哪個時期，人們的觀念突然發生了巨大的轉變，開始把宇宙分為四個部分。這種劃分方法需要一個整體的觀念，於是創造者或者造物主的概念就出現了。這四個龐大的活物處於從屬地位，祂們圍繞在最高核心的周圍，祂們的翅膀占據了整個宇宙空間。再後來，這四個體積巨大且充滿生機的活物不再是宇宙的基本組成部分，而是變成了神獸、靈物或者天使 —— 這是一個降格的過程。在這個過程中，祂們被賦予了人、獅子、牛以及鷹的屬性。在《以西結書》裡，每個活物其實就等於全部的四個活物，每個活物都在各個方向上長著不同的臉。但是在《天啟》中，每個活物都只長著一張臉。隨著宇宙觀念的衰落，人們開始把這四

個活物的四個宇宙屬性放在天使身上，然後又將之人格化為天使長，比如米迦勒、加百利等等，最終成為四位福音書作者，即馬太、馬可、路加以及約翰，「代表福音四性」[197]。這是偉大的古代信仰逐漸降格的過程，或者說是逐漸走向人格化的過程。

　　還有一種劃分宇宙的方法，與把宇宙劃分為四個部分或者提煉為四個屬性的方法相對應，即把宇宙概括為四大基本物質。起初，人們似乎認為宇宙只包含三種基本物質：天、地與海，或水。天主要是光或火。承認「空氣」也是一種重要的基本物質，那是在較晚的時候。最初的火、土、水這三種基本物質已經足以構成一個完整的宇宙，所以空氣就被認為是蒸汽的一種形態，就如同黑暗也是蒸汽的一種形態一樣。

　　歷史上最早的科學家們（即哲學家們）似乎想用一種或者最多兩種基本物質來解釋整個宇宙。阿那克西美尼說，萬物皆為水。色諾芬尼說，萬物皆由水與土構成。水產生蒸汽，蒸汽孕育了火種，蒸汽升到天上成為雲朵，蒸汽越升越高，越凝結越濃厚，漸漸產生火花而不是凝結成水，就這樣蒸汽最終形成了星辰。不僅如此，蒸汽還凝結成了太陽。太陽是一團巨大的雲，就是由從地面升起的水汽所產生的火花聚集而成。這就是最初的科學理論，主要基於想像而不是神話，但同時也混合了理性思考。

---

[197] 勞倫斯在另外一部著作《鳳凰》中提到過「福音四性」這個說法。

然後就有了赫拉克利特的名言：萬物皆為火。或者也可以說：萬物皆形成於火。他堅信宇宙中普遍存在著「衝突」，正是「衝突」把事物分開又把事物合為整體；有了鬥爭，事物才有可能存在。他堅信「衝突」是創造的基本原則，因此火是世界的基本物質。

　　自赫拉克利特起，「四大基本物質」的理論就不可避免地形成了。西元前五世紀，恩培多克勒[198]提出了「四根說」，即世界由火、土、空氣和水構成。從那以後，這四大基本物質，這四種活生生的、在宇宙中普遍存在的物質，就永遠扎根於人們的想像之中了。恩培多克勒把這四種基本物質稱為「四個根」，意思是說，這四種基本物質是萬物在宇宙中存在的根。這四種基本物質受兩種原則支配，即「愛」的原則與「衝突」的原則。「火，水，土，與彌漫至最高空的空氣；除此之外，還有可怕的『衝突』，與這四大基本物質同等重要；還有『愛』，與這四大基本物質一樣，也是普遍存在的。」恩培多克勒也把這四大基本物質稱為「光芒萬丈的宙斯[199]、為萬物帶來生命的赫拉[200]，以及阿伊多紐斯[201]與奈斯蒂[202]」。因此我們也把這四種基本物質視為四

---

[198]　也是古希臘哲學家。

[199]　指火。

[200]　指空氣。

[201]　Aidoneus，古希臘的冥王，也叫黑帝斯，宙斯的兄弟，波瑟芬妮的丈夫。恩培多克勒用以指土。

[202]　Nestis，指冥界的王后，冥王的妻子波瑟芬妮。恩培多克勒用以指四大基本物質中的水，他說：「奈斯蒂的淚水是萬物的生命之源。」

位神靈：祂們意味著漫長的歷史時期中人們所信奉的偉大的數字「四」。現在我們再來思考這四種基本物質，就會發現它們就是我們實際生活中的四種要素。科學所講述的火總是一成不變的。不同性質的燃燒有不同的過程，但這都不是火本身，這些只代表各種思維概念。再比如，H_2O 並不是水，而是指透過用水做實驗而形成的一種思維概念。思維概念僅僅是思維概念而已，並不能滋養我們的生命。我們的生命仍然是由最基本的火、水、土與空氣構成。我們的生活、行動，乃至於生存，都依賴這四大基本物質 [203]。

談過了四大基本物質之後，再來談談人的四個基本屬性吧。這四個基本屬性是根據對血液、膽汁、淋巴、黏液這四種體液以及它們各自的功能的了解而劃分的。人仍然是一種用血液來思考的生物：「心臟為血液所包圍，血液在體內四散流淌，人們認為心臟就是生出思想的地方，因為心臟附近的血液就是人的思想。」[204] 這種觀點很可能是正確的。很有可能的是，人的基本思想就產生於心臟附近的血液中，而大腦只是這些思想的接收器而已。除此之外，還有人類歷史被劃分成的四個時代。這是按照四種金屬的性質來劃分的，即金、銀、銅、鐵。早在西元前六世紀，人類就已進入黑鐵時代，直至今日仍為這樣的時代而哀傷不已。在偷吃智慧樹

---

[203] 《使徒行傳》(17:28) 中有這樣的句子：「我們生活、動作、存留，都在乎他。」

[204] 這是恩培多克勒的觀點。

上的禁果之前是黃金時代，而那個美好的時代早已一去不復
返了。

　　人類歷史上最早的科學家與善於使用象徵符號的古人非
常相似。所以我們在《天啟》中可以看到這樣一種情況，每
當聖約翰談起那個古老而神聖的宇宙時，總是描述某個事物
的三分之一發生了什麼。比如那條龍，牠屬於古老而神聖的
宇宙，牠的尾巴掃落了三分之一的星辰。還有那些神聖的號
角，毀滅了世界上三分之一的東西。還有從深淵裡升起來的
騎馬人，他們既神聖又邪惡，殺死了三分之一的人類。但是
當引起毀滅的力量並不具有神性的時候，遭到毀滅的人或事
物通常就是整體的四分之一。但不管怎麼說，《天啟》裡講
述了太多的毀滅。這實在令人不快。

十九

　　「三」與「四」加在一起等於神聖的數字「七」，「七」
意味著與神靈相融合的宇宙[205]。畢達哥拉斯學派稱數字
「七」為「恰逢其時的數字」。人與宇宙都有四個受造物的
本性以及三個神聖的本性。也就是說，人具有四個塵世的屬
性，此外還有魂、靈以及永恆的「我」。宇宙由四個部分以
及四種基本元素構成，此外還有三個神聖的組成部分，即天

---

[205] 此處「由神靈主宰的宇宙」，意思是神與物質世界的融合。「三」與「四」融
　　　合，等於「七」，所以「七」代表由神靈主宰的宇宙。

堂、冥間以及整體，而且還有三個神聖的動力，即愛、衝突與整體性。當然，宇宙最初並沒有天堂與冥間。但與此相應的是，在人類最古老的意識中，「七」也並不是一個神聖的數字。

從一開始，「七」就是一個半神聖的數字。這個數字指代七個古老的行星：首先是太陽與月亮，然後就是那五大行星，即木星、金星、水星、火星和土星。對於古人來說，這些行星非常神祕。尤其是當人類還處於與宇宙直接交流的年代時，這些行星就顯得更加神祕了。古人在觀察星辰的運行時心裡充滿了深沉的熱情，這與現代人在瞭望星空時的內心狀態完全不同。

在巴比倫時代結束之前，迦勒底人始終在某種程度上保持著與宇宙的直接連繫。巴比倫人後來也有了以馬爾杜克[206]為核心的神話體系，而且還發明了非常複雜的占星術與巫術，但是這些東西似乎從來沒有真正取代嚴肅的天文理論，更沒有破壞人與夜空親密無間的交流。在漫長的時期裡，巴比倫人的巫術只關注天空的奧祕，在人與宇宙之間從來沒有神靈的介入。至於後來宇宙崇拜慢慢降格為乏味的神靈體系，後來又降格為巫術，這只是人類歷史的一個片段而已 —— 自宗教形成以來，萬物皆被人類降格，但萬物終將恢復最初的生機。

---

[206] 巴比倫神話中的主神。

正因為毫無神靈概念的天文理論被保留了下來，後來才出現了天文學。同樣，正因為地中海東部地區保留了關於水與火的大量古老的宇宙學理論，所以後來才出現了伊奧尼亞派哲學家，甚至最終出現了現代科學。

　　在基督教時代之前，人們相信大地上的一切生命都由充滿生機且深邃而複雜的宇宙掌控著。這種觀點在古代人頭腦中根深蒂固的程度遠超現代人的想像。儘管人們信奉著不同的神靈，儘管很多民族都信奉耶和華，還相信有一位救世主將以自己的死來救贖世人，但在各個宗教信仰的深處仍舊可以看到那個古老的宇宙觀。比起神靈對萬物的統治，古人更加相信的可能是星辰對萬物的主宰。人的意識可以劃分為很多層次。最深處的意識至今仍然非常原始，也非常活躍。這一點在普通民眾身上展現得尤為明顯，而一個民族在千百年中形成的文化意識卻只能進入人的表層意識中。並且人的意識總是傾向於回歸到原初的狀態。回歸的方式大致有兩種：其一是透過被動退化的方式；其二是透過主動回歸的方式，即主動讓人的意識回歸根部，以獲得新的開始。

　　在羅馬帝國時代，人類的意識曾退回到最古老的深處。這是一次偉大的退化，雖然其表現形式是墮落與迷信。在西元一世紀與二世紀裡，迷信的力量遠遠超過了宗教信仰的力量。正是因為如此，人類才得以重歸宇宙。而在此之前，這樣的事情已經斷絕很久了。在那時，占星術蔚然成風。人的

命運、運氣、宿命、性格，幾乎一切都取決於星相，也就是說，人的一切都受控於七大行星。這七個行星就是天上的七個主宰，它們為人們安排的命運不可更改，也無法逃避。後來人們對星相的信仰趨於迷狂，於是基督徒與新柏拉圖主義者都堅決地拒絕了這種思想。

這種幾近於巫術與神祕主義的迷信思想，在《天啟》中展現得非常明顯。我們必須承認，約翰的《啟示錄》原本是一部用來施行祕術的書。這部書裡到處暗示著祕術。而且在漫長的歷史時期裡，這部書也的確一直被當作祕術典籍使用，被用於占卜和預言。人們之所以用這部書來做這些事，完全是因為這部書本身就包含這樣的內容。尤其是這部書的後半部分，寫了那麼多可怕的預言。這些預言與那個年代裡的祕咒非常接近。這部書反映了那個年代的精神狀態。這就好比，不到一百年以後，一部名叫《金驢記》（*Metamorphoses*）[207] 的書也反映了它所處的時代的精神狀態。從這個角度來說，這兩部書的性質沒什麼不同。

於是「七」再也不是「神聖」的數字了，在《天啟》裡它成為一個具有魔法性質的數字。後來這部書不斷被改寫，其中所包含的古老而神聖的內涵就漸漸消失了，取而代

---

[207] 這是古羅馬時代一位拉丁語散文作家寫的一部書，是諷刺性寓言故事。作家的名字叫阿普列尤斯（Lucius Apuleius）。這部書講的是一位名叫路鳩士（Lucius）的人的荒唐經歷。這位路鳩士在使用巫術時意外地被變成了一頭驢，後來這頭驢輾轉於不同的主人之間，目睹了人類的愚蠢與罪惡，最終被女神伊西斯變回了人形。

之的是一種很「現代」的內涵，即西元一世紀所盛行的巫術、占卜以及各種方術。現在，「七」是一個用來占卜與施行祕術的數字，再也不能展現真正的宗教幻相。

著名的「一載二載與半載」[208] 的說法，意思是「三年半」。這個說法源自但以理[209]，他早就開始用半神祕的方式來預言各個帝國的覆滅。人們認為「一載二載與半載」代表半個星期的時間。上帝造物的時間是一個星期，因此一個星期是一個神聖的時間長度。半個星期則與魔鬼相關，上帝不允許魔鬼與神聖的「七天」有任何連繫。但對於拔摩島的約翰來說，「七」卻是個充滿魔力的數字。

在古代，月亮在天上發揮著重要作用，控制著人的身體，影響著人的生理變化，而「七」則是一個月的四分之一。現在，月亮仍控制著人體的生理變化，一個星期也仍舊是七天。靠海而居的古希臘人的一個星期卻有九天，但這已成為過去。

現在，「七」這個數字不再是神聖的，但很可能在某種程度上卻仍具有巫術的意味。

---

[208] 《啟示錄》，12:14。身披太陽、腳踏月亮的婦人（據說就是聖母瑪利亞）生下男嬰之後，被惡龍追趕，後來她逃到曠野裡，在曠野裡住了「一載二載與半載」。《聖經》中的英語原文是：「a time, and times, and half a time」。本書裡的原文是：「time, times, and a half」。

[209] 《聖經》中的先知，與以賽亞、耶利米、以西結並稱為「四大先知」。《聖經》中有《但以理書》，據說是他寫的。

二十

數字「十」意味著一個週期的圓滿完成。「希臘人的計數方式是從一數到十，然後再從頭開始。這種計數方式的出現是非常自然而然的。」[210] 十是雙手手指的數目。畢達哥拉斯派學者之所以宣稱「萬物皆為數字」，是因為他們注意到了很多自然現象，而大自然裡到處都存在著「五」這個數字，則是引起他們注意的重要現象之一。在《天啟》中，「十」意味著一個自然週期的圓滿完成。畢達哥拉斯派學者透過變換石頭的位置發現，十塊石頭可以擺成一個 4 ＋ 3 ＋ 2 ＋ 1 形式的三角陣。這個發現激發了畢達哥拉斯派學者的無盡想像。然而，約翰筆下的那兩隻魔獸雖然都長著十個頭，或者長著戴著王冠的十個角 [211]，但牠們代表的可能只是一個完整的君主系列。因為「角」通常代表著帝國或者帝國的君主。「角」是一個古老的象徵符號，象徵著權力。起初，「角」象徵著人獲得的神聖力量。這神聖的力量是人從充滿生機的宇宙那裡獲得的，也是從代表生命的、璀璨的綠龍那裡獲得的，但最主要是從人身體內部的生命之龍那裡獲得的。這條生命之龍盤臥在脊柱的根部，有時會沿著脊柱向上游動，直抵眉間，於是人的眉宇便煥發出奇異的光輝。這

---

[210] 這裡引用的是著名學者約翰·波奈特（1863-1928）在評價畢達哥拉斯的思想時所說的話。

[211]《啟示錄》中有兩處（13:1，17:3）提到了七頭十角獸，即長了七個頭、十個角的獸，且每個角上都戴著王冠。

道光輝就是摩西前額上綻放出的象徵著權力的金光，就是埃及法老兩眉之間的蛇形標記。這條生命之龍就是守護個體生命的龍。但是對於人類整體而言，這個代表權力的角就是巴克斯祭典上的生殖器，是陰莖，是哺乳宙斯的羊角。

二十一

　　最後一個數字是「十二」。如果說「七」代表的是獨立於宇宙整體、永遠處於變動狀態的七大行星，也就是物質意義上的宇宙（按照古希臘人的觀點），那麼「十二」則與之截然相反，代表的是穩固不變的宇宙。「十二」象徵著黃道帶，也象徵著一年中的十二個月，是四的三倍，或者三的四倍，這是一種完整的對應關係。「十二」意味著完整的天空，也意味著完整的人。按照古代人的觀點，人有七個本性，即 6＋1，最後一個本性就是指人的完整性。但是如今人在舊本性的基礎上又有了新本性，因為我們承認，人是由老亞當與新亞當一起構成的。因此，現在代表人的數字應該是「十二」，可以用 6＋6 來表示現代人的本性，而且仍舊用「一」來表示人的完整性。但是現代人的完整性存在於基督之中，而不是像原來那樣存在於人自己的兩眉之間。既然人的數字現在是十二，那就意味著人已經達到完整而穩固的狀態，穩固而恆定，因為人已經是完美的了，沒有必要再

改變。人的完整性，即人的第十三個數字（按照迷信說法，
「十三」的意思是「不幸」），則與基督一起留在了天堂。
這曾是人們在「拯救」這個問題上的普遍觀點，人們曾經就
是這樣看待自己的。正統的觀點至今仍然是這樣的：在基督
中獲得拯救的人是完美而永恆不變的，他們無需再做任何改
變。獲得拯救的人擁有完美的個體性。

二十二

　　讀到《啟示錄》的後半部分時，即讀到那個剛出生的孩
子被升入天國而那個婦人逃入曠野時，我們就感到突然出現
了變化，覺得從這裡開始這部書就是完全由猶太人或者猶太
基督徒寫的，古老世界的背景徹底消失不見了。

　　「在天上就有了戰爭，米迦勒與祂的使者一道與龍爭
戰。」[212] 他們把龍摔到地上，龍就變成了撒旦，從此以後牠
的形象就再也不像之前那樣生動有趣。神話中的偉大形象一
旦變成了理性化的或者純粹道德性的力量，就顯得乏味了。
那些道德意義上的天使與魔鬼真的讓我們感到乏味極了。「理
性化」的阿芙蘿黛蒂真是讓我們厭煩透頂。西元前 1000 年
之後不久，整個世界開始為「德」與「罪」而狂熱。猶太人
一直處於這種狂熱的氛圍之中。

---

[212] 《啟示錄》，12:7。

在《天啟》中，我們希望能夠看到比「道德」更加古老、更加宏偉的東西。自古以來人類對生命的熱愛，亡魂突然顯現時人產生的驚恐，這兩種情感交織在一起，構成了古代宗教中的基本韻律。而道德化的宗教相對而言是非常現代的，即便對於猶太人來說也是很現代的。

《天啟》的後半部徹底道德化了。也就是說，後半部裡只表達了「罪」與「拯救」的思想。雖然偶爾也會在字裡行間隱約透露出古代宇宙的宏偉氣象，比如龍再次襲擊婦人，然後婦人被賜予一雙鷹的翅膀飛到曠野中去，而龍緊追不捨，並朝著婦人噴出洪水要把她淹沒。「地卻幫助婦人，開口吞了從龍口中噴出的水。龍就向那婦人發怒，去與她其餘的兒女爭戰，而她的兒女就是守神的誡命並為耶穌作見證的。」[213]

最後那句話當然是猶太基督徒為這個支離破碎的神話故事加上去的道德性結尾。此處的龍是水龍，或者說是混沌之龍。此處呈現的是牠邪惡的一面。這條龍拚盡全力只為阻擋新事物的降生與新時代的到來。牠之所以攻擊基督徒，就是因為基督徒是大地上僅存的「美好」。

自此以後，這條可憐的龍就淪為一個可悲的形象。牠把自己的力量、尊位、權威全都送給了從海裡升起的怪獸，也就是那隻「七頭十角並戴著十個王冠與各種褻瀆的名號」的

---

[213] 《啟示錄》，12:14-17。

怪獸。「我所看見的獸形狀像豹，腳像熊的腳，口像那獅子的口……」[214]

其實我們早就見識過這隻怪獸。牠最早出現在《但以理書》裡，但以理曾解釋過牠的寓意。這隻獸代表的是最後一個強大的世界帝國。牠的十隻角就代表組成這個帝國的十個王國，而這個帝國當然就是羅馬帝國。至於這隻獸所具有的豹子、熊和獅子的特徵，但以理也做了講解。他說，這些特徵代表的是羅馬帝國之前的三個帝國，馬其頓是迅捷的豹子，波斯是蠻憨的熊，巴比倫則是貪婪的獅子。

這裡我們又回到了寓言模式。我感覺，《聖經》因此而失去了真正精妙的東西。寓言的含義總是可以被解釋清楚的，甚至可以被解釋得不留任何餘地。但是真正的象徵符號卻是無法解釋的。同樣，真正的神話也是無法被透澈解釋的。你可以賦予象徵符號或者神話以一定的意義，但你無法窮盡其真正的內涵。因為象徵符號與神話不只作用於我們的頭腦，還更多地作用於我們最深層的情感。人的思維有一個重要特徵，那就是追求確定性。人用頭腦來理解事物，而這種理解力必然追求一個確定的答案。

然而人的情感卻是鮮活的，與思維的運行模式截然不同。人的思維總是從局部或片段出發來了解事物，在每一個句子後面都要加上表示停止的句號。但是靈魂是以感情為基

---

[214]《啟示錄》，13:1-2 ；《但以理書》，7:7-8，19-27。

礎的，把事物當作整體來認識，像河水或者潮水一樣連綿不絕。就以龍這個象徵符號為例。在中式茶杯上，或者在古老的木刻版畫裡，或者在童話故事裡，你都可以看到龍的形象。在龍的身上你會看到什麼？如果你的古老的、富於情感的自我仍舊是生機勃勃的，那麼你凝視這條龍的時間越久，或者思考這條龍的時間越久，情感性的覺知就會愈發連綿不斷地湧出，持續不絕，進入靈魂的幽暗處，最終回到太始之初。但是如果這種古老的感性認知模式已經死去 —— 很多現代人就是這種狀態 —— 那麼這條龍就僅僅是一個替身，「代表」著這樣或那樣的含義，就像弗雷澤在《金枝》（*The golden bough*）[215] 裡所講的那樣。於是，這條龍就成了一個象形字符，或者一個標籤，就像藥劑師店鋪外面的鍍金杵子或者研缽一樣 [216]。還有一個更好的例子，那就是古埃及的「安卡」[217]，一種象徵生命的符號♀，通常被握在女神的手中。如今，就連孩子們都「知道」這個符號的意思。但是真正有著鮮活生命力的人在看到這個象徵符號之後會感到來自靈魂深處的悸動，甚至感到自己的靈魂漸漸變得深廣起來。而現代人則幾乎處於半死的狀態，就連女人都沒能免於陷入

---

[215] 弗雷澤（James Frazer, 1854-1941），英國著名人類學家，《金枝》是其重要著作，主要探討巫術、宗教和科學對人類思想發展的重要作用。其觀點傾向於對原始宗教與巫術中的現象做出明確的解釋，這顯然與勞倫斯的觀點是相反的。

[216] 藥劑師的店鋪外面往往擺放一個形狀像杵子和研缽的招牌。

[217] 原文是 ankh，指古埃及的 T 形十字架，十字架頂上有一個橢圓形的圓圈，代表生命。

這個狀態。所以現代人就只是盯著「安卡」看，僅僅一知半解，卻也滿嘴頭頭是道。對於自己情感上的無能，現代人竟然頗為自豪。

就這樣，在漫長的歷史中，人們對於《天啟》的興趣主要是在於這部書一直是被當作寓言來讀的。《天啟》中提及的每樣事情都有固定含義，甚至是固定的道德含義。你可以明確無誤地記錄下這些含義。

從海裡出來的獸代表羅馬帝國，後來又代表尼祿，其數目是六百六十六。從大地裡出來的獸代表異教神權，羅馬的皇帝們就是借助這樣的神權封自己為神明，並迫使基督徒向他們頂禮膜拜。從大地裡出來的獸長著兩隻角，像羔羊一樣，他們是偽羔羊，即基督的敵人。這隻獸，像行邪術的西門[218] 以及其他不義之人一樣，教邪惡的眾人施奇蹟、演法術。

那獸不斷攻擊基督的教會（或者彌賽亞的教會），直到基督徒全部殉教。時隔不久，大約四十年吧，彌賽亞從天堂降臨人世，與那獸即羅馬帝國開戰，並與支持羅馬帝國的國王們開戰。我們可以看到化名為巴比倫的羅馬帝國滅亡了[219]，在帝國的廢墟之上，勝利者顯得無比榮耀 —— 雖然最動人的詩句都是從《舊約》的《耶利米書》或《以西結

---

[218] 《聖經》中的人物，在撒瑪利亞城裡行邪術妄自尊大，迷惑了很多百姓。見《使徒行傳》8:9-24。
[219] 《啟示錄》，18:1-24。

書》以及《以賽亞書》中摘選出來的，但都被做了些許改動。已經被封聖的基督徒們看到了羅馬帝國的滅亡，紛紛欣喜讚嘆。隨後，勝利的騎馬者[220]登場了，他的襯衫沾滿了國王們的血。接下來，新耶路撒冷從天而降，如新婦一般[221]，那些可敬的殉道者都獲得了各自的寶座。[222] 然後就是偉大的千年，也就是說「羔羊」將統治世界一千年，而那些已經升入天堂的殉道者們將輔佐「羔羊」一起統治世界。（以諾所描述的僅僅是四十年，這可糊弄不了約翰。）如果在偉大的千年期間，殉道者們都像《天啟》裡的這位聖約翰一樣凶殘而嗜血，那麼在聖人的統治下，就會有人使這一切變得更加狂熱 —— 忒修斯[223]大喊著：復仇，復仇！

　　但是這仍不是最後的結局。在聖人統治世界的千年也結束了之後，整個世界都將被消滅乾淨，大地、太陽、月亮、星辰與大海將統統消失。早期的基督徒們一心盼望的就是整個世界的末日。起初，他們期待的是終有一天無上的榮耀能夠落到自己的頭上 —— 忒修斯大喊著：復仇，復仇！ —— 然而實現了這個願望之後，他們仍不會善罷甘休，進而希望整個世界都被徹底毀滅。他們要毀滅太陽，毀滅星辰，毀滅

[220] 《啟示錄》，19:11-13。
[221] 《啟示錄》，21:2
[222] 《啟示錄》，20:4。
[223] 忒修斯（Theseus，西元前 450 －前 360 年），古希臘音樂家、詩人。英國作家德萊頓（John Dryden, 1631-1700）的詩作〈亞歷山大之宴〉中有一句是：「復仇！復仇！忒修斯大喊著。」

一切。到時候將出現一個全新的新耶路撒冷 [224]，住在裡面的還是那群無比榮耀的聖人和殉道者。天地萬物都將消失得乾乾淨淨，只有硫磺火湖還在翻滾著烈焰，火湖裡的妖魔與惡人將受盡煎熬且萬劫不復。阿門！

這項偉大的事業就是這樣收場的。但這其實是一項令人厭惡的事業。在耶路撒冷的猶太人看來，復仇就是一項神聖的使命。但比起猶太人的復仇，聖人與殉道者們的厚顏無恥更讓人感到厭惡，他們竟然想為自己爭取永恆不滅的榮耀。他們身穿「嶄新的白衣」的樣子是多麼令人討厭！如果他們真的統治全世界，那麼他們那副自命清高的做派將會多麼令人作嘔！他們的心靈是多麼邪惡啊，真的太邪惡了！他們竟然如此執著於消滅全世界，消滅花朵和鳥兒，消滅星辰和河流。最最邪惡的就是，他們竟然想消滅全人類，只留下他們自己以及那些道貌岸然的、已經獲得拯救的所謂兄弟們。他們的新耶路撒冷將是一個多麼野蠻的地方。那裡的花竟然只開不謝，永遠都是一成不變的模樣！他們居然妄想花朵常開不謝，這是典型的中產階級的想法，簡直粗鄙透頂！

難怪異教徒被基督徒嚇壞了。因為在異教徒看來，基督徒實在是太瀆神了，他們竟然妄想消滅全世界。就連信奉《舊約》的老一輩猶太人也肯定被嚇壞了。雖然都信奉《舊約》，可老一輩的猶太人認為大地、太陽與星辰都是永恆

---

[224] 原文是 new New-Jerusalem。

的，是全能的上帝創造出來的。可是這群厚顏無恥的殉道者們非要看到這一切全都灰飛煙滅不可。

唉，《天啟》所宣揚的基督教只是平庸之輩信奉的基督教。我們必須承認，這樣的基督教是醜惡的。它自以為是，自命不凡，妄自尊大，而且暗含妒意。

到了耶穌生活的時代，社會底層與中層的百姓早已明白，自己絕無可能稱王稱帝，永遠不可能坐上凱旋的馬車，也永遠不可能用金杯子飲酒。好吧，那就 —— 毀掉一切，向世界復仇吧。「巴比倫大城傾倒了，傾倒了，成了魔鬼的住處」[225]。於是，所有的金銀財寶，絲絹錦緞，桂皮乳香，牲畜糧食，還有馬車與奴隸，連同人們的靈魂，一切都被消滅了，消滅了，被消滅在巴比倫大城裡。這裡分明滿含著妒意，這是隱藏在勝利之歌裡的尖銳刺耳且永不消失的妒意。

這可不行啊！現在我們終於理解了為什麼當年東方教會的神父們認為應該把《天啟》從《新約》中刪除。但是這就好比基督的門徒裡必然有叛徒猶大，《新約》也必然包含《天啟》。若把基督教看作一個偉岸的雕塑，那麼《天啟》就是基督教的雙腳。雙腳已經虛弱不堪，偉岸的雕塑終將因之而倒塌。

基督教有耶穌。但是基督教也有聖約翰。基督教裡有愛，可是基督教裡也有嫉妒。前者能夠「拯救」世界，而後者則永不滿足，除非消滅整個世界。此二者是一枚勳章的兩面。

---

[225] 《啟示錄》，18:2。

二十三

實際上，倘若你想教導群眾追求個人的自我實現，就會發現所有努力都是白費，他們仍是殘缺的，根本無法擁有完整的個體性，他們終歸是嫉妒成性、怨天尤人、心地惡毒。善良待人的人會發現，大多數人都是殘缺不全的，只能寄希望於一個強而有力的社會體系，把群眾整合成一個集體，讓完整性在集體中展現出來，因為他們根本無法獨自擁有個體的完整性，只能借集體的完整性得以實現自我。如果他們想作為個體來實現自我，結果注定是一塌糊塗。因為大多數人從本性上來說就是殘缺的。當一切努力都失敗了之後，自我的完整性更是無處可尋，他們就愈發陷入嫉妒與惡毒的心態之中。耶穌非常清楚這一點，所以祂說：「凡有的，還要加給他。」[226] 但是耶穌對普通民眾的了解還是不夠充分。普通民眾所信奉的箴言其實是：「既然我們一無所有，那麼所有人就都得一無所有。」

耶穌對作為個體的基督徒提出了一個理想，並故意迴避關於國家或者民族的理想。當他說「凱撒的歸凱撒」的時候，祂留給凱撒 [227] 的是統治人的肉體的權力。這是祂認定的，不容分辯。這就預示著人的心靈將面臨巨大的危險。直

---

[226] 《馬太福音》，25:29。此處《聖經》裡的完整句子是：凡有的，還要加給他，叫他有餘；沒有的，連他所有的也奪過來。

[227] 此處「凱撒」指代一切世俗統治者，尤指基督教初期羅馬帝國的皇帝。

到西元 60 年時，基督徒仍是一個受詛咒的群體。就像當時的所有人一樣，他們也被強迫敬拜「活著的凱撒」，也就是當時在位的君王。耶穌承認凱撒對人的肉體擁有統治權，這就意味著凱撒有權力強迫人們向自己匍匐敬拜。但現在我懷疑，耶穌本人卻從來不曾敬拜過當時在位的君王，比如尼祿或者圖密善 [228]。毫無疑問，耶穌寧可死也不願敬拜皇帝。基督教初期眾多的殉道者也是如此。所以從一開始基督徒就處於極為可怕的境地。基督徒必然死在羅馬帝國的手上，因為基督徒絕不會屈服於皇帝的宗教信仰，也絕不會敬拜帝國的神 —— 凱撒。難怪拔摩島的約翰能夠預見到基督徒很快就將全部殉道。只要羅馬皇帝強迫全體人民信奉帝國的國教，基督徒全體殉道的那一天必將到來。既然基督徒必將全體殉道，那麼基督徒所能期待的就只能是基督的第二次降臨，還有全體基督徒的復活，以及復活後的報仇雪恨！若要基督徒在帝國得到接納，尚需滿足一個條件，在救世主死後基督徒還需等待六十年。[229]

　　耶穌的決定使後來的一切無可避免，因為祂說錢屬於凱撒。在這一點上，耶穌犯錯了。錢意味著麵包，而麵包不應該專屬於任何人。錢也意味著權力，若把權力交給致命的敵

---

[228] 圖密善（Domitian, 51-96），古羅馬帝國的皇帝，曾迫害基督徒。
[229] 耶穌死於西元 30 年。西元 1960 年代至 1990 年代末是暴君尼祿與圖密善統治時期，在此期間基督徒受盡迫害與殺戮。1990 年代末開始，基督教漸漸轉變鬥爭方式，開始了新的發展道路。

人，那該是多麼可怕。羅馬帝國的「凱撒」們定將踐踏基督徒的靈魂，這是遲早的事。但是耶穌卻只看到了個體，祂所考慮的也只是個體。至於基督之國將是一個怎樣的國度，耶穌把任務留給了拔摩島的約翰，由他來詳細描繪。而這位曾奮起反抗羅馬帝國的約翰，在《天啟》中描述了基督之國。按照他的描繪，世界終將被毀滅，聖人們將成為統治者，但聖人的榮耀是與凡塵的肉體無關的。也可以這樣說，按照約翰的描繪，一切世俗權力都將被毀滅，最後剩下的就只有殉道者們的寡頭統治（這就是所謂千年統治時期）。

現在我們的確正朝著毀滅一切世俗權力的目標前進。殉道者的寡頭政治是從列寧開始的，墨索里尼似乎也是個殉道者。殉道者都是一些古怪的人，他們的道德觀念詭異而冰冷。如果每個國家都由殉道者來統治，比如列寧或墨索里尼這樣的人物，世界將會變得多麼怪異且不可想像啊！但是這樣的世界即將降臨 ——《天啟》至今仍舊是供人們唸動咒語給世界施加魔咒的書。

很多極其重要的問題在基督教教義以及基督教思想中被忽視了，只有在基督徒的幻想中這些問題一直被緊抓著不放。

1. 人不可能是純粹的個體。群體對人的個體性的形成所產生的有益影響幾乎微乎其微。群體共同生活，共同行動，共同思考，共同感受，其中根本就沒有個體性的情感與思想

的成分。群體中的人是集體意識或社會意識的碎片。群體中的人一直就是這個狀態，而且將永遠是這個狀態。

2. 作為集體性整體的國家或者所謂的社會，不可能具有個體的心理特徵。而且社會是由個體組成的這個說法是錯誤的。社會根本不是由個體組成的。社會是由一大堆碎片集合而成的。任何集體性質的行為，哪怕是在選舉中投票這樣私人性的行為，也不是由個體性自我來完成的，而是由集體性自我來完成的。集體性自我的心理產生於完全不同的心理基礎，這種心理基礎不具有任何個體性質。

3. 國家不可能具有基督教性質。國家意味著權力。而且國家也只能意味著權力。國家都必須守衛自己的疆土和財富。如果國家不能履行這樣的職責，那就是對個體公民的背叛。

4. 每個「公民」都是世俗權力的一個基本單位。一個人或許渴望成為純粹的基督徒，或者渴望成為純粹的個體。但是既然這個人在政治上必須是國家的成員，那麼他也必須成為世俗權力的一個單位。

5. 從集體性來看，作為公民，人的自我實現展現在權力感的滿足之中。如果他的民族對其他民族擁有統治權，那麼他的靈魂就會因感受到國家或民族的權力或力量而得到自我實現。如果他的國家處於輝煌燦爛的崇高地位，他也會因此而更加充分地實現自我，在等級體系中找到自己的位置。但

是如果他的國家雖強大卻實行民主制度，那麼他的心靈會一直受到困擾，他會總是忍不住干預別人，阻撓別人實現自己的願望，以此來證明自己的力量。這是因為，根據民主的觀念，大家必須行動一致，誰也不可以多出一點。這就是現代民主制度，這個制度使人們永遠處於互相傾軋的狀態之中。

在現代民主制度中，人與人之間的傾軋關係取代了權力關係，這是不可避免的。傾軋是權力的消極表現形式。現代基督教國家具有一種毀滅靈魂的力量，因為現代基督教國家是由眾多碎片組成，而每個碎片都不具備有機的完整性，只具備集體的完整性[230]。在等級社會中，各個組成部分本身都是有機的，也是在整體中必不可少的。這就如同我的手指，是我身體中有機的而且不可缺失的一部分。但民主制度最終只會是一團汙穢，因為民主制度是由無數互不相關的碎片拼湊成的，每個碎片都覺得自己是一個完整的個體，但這只是幻覺，這是虛假的個體性。現代民主制度就是由無數相互傾軋的碎片構成，每個碎片都在強調自己的完整性。

從長期來看，片面強調個體的理想，只考慮個體性自我，卻無視集體性自我，這種做法具有極強的破壞性。倘若無視現實，否認客觀存在的社會等級，片面崇尚個體性，最終只會使社會陷入無序。民主制度中的人生活在兩種力量

---

[230] 此處「集體的完整性」的意思是：現代社會中，每個人都不具有完備的個體性，都是殘缺的碎片，只有組成集體之後，由集體統一呈現出完整性。但那是集體的完整性，不是個體的完整性。

中，一種是凝聚力，一種是排斥力。凝聚力就是「愛」，排斥力就是個體的「自由」。倘若完全獻身於愛，人就會失去自己，這會導致個體性的消失。個體絕對不能失去自己，否則個體就不再是「自由」的，而且也不再是「個體」。於是我們明白了，在我們這個年代裡，個體不能夠有「愛」這種情感。這個發現真是令人震驚而沮喪。個體不可以「愛」。就讓這句話成為警世箴言吧。現代人，無論男人還是女人，只能把自己視為個體，除此之外什麼都不是。人的個體意識讓他失去愛的能力。這不是說人會消滅掉每一樣自己所熱愛的事物，而是說男人會因堅持自己的個體性而殺死作為愛人的那個自我，就像女人也會殺死作為愛人的那個她自己一樣。基督徒是一群不敢愛的人。因為愛會殺死作為基督徒的自我、作為現代人的、民主的自我。也就是說，愛會殺死那個個體。個體不可以有「愛」這種情感。一旦有了這種情感，他就不再是一個純粹的個體。他必須恢復自己，停止愛。這是我們這個時代最令人震驚的道理。個體，基督徒，信奉民主的人，不可以「愛」。一旦有了「愛」這種情感，男人必須將這種情感遏止住，女人也必須將這種情感絞殺掉。

作為個人感情的「私愛」，就是這樣了。那麼另外一種「愛」，即愛鄰人如愛自己的那種「博愛」又怎樣一種狀態呢？

　　「博愛」與「私愛」的結局是一樣的。你愛鄰人，這意味著你立刻面臨自我消融的危險。你必須撤回，你必須堅守自我。於是，愛變成了排斥。最終人與人之間只剩下排斥，卻沒有愛。而民主制度就是沿著這條路發展到現在的。

　　如果你選擇個體的自我實現之路，那麼你最好像佛陀一樣離群索居，從此不再關注任何人。這樣你就實現了涅槃。基督愛鄰人的方式終將導致自己與鄰人之間只剩下衝突卻毫無友愛可言的結局，而這樣的結局卻是既邪惡又悖逆倫常的。

　　《天啟》這部奇特的書很清晰地印證了這一點。這部書讓我們明白了基督徒與國家的關係。而這點卻是《福音書》與《使徒書信》竭力迴避的問題。《天啟》揭示了基督徒與國家、與世界乃至與宇宙的關係。在這部書裡，基督徒對一切都充滿了不可理喻的憎恨，最終只能盼著毀滅一切。

　　這是基督教的陰暗面，也是個人主義與民主制度的陰暗面。當今的世界已經相當充分地呈現出這個陰暗面。簡單說來，這就是自殺。既是個體的自殺，也是群體的自殺。如果人們願意，還可以發展成為宇宙的自我毀滅。但是宇宙從來不受人的擺布，太陽也不會為了討好我們就從天空中消失。

　　其實我們自己並不想被毀滅掉。所以我們必須放棄虛假的身分，比如基督徒、個體、民主主義者等虛幻的自我定位。我們應該重新建立一個自我概念，然後過上平和快樂的

生活，再也不要痛苦而憂鬱地活著。

《天啟》讓我們看清楚了自己，看清楚自己在抗拒什麼，而這種抗拒是多麼違背天道自然。我們悖逆天道，拒絕與宇宙相連，拒絕與世界、同伴、民族甚至家人有任何連繫。在《天啟》中，所有這類連繫都被視為異端而遭到排斥，於是我們就覺得這種連繫真的是應該被革除的。我們甚至無法忍受這種連繫。這就是我們的癥結所在。我們只能與萬物隔絕，然後孤立地活著。我們以為這就是自由，以為只有這樣我們才能成為真正的個體。倘若再這樣下去，超越了一定限度（我們早就達到了這個限度），這種自由將發展成為自我毀滅。說不定我們早已經主動選擇了自我毀滅。那好吧，那好吧！《天啟》其實也早就選擇了自我毀滅，因為《天啟》所宣揚的不就是死後的榮耀嘛！

《天啟》總是流露出一種牴觸感，這表明人的內心裡深藏著隱祕的渴望。《天啟》宣揚毀星滅日、毀滅整個世界，推翻一切君主，憎惡紅色、紫色與淺褐色，詛咒娼妓，最終詛咒所有沒被「封印」的人。然而恰恰是這種狂熱的力量讓我們看到，那些天啟作家們不只是對「封印」這類事感興趣，他們其實十分嚮往日月星辰，嚮往大地以及大地上的江河湖海，他們渴望獲得貴族身分、統治地位以及權力，他們熱愛紅色與金色，熱愛一切豔麗的色彩，他們渴望體驗充滿激情的愛，他們也渴望與他人保持和諧的連繫。人類最強烈

的渴望就是獲得健全的身心狀態與和諧的人際關係，而不是
孤獨地獲得「靈魂」的救贖。其中，人首先希望實現的是
肉體的健全，因為人擁有肉體與各種生理能力的機會只有一
次。對於人來說，最大的奇蹟就是「活著」。人與花、鳥以
及獸類一樣，最高的成就就是能夠生動而圓滿地活在這個世
界上。那些未出生的人或者死去的人可能懂得很多玄奧的事
情，但是他們不可能懂得什麼是美，不可能理解肉體的生命
是多麼美妙而神奇。亡魂期待的是來世，但我們活著的人卻
真正擁有著偉大的「當下」，因為「當下」是肉體生命的居
所；這是只有我們活著的人才能擁有的，並且是我們只能擁
有一次的。我們活著，我們擁有肉體，我們是這鮮活而真實
的宇宙的一部分。僅這一點就足以令我們喜不自勝、翩翩起
舞。我是太陽的一部分，就像我的眼睛是我的一部分一樣。
我的雙腳最清楚，我是大地的一部分，我的血液是海洋的一
部分。我的靈魂知道，我是全人類的一部分，我的靈魂是全
人類整體靈魂的有機組成部分，就像我的心靈是我的民族的
一部分一樣。在我的自我之中，還有一部分屬於我的家庭。
除了我的思想之外，我身上的一切都不是真正獨立存在的。
而且我們應該懂得，就連思想也不能僅憑自身孤立存在，思
想其實不過就是太陽映照在水面上的粼粼波光。

　　所以說，我的個人主義其實是一個幻象。我是偉大整體
的一部分，我永遠無法擺脫這個整體。我當然能夠否認並打

破這種連繫，但我會因此而殘缺，成為一個碎片，可憐又可悲。

　　我們真正需要打破的是，我們與世界虛假的、不健全的連繫。我們尤其要打破的是以金錢為基礎的連繫，然後與宇宙、太陽、大地、人類、民族、家庭，重新建立起活生生的、有機的連繫。先從與太陽建立連繫開始吧，然後其他的連繫自會慢慢地形成。

補遺（殘篇）一

　　讀過《舊約》之後再讀《啟示錄》，不免得出這樣的結論：猶太人憎恨周邊的所有異族，仇恨塞滿了他們的心，所以耶穌必須為他們帶去這樣的新福音 —— 要愛鄰人如同愛自己。

　　有些人重新翻譯了《聖經》，對此我非常感激。比如莫法特的譯文，就毫無欽定版《聖經》裡華而不實的裝腔作勢，那種文風是伊莉莎白時代的舊式英語與神父腔結合之後的產物。其實《聖經》裡的語言本來非常美妙。但是整個伊莉莎白時代都彌漫著傲慢浮誇的風氣，《聖經》欽定版的譯文也同樣虛張聲勢卻理性不足，華麗的虛飾掩蓋了《聖經》本有的智慧。這種浮誇而缺少條理的文風最終讓人忍無可忍，再加上神父的腔調和主日學校教師的道德訓誡，《聖經》已經完全是一副死板而空洞的模樣。

　　但是讀讀淳樸的新譯文，你就會感到壓在《聖經》上的魔咒全都煙消雲散了。《以賽亞書》尤其美好，而且十分曉暢易懂，去除掉伊莉莎白時代的矯飾之後，反而呈現出《聖經》獨具的詩意。《福音書》與《使徒書信》也不再像戲劇臺詞那樣拿腔作調。我們知道，這種腔調是伊莉莎白時代的固有風格。去除掉舞臺風格的朗誦腔，原本的溫和氣質就呈現出來了，那是一種很奇特的氣質，既陽剛雄健又溫文爾雅。倘若我們能看到《聖經》的真實面目，從中感受到人性的氣息，感受到人類靈魂的生動情感充盈於《聖經》的字裡

行間，哪怕是最微小的或最令人難過的情感，或者最深邃的情感，我們就會發現《聖經》原本是一部多麼有趣的書啊！《聖經》所蘊涵的宗教感是多麼奇妙，變幻不居卻又始終真摯懇切。《詩篇》裡的很多詩真的是太美了！以賽亞的詩是多麼恢宏壯麗。就連猶太人擅長使用的所謂「對句」結構，即第二行詩句用同類的意象回應第一行詩句，也是令人賞心悅目的，只要讀者能夠融入到詩歌意象的節奏中去！

「若不是耶和華建造房屋，建造的人就枉然勞力；若不是耶和華看守城池，看守的人就枉然警醒。」[231]

在《聖經》中迴盪著雙聲部的輪唱，就像強一下弱一下的心跳。這種聲音始終存在著，不斷帶給人驚奇與新鮮之感。

對我來說，《聖經》已經死去，因為它被人們切斷了根莖然後被榨乾了。《聖經》欽定版的腔調雖嘈雜卻死板，所表達的意義也是固定而單一的。《聖經》不但死去了，而且令人厭惡。只要成年以後，人們就會感覺到《聖經》似乎被強硬地擠壓成如今這種單調的模樣，似乎是被一群只長著二流頭腦的人擠壓成這樣的。《聖經》表達出的思想只是二流貨色的水準，因為解釋《聖經》的人一直都是那些二流水準的正統派，比如神父和導師，他們根本不願意甚至可能根本沒有能力從這部書中汲取真正有價值的東西，只能把《聖

---

[231]《詩篇》，127:1。

經》搞得像出售道德觀點和聖賢語錄的雜貨鋪子，然後引以為榮。

如果願意花上二十年或者更長的時間來閱讀古代文獻，研究古代歷史，深入了解巴比倫、波斯、埃及、克里特、邁錫尼以及伊奧尼亞沿海地區的古代文明，你最終一定會了解《聖經》的本來面貌，你會重新理解《聖經》的含義，這部書在你眼裡將恢復栩栩如生的樣子，徹底擺脫神父與主日學校教師的影響，再也沒有伊莉莎白時代戲劇式的玄奧與晦澀。問題的關鍵就在於我們應該準確地重構《聖經》的歷史背景。一定要重構這部書的真實歷史背景，將之放置到具體的時代、具體的地域以及當時的普遍精神氛圍中去，這樣它就會重新活過來，煥發出新的生機。如今這部書已經被切斷了根莖且被榨乾了，我們還是把這朵不尋常的花接回到花莖上去吧。

我認為，《聖經》已經進入我們的意識深處，如果《聖經》死了，或者變得僵死而令人厭惡，那麼我們的靈魂就會對此做出反應，我們靈魂深處某種非常重要的東西也會隨之變得僵死，於是我們就會陷入一種與一切都相牴觸的狀態中去。從根本上講，我們都是基督徒，我們就是按照基督徒的模式成長起來的。但是我們所說的「基督徒」究竟是什麼意思呢？宗教中最重要的因素是儀式與信仰，但是我們這些新教徒卻對宗教儀式一竅不通。而且我們的信仰又是什麼呢？

事實上，這個問題我們自己也搞不清楚。從宗教角度來看，我們並不清楚自己到底信仰什麼。可這對我們並沒造成什麼影響。你看到滿教堂的人都在一遍遍地唸誦著同一部信經，但很顯然這種反覆的唸誦只不過是一種簡單的重複罷了。看看這些人的臉吧，上面清清楚楚地寫著各種不同的信仰，而且這些信仰是彼此矛盾的。他們的確都是基督徒，從語言表達上來看他們的信仰是一致的。但從本質上來看，他們的信仰千差萬別。怎麼會沒有差別？差別是必須存在的。

　　宗教的關鍵問題其實並不在於信仰本身，而在於情感。能夠撫慰靈魂、讓靈魂獲得平靜的是一種深沉的情感。但基督教卻非常奇特。基督教似乎包含了兩種截然不同的情感。一種情感是以耶穌與耶穌的誡令為核心：人應當彼此相愛。另一種情感並不是以保羅、彼得或者受愛戴的聖約翰為核心，而是以《天啟》為核心。第二種類型的基督教非常詭異，它是一套關於選民的教義，所謂選民就是被上帝選中的人。而這套教義的根本出發點是對世俗權力的仇恨，以及對擁有世俗權力的人的仇恨，而且這種仇恨是永無止境的。這套教義讓人們期待世界末日，盼著全體世人遭到毀滅，只有少數人才能得到拯救。現在幾乎所有基督徒與講授《聖經》的導師們都在宣揚這樣的基督教，也就是以《天啟》為核心的基督教。

　　這樣的基督教實際上扼殺了《聖經》的生命力。有一樣

事情令我們非常厭惡，那就是所謂的「拯救」，尤其令我們厭惡的是那些獲得拯救的人。這些令人畏懼的「獲救者」以及所有宛若神明的聖賢，總是絕對正確，一貫正確，讓我們深感厭惡，結果《聖經》也因他們而變得面目可憎。這種人扼殺了我們心裡所有宗教性的情感反應。宗教性的情感反應一旦被扼殺或者變得遲鈍，我們就真的與生命相割裂了，因為我們內心的最深處癱瘓了。於是我們努力把藝術當成避難所。但是我認為，一切藝術中最核心的情感都是宗教性的。藝術其實就是一種沒有教條的宗教。藝術中的情感一向都是宗教性的。無論何時，只要靈魂獲得了一種圓滿的體驗，那種體驗就是宗教性的。一切虔誠而真摯的情感都是宗教性的情感。一切藝術作品的關鍵都在於能否激發出真正的情感，這種情感是否會成為真實的體驗。若能如此，這件藝術品就具有了宗教性。任何一件事物，只要能夠讓我們與世界產生連繫，帶給我們真切的感動，它就一定是宗教性的。這個原則適用於狄更斯或者拉伯雷的作品，也適用於《愛麗絲夢遊仙境》（*Alice in Wonderland*），還適用於《馬克白》（*Macbeth*）與濟慈的詩。這些作品全都使我們真切地感受到生命，使我們獲得一種宗教性的情感，於是我們從中獲得了宗教性的體驗。無論我們的教義與教條是如何規定的，在這世界上，諸神一直存在著，並且將永遠存在下去。壁爐與果園有神靈，冥間有神靈，此外還有各種稀奇古怪的神靈，就連下

水道裡也有神靈。當然，還有垂死之諸神，陰莖之諸神，以及道德之諸神。你若稍稍認真考察一下宗教，你就會明白，人們的一切真實感覺，在與萬物的真實連繫中感受到的情感，以及對這種連繫的察覺，無論其形式如何，都是宗教性的。只有情感的死亡才是非宗教性的，這是引起虛無感的根本原因。因其而生的焦慮與煩躁終將使心靈陷入虛無狀態。

真正的藝術能夠把我們與生命連繫在一起，因此藝術所包含的情感從本質上來說一定是宗教性的。此二者在本質上是相通的，我們不能因為有了藝術就放棄宗教。倘若缺失了宗教情感反應能力，人就無法對文學或者任何一種類型的藝術做出充分的回應。因為藝術作品對人發出的召喚，無論是源於其精神內涵還是源於其外在物質形式，都是宗教性的，這需要人具有做出宗教性情感反應的能力。倘若失去了與萬物的宗教性連繫，僅僅是投入到文學與藝術之中，人的確能夠從中獲得巨大的愉悅，或許是審美意義上的愉悅，或許是智力上的愉悅，或許獲得了很多種類型的愉悅感，甚至獲得了很奇特的感官快樂。但這些都只是娛樂性質的快感，並非真實而深刻的體驗。最終結果就是人們逐漸感到厭倦。這樣的人不能為文學注入真正有價值的東西——倘若文學真的很重要的話——即宗教性的情感反應。同樣，這樣的人也不能從文學中汲取真正的營養，即宗教性體驗，因為他們無法因文學而感受到自己與萬物形成了新的連繫。人們從狄更

斯的作品中獲得的體驗帶有邪神巴力[232]或地獄之神亞斯她錄[233]的屬性，但這仍是一種宗教性體驗。在《咆哮山莊》（*Wuthering Heights*）裡，我們分明感受到冥王普路托與黑帝斯的幽靈遊蕩在字裡行間，但是這種感受仍是受神靈激發而產生的。在《馬克白》裡，是農神薩杜恩而非耶穌統治著一切，但這部作品仍舊充滿宗教性。

我們都清楚，《聖經》是一部偉大的宗教經典。在這部書中，字字句句都與上帝相關。但我們最終發現，《聖經》中的上帝絕不是教堂裡那個如同雜貨鋪老闆一樣的上帝。這個發現讓我們有一種無法言說的解脫感。猶太人把全部宗教情感都傾注於獨一的上帝，這的確很了不起。可儘管如此，猶太人的《聖經》裡仍舊處處可見諸神的身影。只有成熟的人才能領悟這一點，並由此而感到難以言說的釋然。

《聖經》裡處處可見諸神的身影。而且不僅如此，《舊約》裡的耶和華其實就是諸神的總和，只有垂死之神與救贖之神除外。耶和華不僅是諸神的總和，他在《舊約》中的《創世記》、《民數記》、《撒母耳記》、《詩篇》、《以賽亞書》、《以西結書》裡逐次呈現出各個神靈的樣子。他像戴歐尼修斯[234]，也像阿波羅，像古埃及的太陽神「拉」一

---

[232] 巴爾是古代腓尼基人信奉的太陽神，後來被認為是邪神。

[233] 亞斯她錄通常被認為是地獄之神，其名字從古代腓尼基女神阿斯塔蒂的名字演化而來。

[234] 古希臘的酒神。

樣古怪，也像巴力神一樣無情。你無法為耶和華塑造神像，因為祂具有古代諸神的全部特點，祂就是烏拉諾斯與克洛諾斯，也是薩杜恩，甚至還是古老的歐西里斯，或者早期蘇美爾人信奉的那些神祕的神靈。耶和華之所以是獨一的，是因為祂代表著諸神，而不是因為祂與諸神截然不同。耶和華並不是絕對而孤立的神，其他神靈也不是被推下神位後坍塌的偶像。祂包含了一切諸神，包含了一切偶像，既代表荒蠻又代表豐沃。不僅如此，祂還包含了一切即將到來的未知的神靈。

閱讀《聖經》的新譯文時，我意識到了這一點，這令我感到如釋重負。從小到大，我們一直相信這樣的教導——如果獨一且永恆的上帝是真實不虛的，那麼其他諸神就是不存在的，就是虛幻不實的。但是現在我把《聖經》當作一部真正的書而不是片面的說教來讀，於是就深刻領會到了《聖經》所包含的真諦：如果這位獨一且永恆的上帝是真實存在的，那麼所有其他神靈也都是真實存在的。因為諸神不過就是獨一上帝的不同側面。我們經常這樣談論一個人：哦，你只了解到他的一個側面！那麼我們也完全可以用同樣的方式談論上帝。我們只了解到上帝的一個側面，而且還是非常小的一個側面。如果我們想真正了解上帝，我們就必須了解所有神靈，因為這意味著從各個面來理解上帝。

「放聲哀嚎吧，塔特薩斯[235]的船隻，

因為你們的港灣已經不復存在，……」[236]

　　年少時，我曾聽到教堂裡的牧師幸災樂禍地說，巴比倫傾覆了，亞述王國不復存在，波斯帝國只空有一個名字，摩押王國早已蕩然無存。每當此時，我就感到深深的沮喪。我覺得，如果能親自去巴比倫或者尼尼微看看，或者能遇到摩押國的女人，那可真是太美妙了。如今我發現，《聖經》裡隨處可見摩押與巴比倫，還有尼尼微和蘇薩這些地方的名字。我還發現，倘若沒有埃及的神靈與迦勒底的神靈，以色列人的上帝會比一塊木頭還沉悶無趣。《聖經》之所以令人感到恢弘壯麗，就是因為這部書從埃及與巴比倫那裡分得了一份魅力。《聖經》所具有的美，在很大程度上源於亞瑪力與摩押。猶太人之所以能夠創造出「一神」的概念，正是因為他們接觸到了很多民族以及不同的文明，他們熟知很多異教神靈，廣博的見聞豐富了猶太人的思想與靈魂。古代猶太人的詩歌反映了猶太人與陌生民族以及陌生神靈進行接觸的冒險經歷。比起希羅多德撰寫的歷史書，或者比起《奧德賽》，《聖經》可能是一部更加深刻的歷險記。

　　猶太人的這種閱歷發揮了雙重影響。猶太人喜歡漂泊，喜歡與陌生民族交往，更喜歡向異族文化學習。在那個年

---

[235] 古希臘神話傳說中的港口，但也有考古證據證明其確實存在過。

[236] 這句話的原文出自莫法特翻譯的《聖經》。（《以賽亞書》，第二十三章）

代，所謂異族文化就意味著異族宗教。從古至今，猶太人一直喜歡與異族人生活在一起，不斷地學習異族人的經驗與智慧。從某種意義上來說，猶太人是一個靠吸取異族文化來促進自身發展的民族。過去是如此，將來也是如此。猶太人的思想就是由各族文化在漫長的歷史時期中融合而成。直到如今也是這樣，無論哪裡出現了新文化，猶太人都會興沖沖地趕到那裡。

當然，在歷史上猶太人總是被信仰驅策著努力回到耶路撒冷，今天的猶太人也是如此。猶太人身上混合著兩種截然相反的特點。猶太人的真正樂趣是到世界各地遊歷。猶太人喜歡生活在異族人之中，吸取異族文化。從古至今猶太人一直就是這樣做的。但是他們也害怕遭到異族奴役從而失去自我。因此，自逃離埃及之後，猶太人就激烈地反抗異族人，專心信奉獨一的上帝，並自命為上帝的選民。

《聖經》裡更多描述的是猶太人努力回歸耶路撒冷的經歷，而不是猶太人奔向世界各地、與奇妙的異族人以及異族文化相接觸的經歷。猶太先知之所以如此痛恨周圍的異族人，是因為猶太人天生就對異族人充滿了強烈的熱情，很容易與異族人融合在一起。從總體上來講，猶太人很厭倦猶太人，而異族人則顯得有趣多了。從《但以理書》與《以斯帖記》（*the Book of Esther*）中可以很明顯地看出，猶太人在巴比倫與迦勒底的經歷是非常有趣的。在那裡，他們從迦勒底

人身上學到了一切值得學習的東西。[237] 很可能，猶太人非常喜歡埃及與巴比倫，即便身陷囹圄也仍舊喜歡，就像如今身為自由人的猶太人熱愛紐約與倫敦一樣。甚至很可能前者的熱愛比後者更為強烈一些。《聖經》的一個偉大之處就在於其展現出了猶太人對多民族文化兼收並蓄的博大胸懷，以及字裡行間所蘊藏的悲憫之心。可以很清楚地看到，猶太人其實非常喜歡埃及與亞瑪力，還有摩押、迦勒底、亞述、腓尼基和波斯等國家。《聖經》裡表達詛咒與譴責的詩寫得都很好，對災難的預言也全都寫得非常精采，這些文字間接地表現出猶太人對自己所詛咒的事物其實充滿熱愛。貌似在表達仇恨，其實那些詩句充滿了誘惑力。

在漫長的歷史時期裡，占統治地位的是狹隘的一神論，《聖經》也因此而成為囚禁靈魂與思想的牢籠。可是現在我們猛然醒悟，原來我們都上當了。過去，我們把《聖經》從其歷史背景中剝離了出來，切斷了《聖經》與歷史的連繫，也切斷了《聖經》與其他民族的交流，把《聖經》視為絕對真理，並將之置於虛幻的孤立之中。我們都錯了。我們一直以為《舊約》所講的就是獨一的上帝，這位上帝為其選擇的民族所信奉，同時詛咒其他民族，並無情地消滅其他民族。但實際上，《聖經》是一個奇妙而有趣的探險故事，講的是一個民族輾轉於各個民族之間並且深深愛上這些民族，因而面

---

[237] 迦勒底王國的前身就是巴比倫。

臨著被異族同化的危險。若不是自摩西開始，預言家們狂熱而激烈地抵抗這種同化，猶太人可能真的早就被異族融合了。

千百年來，猶太人不斷接觸異族人與異族神靈，而《聖經》這部書就是在這個漫長過程中積澱而成的。就連耶和華也是逐步演化出來的。現在我們必須把上帝與《聖經》還原到廣闊的歷史背景中去，讓一切都恢復生動的連繫。在《聖經》裡，沒有什麼是絕對的、孤立的。《聖經》所講述的一切都與當時的世界存在著生動而交錯的連繫。埃及的神靈，迦勒底的神靈，以及以色列的神靈，我們應該將他們全部連繫起來，然後再重新理解。

我們不僅應該對《舊約》採取這樣的態度，對《新約》也應該採取這個態度。我們應該把《新約》放回到歷史背景中去，恢復其與歷史的豐富連繫。世界是廣闊的，人類的經歷也是廣闊的。我們應該回到交流與連繫之中。我們一直毫無必要地把自己囚禁在一個孤立的宗教之中，把自己捆綁在一個孤立的上帝的腳下，在漫長的時間裡我們聽到的都是封閉而狹隘的語言。而孤立意味著虛幻與死亡。

我們需要的是恢復與萬物的交流，恢復宗教性的交流。我們可以把《聖經》當做宗教信仰的基礎，但我們也應該恢復與埃及和巴比倫的連繫，我們應該像迦勒底人和埃及人那樣重新理解萬物。而現在，我們的意識是殘缺的，我們的自我只剩下了一個碎片。

讀完《舊約》之後再讀《新約》，我們就進入了一個新世界，彷彿來到一片清新的空氣之中。這真的是一樁非常奇妙的事，一種新的情感讓人類獲得了自由。耶穌說，「要彼此相愛」，「要愛鄰人如同愛自己」，「要愛你的仇敵」。祂的話似乎突然打開了一扇大門，讓人們走出充滿衝突的、令人疲憊的狹小空間，踏進新生活的清新空氣之中。

我們還是需要回到當時的歷史背景中去，把《新約》與西元一世紀的世界重新連繫起來。我們都知道，那時的世界戰亂頻仍，不是民族之間相互征伐，就是國家內部爆發戰爭。從西元前 700 年到西元元年，頻繁不斷的戰爭席捲了小亞細亞與東歐。猶太人離開那個小小的耶路撒冷之後，儘管一直努力返回故鄉重建聖殿，但他們因不斷爆發的戰爭而流落在各地。到了奧古斯都[238]在位的年代，出現了相對和平的局面。但是由於經歷了亞述人、米底人、波斯人以及以亞歷山大大帝為首的馬其頓人和羅馬諸多「元帥」的「征服」，地中海周圍地區，尤其是地中海東部地區，只剩下一片片焦土與瓦礫。西元前六世紀時，人們相互打招呼時常說的話是：「米底人打過來的時候你多大年紀？」但是到了西元前六世紀末，人們打招呼時說的話就變成了：「波斯的大流士占領我們這裡的時候你多大年紀？」

到處都是兵荒馬亂。自西元前 1000 年起到今天，所謂

---

[238] 奧古斯都（Augustus，西元前 63 年至西元前 14 年），羅馬第一任皇帝。

的文明世界一直處於瘋狂的征戰與殺伐之中。但是西元前的情況要比西元後的情況嚴重得多。在西元前，敵人不是即將到來就是已經到來。到處是廢墟，人人都在仇恨。許多民族進行大遷移，就像龐大的牛群一樣，從故土遷移到遙遠的國度。如今，現代世界也幾乎陷入全面戰爭的狀態，所以我們就格外能夠理解西元前一世紀時人們的感受。我們能夠理解為什麼猶太人仇恨其他所有民族，為什麼希臘人性情暴烈而好鬥，動不動就要拚命。那時的人們全都瘋了，成百上千年的殘酷戰爭使人們的性情暴躁到歇斯底里的程度。耶穌時代的猶太人就處於這種狀態，而希臘人則早已陷入狂躁不安的絕望境地之中。

那個時候，整個世界需要羅馬式的「和平」，即「用武力維持的和平」，需要採取必要手段來讓人們恢復冷靜。但是羅馬式「和平」還遠遠不夠，當時的世界還需要一種新的情感，也就是耶穌帶給世人的情感。「要彼此相愛！要愛你的仇敵！」在那個狂躁的世界裡，這樣的話語簡直就是一個奇蹟。就算在今天，我們仍能感受到這些話裡所包含的撫慰與鎮靜作用。這些話暗含的意思就是：不要再爭當頭領；不要為了統治別人而大動干戈；不要因渴望領先於人而挑起爭鬥；安於落後，安於謙卑的位置，因為在最後的王國裡，最後面的就是最前面的 [239]。

[239] 《馬太福音》，19:30，20:16。

　　這就是耶穌在那個年代帶給世人的啟示。對於這個啟示，我們現代人儘管熟悉其字句，卻並沒有真正理解更沒有接受其中的道理。是的，根本就沒有理解。在現代世界中，人人都想指揮別人，每個民族都想方設法讓自己的聲音壓制住其他民族的聲音。

　　在那個時代，耶穌的這個教誨聽起來簡直就是瘋話。在當時，人們腦子裡只有一個想法，那就是殺出血路，掌握權力。對於百分之九十九的人來說，耶穌的教誨聽起來既迂腐又愚蠢。我覺得，即便在現在，大多數人內心裡其實仍是這麼想的 —— 就算有這種看法的人不到百分之九十九，那也得有百分之六十吧。可是在耶穌生活的時代，像保羅與使徒約翰這樣偉大的思想者卻從這個教誨中領悟到深刻的道理，意識到這條教誨能夠催生出人類從未有過的新情感。這就是耶穌訓示的偉大意義所在，它能催生出一種新的情感。我們現代人必須承認這一點。倘若讀一讀西元後最初幾個世紀的古希臘與古羅馬文學作品，我們就會感覺到那裡面缺失了某種東西，令人感到沉悶，缺少生機，絲毫沒有《福音書》或者《使徒書信》所散發出的清新氣息。在《使徒書信》中，保羅的話語非常溫柔。他向遠方的手足同胞表達了充滿溫情的關懷，勸告他們說，最重要的事是彼此相愛，不要爭吵，不要讓心變硬。他的忠告給世界帶來了一種全新的人際關係，帶來了一種新型的愛。或許伊壁鳩魯也曾做過同樣的努力，

但是伊壁鳩魯的思想帶有明顯的消極傾向，看不到任何真切的希望。

隨著耶穌的訓示，一個新事物來到了世界上。我們可以確信地說，如果愛與溫柔沒有在人類心裡進一步呈現出新的狀態，那麼這世上就不會再出現下一個新事物了。倘若愛能夠繼續成長，散發出更為清新的氣息，倘若溫柔能夠生出全新的勇氣，再輔以藉力量而形成的勇氣，那麼這令人厭倦的世界就再也禁錮不了我們。如今，禁錮我們的事情實在太多了，有戰爭，有衝突，還有競爭——其實所謂的競爭也不過就是一種非常卑劣的爭鬥罷了——人們還要為了金錢而無恥地相互搶奪，僅僅為了勉強活下去而已。這一切就如同一個空氣汙濁的牢房，把我們困得死死的，就像耶穌時代的人被大大小小的征戰禁錮得死死的一樣。

耶穌給了人們逃離牢獄的鑰匙，告訴人們如何免於戰亂之苦。但是他的話只適用於個體，或者較小的群體。遺憾的是，人類有一個可怕的心理現象，那就是，適用於個體的真理未必適用於群體，比如民族或者帝國這樣的群體。個體的人或許可以愛自己的仇敵，可以內心充滿基督徒式的愛與悲憫，因為倘若如此，這個人十有八九可以擺脫敵人，至少可以擺脫那種令人厭倦的敵對狀態。但是對於一個民族來說，熱愛仇敵就意味著被消滅或者被同化。這個道理在整部《舊約》裡被奉為神聖的真理。作為一個民族，或者作為一個部

落，猶太人很容易熱愛上異族，於是就有可能因此而被異族征服。在埃及與巴比倫，這樣的事差一點就真的發生了。若不是猶太民族還有一份根深蒂固的自我保護的本能，並順著這種本能而仇視一切外邦宗教，猶太人很可能早就被消滅或者被同化了。正因如此，猶太先知與宗教領袖們強迫猶太人斷絕與異族的連繫，以捍衛自己的民族性。

現在我們可能會說，如果一個民族很輕易地被其他民族同化了，那麼這個民族就應該被同化。但是人以及民族都是非常奇怪的東西。人的心理需求可以是顯而易見的，但也可以是深藏且難以捉摸的。一個人若是深深地喜愛上異族，那麼他同時還會強烈地需要堅守自己的民族性，甚至願意為此赴湯蹈火。我們可能會說，與民族相比，真理、正義以及宗教信仰才是更偉大的。從表面上看，的確是這樣的。一位神父的確可以為了宗教信仰而放棄自己的民族性。但是這樣做的最終結果卻是使教會成為該民族的頭號敵人，而且還會迫使很多人在民族與教會之間做出非此即彼的抉擇。

實際上，所謂真理就是人類心靈中一種深沉而強烈的情感。真正的真理存在於我們的實際行動中而不是存在於我們的語言或者信仰中。

一個重要問題是，如果民族的意思就是指一群自治的人，那麼人對於民族歸屬感的需求到底有多深刻？似乎這只是一種非常膚淺的需求，似乎我們這些現代人全都可以成為

世界公民。每當有人問起我們屬於哪個國家的時候，我們似乎可以這樣回答：我們屬於全世界！

但是我懷疑，事實是否真的如此？人是多面的，並非只有一面。當進入天堂時，我肯定不用攜帶護照，我應該是一個赤裸的靈魂，與黑人或中國人毫無差異。但是這太抽象了，而抽象的思維方式會讓我們陷入虛無。在這塵世中，我是複雜的，我是作為個體活在這世上的。在這一點上，我與其他人一樣，與黑人或者韃靼人沒什麼區別，我們都是個體。可另一方面，我還是一個歐洲人，生活在歐洲我就會感到自在而隨意，我的感覺方式和思維方式就是歐洲人的感覺方式和思維方式。不僅如此，我還是一個英國人，我與全體英格蘭人以及英格蘭是緊密相連的，我個人內在力量的形成取決於英格蘭民族的作為。倘若硬說這些事並不重要，只有個體才有真實的意義，那麼這種話一點實際作用也沒有。因為這不是真話。

人的最模糊但也最深刻的需要就是在群體中的歸屬感。這個群體可以是教會，也可以是民族，也可以是帝國。人需要在群體中感受到自己的力量。如今的人們總是懷著深深的不滿足感，主要原因就在於人的集體性自我一直處於苦悶的狀態中。現代國家再也不能充分傳達國民內心深處的集體性情感。現代國家不再展現我們的真實本性，不能展現我們內心深處渴求力量的本性。就其所作所為來看，現代國家已失

去真正意義，從創造的角度來看，已經軟弱無力。生活在現代國家中的人痛苦不堪，因為他們感覺到自己也是同樣的毫無意義且軟弱無力。現代國家應該被打碎並被重鑄，國家這個單位太大了，僵化而笨拙，已經不再充滿力量。

所以美國就顯得格外充滿魅力。這是一個嶄新的國家。這個國家尚處在成長階段。對於這個國家來說，一切皆有可能。這個國家看起來充滿了力量。因此這個國家裡的人也隨之呈現出新的面貌。任何人倘若到了美國並獲得了美國國籍，都會斬斷與從前的連繫，並創造一個新的連繫。如果我去了美國並適應了那裡的生活，我的整個身心就會經歷一次微妙的轉變，從而呈現出全新的狀態。我將不再是從前的我，不再是英國人。

在西元一世紀時，皈依基督教的人們有一個深刻的心理需求，那就是重新建立個人與群體的連繫。成為基督徒意味著不再是猶太人，也不再是羅馬人。基督徒已經發現了一個新的「國家」，那就是由基督徒組成的國家。在早期教會中，集體感是非常強烈的。

但是耶穌拒絕接受一切世俗意義上的帝國。他把帝國留給了魔鬼。於是世俗權力屬於撒旦。把凱撒的東西交給凱撒吧。一個基督徒就是一個純粹的個體，他是寄居在肉體中的靈魂，因此他屬於上帝，僅此而已。

這樣的基督教教義的確很好，但當運用到全體人類時，

這個教義就展現出其荒謬的一面。大多數人並非純粹的個體，而且永遠都不會是純粹的個體。純粹的個體是罕見的，幾乎是一種怪物。大多數人都需要歸屬於一個自治的群體，比如一個部落，一個民族，或者一個帝國。這種需求就如同對食物的需求一樣，都是必不可少的。

一個民族的心理，一個部落的心理，或者一個帝國的心理，絕對不可能與個體的心理是一樣的。誠然，民族是由個體構成，或者說是由個體的人構成。但是民族的心理卻是由人的基本本能、基本需求以及基本願望構成的，而不是由每個個體的全部本能與願望構成。個體心理中屬於集體的那些基本本能與需求幾乎不可能被明確界定，我們只能從人們的行為中感受到這種心理的存在。這種心理不會直接進入人的意識中，因為個體的意識是個體性的，而這些本能與需求實際上是集體性的。因此沒有人能夠明確地表達出這種心理，也不可能清楚地了解這種心理。這種本能與渴望一定是在人們尚未察覺時就已經流露出來了。因此一個民族的心理發展充滿了不確定性。

耶穌是一個純粹的理想主義者，祂希望能夠幫助人們擺脫集體性自我，即屬於部落的或屬於民族的自我。這真是令人匪夷所思，祂乾脆幫助人們免於呼吸算了。至於基督教精神如何作用於基督徒的群體心理，這個問題耶穌就留給時間來慢慢解答了。但是迄今為止，這個問題一直沒有得到解答。

耶穌那個時代的人對於效忠群體這件事簡直厭煩透了，對於自己的民族身分，即猶太人、希臘人、埃及人或羅馬人，也厭倦至極。人們厭倦了國家、民族與帝國。那些皈依基督教的人都放棄了從前的效忠誓言。但是基督徒們立刻形成了新的群體，長老們成為新的統治者。這些群體迅速形成了新的國家，建立了新的教會，統治秩序日趨精細，長老們與主教們成為新權威，掌握著新的權力。無論耶穌的初衷如何，權力還是再次出現在基督徒之中。而且必定如此。就人的深層本能來看，人是依靠力量而存在的。在群體中，在國家或教會中，人必須感受到自己充滿了力量，必須感受到自己充滿了一種超越他自身的力量。後來基督教教會變成了天主教教會，教會裡有至高無上的教皇被視為神明，就像從前羅馬帝國的奧古斯都或尼祿一樣。基督教實際上已經變成一個巨大的權力機構，它規定人們的日常生活與宗教生活，它建立起一整套精緻的哲學思想，於是人性中古老的權力欲與金錢欲就壓制住了愛的精神與成長的力量，到了波吉亞家族 [240] 掌握教皇大權時，基督教教會已經淪為瑪門 [241] 或者大淫婦巴比倫。

人依靠力量而存在，但同時也依靠愛而存在。純粹的個體，既可以像亞歷山大大帝那樣僅僅追求權力 [242]，又可以像

---

[240] 15、16世紀義大利的權貴家族，曾有兩代人當上教皇。

[241] 古代迦勒底人信奉的財神，在《新約》中成為金錢的化身（《馬太福音》6:24）。

[242] 在這部書裡，勞倫斯使用的「power」一詞兼有「力量」與「權力」的意思。

基督那樣僅僅追求愛。但是就整體而言，人類將永遠保留這種雙重的本性，即充滿力量的老亞當與充滿愛的新亞當。在力與愛之間必須保持一種平衡。如果人們能夠在力與愛的本性中實現一種生動的平衡，而不壓抑任何一方，那麼人就實現了最高的天性，取得了最高的成就。但這種平衡永遠不會被固定下來，只能在瞬間得以實現。可是花不也只是短暫地開放，然後轉眼間就凋謝嗎？正因如此，花才是花。

如果人能夠意識到自己的雙重本性，也就是群體性的權力本性與個體性的愛的本性，那麼人就能對自己以及對自己的命運形成更清楚的認知。

耶穌的使命就是賦予世人愛的本性。使徒們繼承了這個使命。他們希望透過迴避與權力的衝突來樹立愛。他們不願與任何現存的權力發生衝突。但是衝突還是發生了。於是，基督教教會逐步演變成為一個巨大的權力機構。到了宗教改革時期，基督教已經只有力卻沒有愛。於是鐘擺晃動起來了。

在西元一世紀的早期基督教教會中，很多教徒入教的原因是他們相信基督教教會擁有一種偉大的新力量。我們必須清楚，對於很多早期基督徒來說，耶穌並不代表愛，耶穌只代表一種新型的力量。在他們看來，耶穌並不意味著溫柔敦厚的特質，只意味著一種半巫術性質的能力，而祂將利用這種能力毀滅全世界，剷除可恨的羅馬帝國，然後讓聖人統治

一個榮耀的新王國。就像每一場運動一樣，基督教運動的早期擁護者其實悖離了基督教精神。一世紀時，人們普遍在心裡積蓄著強烈的仇恨，但這種仇恨又十分微妙且難以辨識。這種強烈的仇恨心理進入了基督教群體中。於是，基督徒像發了瘋一樣盼著毀滅全世界，然後自己掌握無限的權力，其實這就是他們微妙的仇恨心理的一種表現形式。在他們看來，耶穌，即「魚」[243]，是超級魔力的化身，祂將徹底消滅現實世界，只留下充滿權力欲的靈魂來統治一個縹緲的世界。他們從不認為耶穌代表神聖的愛。聖保羅與使徒聖約翰一定曾與這類邪惡的基督徒有過艱苦的抗爭。後來，早期基督教竟然能夠走出歧途回歸正道，成為充滿愛的教會，這真是一個奇蹟。墮落的權力欲對早期基督教構成巨大威脅，就像任何一次革命或者任何一次理想主義運動都面臨著同樣的威脅。很多人之所以成為社會主義者，正是出於這種墮落的權力欲。這種欲望是邪惡的，極其可怕，這是仇恨心理的一種存在方式。就連列寧其實也意味著純粹的仇恨。但他的仇恨極為純潔，可是很多布爾什維克主義者的仇恨卻不那麼純潔，他們的仇恨源於人性中扭曲的權力欲。

現在我們言歸正傳，再來談談《天啟》。《天啟》是《聖經》的最後一部分，主要呈現的是力。這是一部表達權力欲的書，作者當時是一個囚犯，他否定一切權力。

---

[243]　見第九章注釋。

現在我們必須放下那種蔑視權力的膚淺論調。如今我們常常懷揣這種輕蔑，也隨時表達這種輕蔑。我們所知道的只是一種僵死的權力，那僅僅是一種強制性的力量。這種力量不需要我們對其有任何敬畏心理。但是真正的力量卻不僅僅是一種強制力。真正的力量像愛一樣神聖。愛與力是生命中兩個神聖的要素。尼采想要表達的就是這層意思。

　　只有當愛與力相和諧時，愛才是神聖的；同樣，也只有當力與愛相和諧時，力才是神聖的。耶穌很坦率地說，祂的使命是實現或者完成關於權力的古老律法。早期教會以及像格里高利這樣偉大的教皇都懂得這一點，並做出表率來示範什麼是與力相和諧的愛，以及什麼是與愛相和諧的力。但是後來的教皇們卻只忙著爭權奪勢而忘記了愛。而聖方濟之類的聖人則走向另一個極端，他們想以愛的名義徹底消滅權力。

　　在十九世紀，雪萊反覆歌頌人類將要抵達的至善至美的境界，他認為到那時一切形式的「權力」都將被消滅乾淨。但是我們覺得，雪萊與聖方濟一樣，犯了一個根本性的錯誤。我們甚至覺得，這兩位都缺少溫情，都缺少充滿善意的愛，他們所展現的其實是愛的終結。力的終結意味著愛的終結。反之亦然。

　　反對權力的戰爭在列寧身上達到了頂峰。列寧是一個內心純潔的人，就像聖方濟與雪萊一樣。實際上，聖方濟、雪

萊與列寧是人類歷史上的三位偉人，他們都懷著純潔的心靈，以一己之力跟權力抗爭。列寧完整地展現了雪萊所讚頌的精神。列寧是行動上的詩人，就像雪萊是文字上的詩人一樣。列寧完成了基督教長期孜孜以求的奮鬥目標，以愛的名義摧毀了權力，在國家層面上完成了基督要求個體實現的目標。然而，個體的理想固然是愛，但你不能把愛當作國家的理想。個體與國家的價值觀是不同的。國家展現的是基本層面上的價值觀。對於個體，愛是無上的美好。而對於國家來說，國民的安康才是最高的目標。列寧真摯地希望國家中的每一個個體都實現安康。在某種意義上，他是俄國普通民眾的神。從現代意義上來說，俄國人理應崇拜他。「我們日用的飲食，今日賜給我們。」[244] 列寧的最大心願就是賜予人們每日的麵包。但是實際上，就連這一點他也無法做到。理論上的愛變成了實踐中的恨。他之所以熱愛人民，是因為他看到人民軟弱無力。他堅定地認為，這世界上不該存在權力。他本人就是最後一個掌握權力的人，而他的使命就是徹底消滅權力。其實這就是基督教在現實中採取的一貫方針。這是反常的，也是可怕的。因為這違背了天道。

耶穌的確是非常小心翼翼地既避免染指權力也避免毀滅權力。偉大的權力之神，即力量之神，是聖父。其實，凱撒在某種意義上來說也是一位聖父。讓凱撒的歸凱撒。耶穌親

---

[244]《馬太福音》，6:11。

自向我們傳授主的祈禱詞。

「我們在天上的父，願人都尊祢的名為聖。願祢的國降臨，願祢的旨意行在地上，如同行在天上。」[245]

我們發現，耶穌本人從來沒有說過「願我的國降臨」，甚至也沒有說過「願我的旨意行在地上如同行在天上」。耶穌從來沒想過統治任何一個王國。王國是聖父的。律法與意志都是聖父的。耶穌的使命僅僅是執行或者完成聖父的意志，讓聖父的王國變得更加完美。耶穌沒有王國，祂一直都在強調王國是聖父的，王國屬於全能的主，屬於萬軍之主，屬於力量之神，屬於賜予萬物生命與力量的神。因此基督的教會不可以擁有世俗的權力。但是上帝的教會卻可以。

耶穌沒有「權力」，祂也不尋求「權力」。祂的力量來自神祕的愛，愛是另一個奧祕，與「權力」完全不同。這種神祕的愛具有巨大的能量。但這不是用來實現統治的能量，而是用來實現不治而治的能量。

權力是一種明確而積極的東西，能夠給予我們營養。它來自一位偉大的統治者，來自這位統治者所實施的統治，即來自全能者，來自萬軍之主。就算我們竭盡全力擺脫它，我們最終還是要面對亙古不變的事實，即整個世界乃至整個宇宙都是由一位偉大的統治者即全能神主宰著。在宇宙中存在著一個秩序，存在著一個意念，甚至存在著一個意志。耶穌

[245]《馬太福音》，6: 9-11。

稱之為「聖父」其實是不對的。這讓人想起一位長著鬍鬚的老紳士。但是耶穌只能使用人類的詞彙。其實耶穌是最謹慎謙恭的，他一直在向這位聖父表達崇高的敬意。

無論我們怎樣極力否認，宇宙中的確存在著一位主宰，有一位令人敬畏的統治者在統治著整個宇宙。祂賜予生命，也剝奪生命。宇宙的統治者每日都賜予我們新的生命力。但是如果我們拒絕這位全能神，即這位統治者，我們就是在拒絕生命。無論是誰，倘若切斷我們與這位全能神的連繫，祂其實是在切斷我們與生命的連繫。無論何人，只要他阻擋了我與生命之神的連繫，他就是我的仇敵。因為這位生命之神就是宇宙的主宰，就是萬軍之主，是力量的賜予者，是力量與榮耀的源泉。是祂成就了我們的一切榮耀。膽敢阻擋我與祂的連繫的人，就是對我心懷仇恨的敵人。因此，聖方濟、雪萊還有列寧，都憎恨充滿生命的力量與光彩的人，他們憎恨既實行統治又接受統治的人。其實普通民眾都是活生生的人，他們都想充滿力量地活著，都想散發出生命的光彩。所以聖方濟與雪萊，還有列寧，憎恨一切平凡、正直、自由、無畏的人。各地的社會主義者尤其如此，他們仇恨一切自由、正直而無畏的人。

最自由、最正直、最無畏的人都是快樂的，他們能夠接受一個真正充滿力量的人的統治，因為這樣的統治者吸取了宇宙的生機。一旦被剝離了這種統治，被剝離了與力量的連

繫，被迫成為民主的人，他們就會變得苦悶而衰弱。

在主的祈禱詞裡，第一句話就是：願您的國降臨。這表明人們最渴望得到的是一位統治者，他們渴望獲得力量感，希望從這位統治者身上汲取超越的力量。人們對於這樣一位統治者的渴望，甚至超過了對麵包的渴望。平凡的人希望能夠在統治者的力量與光芒中超越自己，實現自我的圓滿。這是人的根本需求，也是最高需求，這種需求古已有之，卻至今不為人們所了解。如果統治者們並不具有來自宇宙的光芒與力量，那麼普通民眾就會把他們撕成碎片。對於統治者來說，孱弱無力與黯淡無光就是一種罪行，這是對民眾的陽剛之氣犯下的罪行。如果一個人的生命變得暗無光彩且毫無意義，那麼他怎麼可能還在乎好吃好喝或者好馬桶？像列寧、社會主義者、雪萊以及「心靈主義者」這類人，把人們最寶貴的財富洗劫一空，使人們感受不到生命的光彩，無法從宇宙中分得一份榮耀。要知道，最重要的真理就是 —— 宇宙是無比榮耀的，而人是宇宙的一部分。

另一方面，生命的力量、光輝與榮耀，都必須經歷「愛」的鍛造。這意味著，我們必須在必要的情況下心甘情願地馴服，心甘情願地失去我們作為個體的光輝與力量。作為個體，我們必須在必要時心甘情願地變得柔弱，成為默默無聞的人。在愛中，我們有時必須變得謙遜、柔順、憂傷，心靈也不再昂揚。我們期待透過這種方式，獲得一種更為偉

大而圓滿的榮耀。因為只有所有人都獲得了不同程度的榮耀，個體的人才會真正變得榮耀。這是凱撒以及拿破崙之類的人沒能理解的最高真理。

在耶穌之前，也就是在耶穌降臨人世之前，人們一味追求榮耀與力量，不惜一切代價。每個人都在追求自己的光芒，卻不在意別人的痛苦。就算個體的人尚未狂妄自大到這種地步，但是各個國家卻的確如此。每個國家都在尋求自己的榮耀，不惜以鄰為壑。

但是早在西元前六世紀時，世界上就已經出現了一種跡象，表明人還有另一種需求，即人們需要在小我中死去然後在大我中重生。在當時，人們對他人視而不見，因此必須經歷一種類似於死亡的體驗人們才能夠覺醒，從而意識到他人的存在與他人的需求。

在西元前六世紀，在「已開化」的世界裡人們普遍膜拜「垂死的神靈」。也正是在那時，奧菲斯教的神祕教義開始流傳。垂死的神靈可能象徵著植物的死亡與復甦，比如穀物，預示著天地間將湧起一股洪大的陽性生殖力，於是萬物復甦。但是這個信仰的內涵並不僅限於此，而是蘊含著更深刻的意義。在很久以前，在柏拉圖之前，也就是在耶穌降臨之前很久，這種信仰意味著人感受到了對死亡的需求，有一種死亡意願，人想透過神祕的方式或者宗教儀式的方式體驗死亡，體驗肉體的死亡，體驗已為自己所熟悉的欲望的死亡，

然後再體驗新我的重生。重生後的新我將是一個更具有靈性的或者更具有高度覺知的自我。自西元前六世紀開始，人們心裡積壓了數百年的死亡意願，形成了悲劇性的生命觀，這種死亡意願甚至一直持續到今天。這種意願展現的是人們渴望擺脫原來的意識狀態，即透過宇宙間普遍存在的力量來感知一切的意識狀態，然後形成新的意識狀態，即透過知識來理解一切的意識狀態。人具有兩種最重要的意識形式，即「我存在著」與「我充滿力量」的意識，以及「它存在著」或者「作為客觀世界與他者的它是與我分離的，甚至優越於我」的意識。這後一種就是「求知」的意識形式──在這種意識形式中，人失去了「我存在著」的感覺，不停地獲取「知識」，不停地覺知他物的存在。

大約在西元前六百年的時候，對純知識的渴望成為人們內心裡的主導力量，與之相伴的就是死亡意願。那時的人們希望體驗死亡，然後在死亡的另一端獲得重生。人們渴望了解在死亡的另一端究竟存在著什麼，這種意願伴隨著人們的一生。這種巨大的死亡意願，即渴望穿越死亡一探究竟的願望，在各個宗教裡有著不同的表現形式。奧林匹斯山上的諸神對人的這種意願可能一無所知。但是後來奧菲斯教的神祕教義與酒神的狂歡精神進入了奧林匹斯的宗教，這是人們努力擺脫肉體獲得超越性的體驗的方式。人們渴望超越這個塵世，渴望像神靈那樣洞察萬物，這個願望與人們想穿越死亡

一探究竟的願望是一致的，因為神靈就居住在「死亡」的另一端。神靈居住的世界其實正是被人類稱為「死亡」的世界，而人類居住的世界對於神靈來說也是「死亡」的世界。

當時幾乎在所有國家裡突然出現了大量被稱為祕教的宗教儀式。這些儀式中最重要的內容就是讓人們體驗死亡，讓人們穿越幽暗恐怖的冥河，然後在新的肉體中重生，獲得新的意識與新的榮耀，如同神靈一般。這些祕教儘管也包含了生殖崇拜的內容，但其內涵遠遠不止於此。新長出的穀穗象徵著人獲得的新肉體，具有全新的意識，像神靈一樣。

這類宗教儀式，在古希臘就是奧菲斯祕教，或者戴歐尼修斯、伊阿科斯以及艾盧西斯[246]等祕教，在埃及就是歐西里斯與伊希斯的祕教，在近東地區就是坦木茲[247]的祕教以及阿提斯[248]的祕教。在波斯，就是密特拉神的祕教。在印度，佛陀把神祕奧義歸於涅槃，這是與歐洲祕教完全不同的結論。但儘管貌似不同，其精神實質卻是相同的，都嚮往肉體的死亡，並希望擺脫原來的意識形式。所謂涅槃，就是讓原來的自我徹底死去然後進入最終的圓滿狀態。印度教也包含類似的內容。但在印度教裡，涅槃意味著經歷死亡後獲得一種新的力量，即掌控生命力的新能力。

---

[246] 伊阿科斯是古希臘神話中的神，與酒神關係密切，但是與其相關的神話故事不多。艾盧西斯是古希臘的一個地名，艾盧西斯祕儀便產生於此地。

[247] 古巴比倫的穀神。

[248] 古代佛里幾亞神話傳說裡的一位神靈，象徵著植物的死亡與復甦，是一位美男子。關於他的故事有點像古希臘神話裡阿多尼斯的故事。

如果有膽量直言不諱的話，我們可以這樣說，當時全世界的宗教幾乎在同一時期變得瘋狂了。希臘人儘管曾經堅決抵制奧菲斯教與戴歐尼修斯教的「迷狂」—— 姑且用他們自己的話來說 —— 可此時也與整個世界踏上了同一條道路，即努力消滅自我，尋求純粹的知識。古希臘伊奧尼亞人在西元前六世紀時渴求的純知識，如今與佛陀的涅槃或者聖約翰的新耶路撒冷沒有什麼分別。純知識，純科學，涅槃，般若，伊阿科斯的迷狂，皈依者因伊西斯附體而感受到的欣喜若狂，或者在艾盧西斯獲得重生，或者因飲下密特拉神所殺的牛的血液而獲得了重生，諸如此類，所描述的都是人的意識所處的各種狀態，其本質幾乎都是一樣的。現代物理學家幾近於涅槃，他們循著愛因斯坦的思路，最終抵達迷狂狀態，而這正是求知路上的巔峰狀態。宗教儀式或者瑜伽是一條便捷途徑，而從泰利斯與阿那克西曼德到愛因斯坦，卻是一條漫長的路。但這兩條路其實殊途同歸 —— 都使人抵達同樣的意識狀態，這種意識狀態是這兩條道路的共同目標。現代物理學家幾乎抵達迷狂的巔峰狀態，他孜孜以求地探索知識，最終在某種不可描述的體驗中他的探索熱情達到頂峰。而這種體驗若用文字來描述的話，則必須用神祕宗教中的術語來形容。正所謂「條條大路通羅馬」。一切探求知識的努力，無論探求的是何種知識，最終結果都是一樣的，即抵達一種宛如重生一般的神祕的狂喜狀態，也就是涅槃的體

驗，或者獲得般若智慧時的狀態，或者進入其他殊途同歸的狀態。

在西元前五世紀，人們透過宗教儀式實現了現代人透過科學也就是物理學所實現的目標。最先抵達這個目標的是宗教儀式，然後是獨斷論宗教，最後是科學。這三者最終抵達了同一終點，實現了同樣的意識狀態。愛因斯坦本人就處於這種意識狀態。從本質上說，他與西元前四世紀奧菲斯教的皈依者的意識狀態一模一樣。

在宗教儀式上完成了這樣的體驗之後，人就開始記錄這種神祕的體驗。當時所有祕教儀式都絕對保密，不能向外人透露。這類儀式大概永遠不會向世人公開，儀式中的體驗也不能為外人所了解。每個皈依者都必須親身經歷這種神祕的體驗，必須親自體驗死亡。可與此同時，每個宗教裡都有祭司負責向皈依者闡釋神祕奧義，於是祭司的解釋就有可能經皈依者之口輾轉流傳到普通人中間，最後普通人聽到的就是較為通俗的描述與解釋。不管怎麼說，我們對艾盧西斯祕儀的了解足以讓我們大致明白其基本內容——神祕的死亡，穿越冥間，然後在一個更高層次的世界中獲得重生，或者在更高的狀態中，即在榮耀之中獲得重生。但是不幸的是，異教的天啟一部也沒能保留下來，只有密特拉教留下了一份殘篇。其餘保留下來的，全都是猶太人的天啟，其中最著名的就是拔摩島的約翰所著的《啟示錄》。但是除此之外還有很

多猶太天啟，比如《以諾啟示錄》。《但以理書》中描寫的幻象也應該算作是天啟。其實天啟就是幻象，所描述的是天堂的事情。天啟的作用相當於預言，只不過預言是一種更為古老的形式。天啟或預言所傳達的都是神的聲音。在天啟或預言中，神是不可見的，或者只在燃燒的灌木中顯現。

約翰所著的《天啟》是獨特的。無可辯駁的是，這部《天啟》儘管託以基督之名，卻具有極為鮮明的猶太教特點。而另一方面，這部書裡也明顯含有非猶太教的成分。可以這樣說，這部書完全不符合基督教精神。《天啟》的開頭部分就暗含著異教的神祕符號。然後我們讀著讀著就會發現，隱藏在文字深處的內容實在太複雜了，根本不像是猶太人寫出來的天啟。這其實是一部內容極為深奧的文獻，非常細緻，非常複雜，也非常隱晦，除了被冠以基督之名之外，其內容與基督教毫不相關。因為基督教為世界帶來的主要是一種新的情感，而非新的思想。這是一種手足之愛，或者精神之愛，與古老的肉體之愛完全不同。這與伊壁鳩魯派所宣揚的溫情也不同。他們的溫情帶有順從與絕望的色彩，那是徹底絕望的人才會有的一種隱忍與包容。而基督所宣揚的是一種充滿活力且昂揚向上的情感，人將憑藉這種手足般的精神之愛抵達永恆從而獲得拯救。這種手足之愛全無一絲欲望夾雜其間，其本質是一種新型的情感。上帝愛人至深，或者至少是聖子對世人懷著無比的熱愛，且毫無私慾，因此這種

愛便成為一個新的宗教理念。所謂復活就是在基督的毫無慾念的愛中進入永生，這也是一個新理念，一個新啟示。我們可以透過衡量一部作品或者一個人是否具有這種純淨而毫無私慾的神聖之愛，來判定其是否符合基督教精神。但是在約翰的《天啟》裡，各個章節都充滿復仇意識，毫無愛的蹤跡。拔摩島的約翰渴望在天國裡實現最後的復仇。異教徒、猶太人，甚至基督教中的諾斯底教教徒，都不理解這種新型的情感，不理解這種毫無慾念的永恆之愛。這種愛的根本含義是愛他人，愛鄰居。在基督所代表的毫無慾念的神聖之愛中，愛鄰居是一個重要內容。就連柏拉圖的思想裡也沒有這種理念，柏拉圖的情感中也沒有這種愛。柏拉圖真摯地希望人類能夠變好。但他不明白人性真正需要的就是那麼一點點「純潔」的愛。他一向認為人需要的是統治，一種充滿智慧與仁慈的統治，但這種統治並沒有愛的成分。

所有異教，包括猶太人的宗教，都沒能超出「力」這個概念。從一開始，宇宙本身就是一個客觀存在的巨大的力。宇宙具有生命，宇宙的力就是生命力的湧動。仰望天空的深處，那種感覺就如同凝視某種健壯的動物的眼睛。直到今天，我們若凝視貓的眼睛或嬰兒的眼睛，就會不由自主地渾身顫抖，因為我們正在直接接觸生命本身以及生命的力量。宇宙充滿了力量，人從宇宙中獲得力量。當人處於飽滿狀態中時，人也充滿了力量，就像一個新郎官一樣精神煥發。所

以在偉大的異教時代行將結束的時候，在基督教與柏拉圖的時代遠未到來的時候，人們相信宇宙的力就是男性生殖器的力量，婚姻則意味著人的神性得到圓滿實現。但這只是在異教時代即將結束時才形成的觀念。或者也可以借用希臘人的說法，這是野蠻時代快要結束時人們的普遍觀念。在史前時代末期，世界各地的人幾乎全都崇拜陽物，這種陽物崇拜在南歐各地留下了男性生殖器形狀的石頭，直到現在仍聳立在大地上。而陽物崇拜可能就是對宇宙之力的崇拜的末期表現形式。那時人們認為力量存在於宇宙之中，存在於太陽與月亮之中，存在於男性生殖器之中。現在的人類學家不願研究有關太陽的神話，轉而研究關於生殖力的神話，而且他們一定還會放棄關於生殖力的神話又去研究其他的東西。但是他們最終還是承認了數量巨大的生殖器形狀的石頭，因為這些石頭就矗立在大地上，只要是誠實的人類學家，就無法對之視而不見。

後來，在崇拜宇宙之力的古老信仰中出現了崇拜垂死神靈的信仰。但此時宗教的兩大目的並沒有發生實質性的改變。宗教的目的之一仍然是獲得巨大的陽物之力或者生殖力，因為人們認為這會使自己進入最飽滿的生理狀態。另一目的就是獲得更高層次的力量，這種力量能夠使人得到永生。為了獲得最飽滿的陽物之力，人必須經歷短暫的死亡，穿越冥世，就像冬天裡的植物那樣。這是一則關於宇宙的古

老真理，早已被人們遺忘。但是一些生命力旺盛的民族至今仍舊依稀記得這個古老的真理。在這裡我們又看到了相似的觀念，即人為了獲得更高層次的力量並進而實現永生，就必須經歷更為深刻的死亡，即意識的死亡，然後在復活時獲得新的意識。就這樣，在經歷了雙重意義上的死亡之後，人就會在復活時不僅獲得新的肉體，還會獲得新的意識或靈，而入教儀式是否圓滿就取決於此二者是否實現了完美結合。

所以我們可以很確定地說，古老的異教奧義的關鍵內容就是死亡，首先是肉體的死亡，然後就是靈或意識的死亡。亡者要穿過冥世。在冥世，靈或意識一點點地死去。然後亡者會突然復活，一具新肉體就像嬰兒一樣誕生了，一個新的靈也出現了。此時，神的靈從天堂降下，宛如畫龍點睛一般，與這脆弱的、剛剛誕生的靈融合在一起，實現了靈的圓滿。最後，新肉體與新靈結合在一起。

我們明白，這一切都不符合基督教精神，因為這過於強調肉體以及自我的榮耀。這表現的其實正是基督教所反對的自傲情緒。基督教的基本原則是集體之愛，聖餐儀式必須是一種集體行為。就連聖靈降臨節也不是個體性的。在聖靈降臨節，聖靈降臨在教會成員的身上，而此時這些教會成員是聚集在一起的。聖靈並不是降臨在某位皈依者身上。在基督教中，人永遠不能忘記自己的鄰居，因為基督的愛就是指對鄰人的愛。在基督教中，人永遠地丟失了自己，然後變成了

一個盛放神聖的愛的容器。

　　在異教看來，這種消滅自我的做法是可憎的。就連猶太人也很厭惡這種做法。但在基督徒看來，異教與猶太教儀式中張揚自我榮耀的做法同樣是可憎的。在異教徒與猶太人看來，一個人若是失去了驕傲與自負，就會變得面目可憎。但對於基督徒來說，驕傲與自負卻是邪惡的。就連伊壁鳩魯派，也因為在一定程度上奉行隱忍與謙卑而在異教世界不受歡迎。斯多葛派在異教徒中享有盛譽，是因為他們保持驕傲，在忍受痛苦與不幸時尤為高傲，展現了古老的異教精神。其實古人既崇尚驕傲與力量，也崇尚溫文爾雅。可是這兩種人格理想日趨割裂，而且這種割裂趨勢在基督教誕生之前就已經存在很久。而基督教則徹底完成了這種割裂，並使之無法彌合。

　　在這場分裂過程中，拔摩島的約翰屬於哪一方呢？首先我們必須明白，拔摩島的約翰與使徒約翰並非同一人。後者是受愛戴的使徒，是《第四福音書》的作者。《第四福音書》可能是基督教最偉大的文獻之一，使徒約翰的宗教精神將與世長存。而拔摩島的約翰則另有其人。他曾被以弗所的羅馬行政官從以弗所流放到拔摩島，原因是他冒犯了羅馬政府，具體說來，可能是拒絕參加對皇帝的膜拜儀式。據說，當時他早已是一位老人。《啟示錄》的完成時間相當晚，大約是在西元 96 年，那時基督徒已經被羅馬當局認定為敵對勢

力。由於《啟示錄》是用非常糟糕、不符合語法的希臘語寫成的，所以後世的釋經者們認為拔摩島的約翰不太精通希臘語，認為他到了晚年才從加利利來到以弗所，還認為他的母語是亞蘭語，但由於宗教信仰的影響，他的思維方式仍舊是希伯來式的。因此，他的《啟示錄》其實是從優美的古希伯來語到蹩腳的希臘語的「心譯」。釋經者們的這些解釋大體上還算說得通，只有「蹩腳的希臘語」這一點實在難以令人信服。這部書裡所使用的希臘語非常古怪，形式極為特殊，人們不禁懷疑拔摩島的約翰為這部晦澀的書獨創了一套術語，因為這部《啟示錄》讓那些不得要領的人徹底摸不到頭腦。因此我們絕不能不假思索地相信那套說法，即拔摩島的約翰是一個來自鄉下的上了年紀的猶太拉比，很晚才離開加利利，寫出來的希臘語幼稚又蹩腳，後來被流放到拔摩島若干年，原因可能是因為犯了一點小錯。事實上，如果這世上真的曾經存在過《啟示錄》這部書的話，那麼這部書其實是一部非常深奧的書。

這部書是秉著溫和恭順的基督教精神寫下的嗎？《天啟》的讀者可以自己得出答案。這部書一開始是寫給亞西亞七個教會的七封信，每封信的末尾都承諾必將賜予獎賞。若仔細讀讀這些獎賞的內容，我們就可以大致判斷出這部書的作者心裡想要的究竟是什麼。

1. 得勝的，我必將神樂園中生命樹的果子賜給他吃。[249]

2. 得勝的，必不受第二次死的害。[250]

3. 得勝的，我必將那隱藏的嗎哪賜給他，並賜他一塊白石，石上寫著新名；除了那領受的以外，沒有人能認識。[251]

4. 那得勝又遵守我命令到底的，我要賜給他權柄制伏列國；他必用鐵杖轄管他們，將他們如同窯戶的瓦器打得粉碎，像我從我父領受的權柄一樣。我又要把晨星賜給他。[252]

5. 凡得勝的，必這樣穿白衣，我也必不從生命冊上抹塗他的名。且要在我父面前，和我父眾使者面前認他的名。[253]

6. 得勝的，我要叫他在我神殿中作柱子，他也必不再從那裡出去；我又要將我神的名和我神城的名（這城就是從天上、從我神那裡降下來的新耶路撒冷），並我的新名，都寫在他上面。[254]

7. 得勝的，我要賜他在我寶座上與我同坐，就如我得了勝，在我父的寶座上與他同坐一般。[255]

這些承諾可真是神祕又崇高 —— 那位「得勝的」最終將與彌賽亞甚至與全能的上帝一同坐在寶座上，與萬軍之主共用寶座。可是這種念頭連稍稍想一下都會讓人渾身發抖，

[249]《啟示錄》，2:7。
[250]《啟示錄》，2:11。
[251]《啟示錄》，2:17。
[252]《啟示錄》，2:27-28。
[253]《啟示錄》，3:5。
[254]《啟示錄》，3:12。
[255]《啟示錄》，3:21。

讓人從此不敢再有類似的妄想。因為無論我們如何理解全能的上帝，哪怕我們根本無法理解上帝，只是一想到上帝心裡就會產生一種強烈的欣喜與敬畏之感，但是與上帝分享永恆的寶座這種念頭還是會令我們感到恐懼，甚至讓我們驚慌失措。我永遠不能也不應該與全能的上帝平起平坐，更不能與上帝共用寶座。如此告誡我的是我的靈魂。我的靈魂告訴我，假如造物主，也就是那位神祕者，能夠在最後的時刻親吻我以表示接受我，我就會感到莫大的幸福。

耶穌本人都不曾期待自己能夠在寶座上與聖父同坐。報喜的天使向瑪利亞承諾：「他要為大，成為至高者的兒子；神要把大衛的位傳給他。他要做雅各家的王，直到永遠；他的國也沒有窮盡。」[256]

或者耶穌說：「我實在告訴你們，你們這跟從我的人，到復興的時候，人子坐在他榮耀的寶座上，你們也要坐在十二個寶座上，審判以色列十二個支派。」[257] 其實是大衛說出了這樣的話：「耶和華對我主說：你坐在我的右邊，等我使你仇敵做你的腳凳。」[258] 但就算這句話也並沒有讓耶穌坐在聖父的寶座上的意思，就連在大衛的詩歌裡也看不到這樣的含義。保羅在說起基督時，他的原話只是這樣的：「你們

---

[256]《路加福音》，1:32-33。
[257]《馬太福音》，19:28。
[258]《詩篇》，110:1；《使徒行傳》，2:35；《馬可福音》，12:36；《路加福音》，20:41-44。

釘在十字架上的這位耶穌，神已經立祂為主為基督了。」[259]

　　第七個承諾，也就是寫給老底嘉教會的信，意思表達得非常清楚明確。莫法特的譯文是這樣的：「The conqueror I will allow to sit beside me on my throne, as I myself have conquered and sat down beside my Father on his throne.」[260] 這是一個大得驚人的承諾，而且我們一定能感覺到，這是一個違反基督教精神的承諾。這個承諾展現的是異教精神── 一個皈依者可以在皈依儀式上獲得圓滿與榮耀，從而能夠與戴歐尼修斯或者伊西斯同座。但是戴歐尼修斯與伊西斯，以及密特拉與阿提斯，都只是中間層次的神，祂們往來於天堂與塵世之間，祂們本身並不是全能神。至於「與全能神並肩而坐」，這種念頭對於一個凡人來說實在是匪夷所思，甚至十分恐怖。

　　以上所說的這種感覺不應該有一絲一毫的矯情與做作的成分在裡面。所以我們應該再次把心自問，我們是否真的信仰全能的上帝？即便是在今天，這些話是不是也並非裝腔作勢？

　　從靈魂最深處傳來的回答是：全能的上帝的確存在。當

---

[259]《使徒行傳》，2:36。

[260]《啟示錄》，3:21。欽定本《聖經》此處的英語譯文是：「To him that overcometh will I grant to sit with me in my throne, even as I also overcame, and am set down with my Father in his throne.」此處的漢語譯文是：「那征服者，我將允許他在我寶座上與我並肩而坐，就像我成為征服者時，我在天父的寶座上與他並肩而坐。」

然，理性會使我們產生這樣的疑問：唉，在天文學家的宇宙裡，全能的上帝到底在哪裡啊？但是緊接著，理性又會自動給出這樣的回答：宇宙創造了世界，創造了我。宇宙使我擁有思想、意志和靈魂。因此在宇宙中一定有一種存在，能夠創造萬物，能夠創造思想、意志與情感。在宇宙中一定有一種存在，它至少包含了萬物的本質，或者蘊含了萬物的潛能，甚至包含一切已知與未知。宇宙中的這個蘊含了萬物潛能的存在，也蘊藏著產生思想、行動、感覺與意志的能力。這個既令人畏懼又充滿喜悅的力量，我稱之為全能的上帝。每當想起祂，我的心裡就充滿了畏懼，我擔心自己會冒昧唐突。每當想起祂，我的心裡也充滿了喜悅與自由。如果全能的上帝的確存在，那麼萬事皆不足以掛懷。全能的上帝的確是存在的，我滿心歡喜，如釋重負，一切恐懼都煙消雲散。

全能的上帝的確是存在的。那麼下一個問題，也是更加嚴肅的問題，就是我們該如何與之建立生動的連繫？

古代人是如何與神建立連繫的？耶穌的方法固然很好，但我們希望找到一個更加博大的方法，建立一個更加宏偉的連繫。我不想躲在耶穌的懷抱裡得過且過。其實耶穌的懷抱也並不安穩，因為我的靈魂在吶喊，它渴望尋找全能的上帝。我將尋遍所有的道路。

為七個教會做出的七個承諾本應該是解讀《天啟》的線索。但是實際上，若細讀起來，這部書實在令人摸不到頭

腦。我們只能粗略地了解其中的大致含義。從開篇起，這部書就顯然不能按照字面意思來理解。裡面的字句都不只包含表層的意思，全都另有深意，或者這些字句的深處隱藏的多重含義構成了一個複雜的整體。比如，一句話裡有三個或四個含義，就像用同一塊布包裹起好幾個活物。現在我們無法打開這塊布然後讓其中的含義顯露出來，因為拔摩島的約翰把結打得太緊了。但這還只是其一。其二是因為，我們覺得，《天啟》的手稿在公開發表之前曾被改動過，內容已經被打亂了。

不管怎麼說，從翻開第一章起我們就明白了，《天啟》在整部《新約》中非常獨特。事實上，我們很難相信拔摩島的約翰真的曾讀過《福音書》或《使徒書信》。很可能對於教會所認定的耶穌生平他甚至是一無所知的。若以《福音書》的思想觀點為參照，《啟示錄》裡的耶穌十分令人困惑。《福音書》，特別是《第四福音書》，一直在謹慎地強調……

（勞倫斯的這篇手稿到此結束，最後這句話未完，停在了這裡。）

補遺（殘篇）二

在《使徒書信》中，保羅的措辭常常是溫和的，表達了對相隔遙遠的兄弟們的溫情與關心。他勸告兄弟們，最重要的事是彼此相愛，不要爭吵，不要讓心變硬。這個勸告給這世界帶來了新型的人際關係，帶來了新型的愛。可能伊壁鳩魯也曾做過同樣的努力，但是他的思想裡有一種逆來順受的成分，缺少真切的希望。伊壁鳩魯派覺得，諸神對人類世界已是漠不關心。而基督徒們卻認為，上帝對這個世界極為關注，人應該透過愛同伴來表明自己愛上帝。

在耶穌生活的時代，異教徒並不關注身邊的他人。世界上存在著各種各樣的宗教，甚至還有崇拜垂死的神靈的宗教。這些垂死的神靈將復活，並給人類帶來新生。但是在祕教裡，皈依者獲得新生，也就是經歷了再生，從而獲得了自我的榮耀，這一切都只是他自己的私事。他甚至被禁止把這些經歷告訴其他人。這些祕教的主要目的，也就是入教儀式所包含的目的是，讓人像諸神一樣充滿榮耀，就像上帝、伊西斯、歐西里斯、奧菲斯、戴歐尼修斯以及密特拉神一樣。這些祕教使人獲得榮耀，讓皈依者象徵性地體驗死亡，從而讓人不再害怕真正的死亡，而真正的死亡被稱為「第二次死亡」。不僅如此，這些神祕宗教還引導人們體驗凡俗的自我或者充滿欲望的自我死去，然後在新生中獲得更加高貴的自我，從而讓人掙脫出由「錯誤」構成的鎖鏈。但是異教徒從不像我們那樣把「錯誤」稱為「罪惡」。

因此異教徒也是虔誠的，他們的宗教也具有道德性。斯多葛派尤其如此。但是當時人們對「罪」的理解並不明確，而且人們對他人也並不十分在意。基督徒把猶太人對「選民」身分的熱情轉化為對同胞的手足之愛，從而迅速結成了團體或者教會，因此基督徒的愛屬於集體性的愛。為了獲得拯救，每個基督徒的使命就是幫助鄰居獲得拯救。每個靈魂都是寶貴的，所以每個人都應該熱情地幫助他人的靈魂獲得拯救。可異教徒們卻認為並非每一個靈魂都是珍貴的。恰恰相反，他們認為獲得拯救是每個人自己的事情。人還有很多其他責任要完成，比如公民責任、道德責任，但這些責任並不關乎靈魂。

　　基督教與異教的重要差異首先在於這一點：基督教具有強烈的集體感，這是基督教從一開始在早期各個教會中形成的；基督徒具有整體一致性，這種特點是從前的宗教所沒有的；基督徒的集體感獨立於民族、國家以及他們所處的文化背景，甚至對這些充滿敵意。基督教的這種集體情感在一定程度上是猶太人「選民」情結的延伸。猶太人自命為上帝親自守護的選民，基督徒則將這種情感轉接到非猶太人身上。

　　基督教與異教的第二個重要差異在於，基督徒與宇宙是割裂的。基督徒的眼裡只有人的靈魂、基督的愛，以及人類的罪。太陽是無足輕重的，月亮也無關緊要，春種秋收的季節變化被漠然無視。直到中世紀即黑暗時代結束之後，天主

教才把季節變化的節奏重新帶入人類生活中去，並重新確立了帶有異教色彩的偉大節日，比如耶誕節、復活節、仲夏節以及萬聖節。這些節日使一年四季的變化節奏與人類靈魂的變化節奏再次和諧一致起來。可是後來，新教，尤其是清教，把基督教重新帶回到抽象思維的老路上來，只注重人的靈魂與罪，不再關心冬夏的變化，忘記了春分與秋分是多麼神聖的時刻，偉大的節日變成了大吃大喝的日子，人與宇宙的連繫變得比神話傳說還虛無縹緲。

　　但是在耶穌生活的時代，人與宇宙的連繫仍然非常緊密，這種連繫存在於所有古代宗教中，甚至包括猶太教。耶穌來自加利利而不是裘蒂亞 [261]。加利利是一個較為開放的地區，那裡有許多民族混居在一起，能夠接納多種文化。加利利不同於耶路撒冷和裘蒂亞，那裡沒有封閉而強烈的狂熱情緒，沒有那種壓抑沉鬱的猶太氛圍。也就是說，耶穌來自一個精神上十分自由的國度，甚至可能是一個民風淳樸的國度。農民與工匠可能大多都是猶太人，他們說的可能是亞蘭語。這些人可能與歐洲的猶太人一樣，都以猶太會堂為中心。但是加利利的大多數高級工匠、店鋪老闆以及有產者階層都講希臘語，從人種上看，他們大多是希臘人或者亞洲人以及埃及人，甚至幾乎可能是任何一個民族的人。他們在加利利湖邊有避暑別墅，就像現在的富人在義大利的各個湖邊擁有別墅一樣。很明顯，他們與

---

[261] 古代巴勒斯坦南部的一個地名。

周圍的人相處得非常和睦。現在人們甚至覺得，當時加利利的那些富人一定是態度和藹而友好的人，就像現在住在科摩湖邊避暑別墅裡的英國房主或美國房主對待義大利當地農民與漁夫的態度也是非常和藹而友好的一樣。在加利利，耶穌的成長環境非常和睦融洽。我們在《福音書》中能夠感受到這一點。但是當他來到裘蒂亞，與裘蒂亞的猶太人相處時，我們感覺到一種變化。在與加利利的異族鄰居相處的過程中，他從小養成了信任他人的美好性情，但是當他後來置身於耶路撒冷的猶太同伴中時，這個美好的性情卻讓他身陷險境。在加利利，富有的希臘異教徒可能信奉伊壁鳩魯思想，風度溫文爾雅，對待等級較低的人和藹寬厚，而這種溫和友善的民風對基督教的形成產生了重要作用。因為真正能夠促生新事物的，不是語言而是情感。耶穌可能對伊壁鳩魯的學說一無所知，但他肯定深受古希臘伊壁鳩魯派思想氛圍的影響，因為祂感受到了人與人之間溫和而包容的情感，也感受到了有著舊式的教養或古老的文化底蘊的人們所表現出來的敦厚仁愛的特質。當然，在這裡真正發揮作用的是古老的文化，而不是舊式的教養。人們不禁覺得，耶穌繼承了這種謙遜敦厚的品格，而這種品格正是古老的文化在經過了歷史沉澱之後所呈現出的典型特徵。但耶穌是一位勞動階級出身的信奉宗教的猶太青年，宗教激情把祂的敦厚燒成了灰燼，溫和的性情被點燃了，化作了「愛」。

在耶穌生活的年代裡，整個希臘世界千瘡百孔。有太多

的麻煩要去應付，有頻繁的戰爭，還有無盡的天災人禍。那時，人的心靈不再淳樸渾厚。每一種文化，只要當時尚未消亡，每一種宗教，只要尚存於世，無論是希臘的還是埃及的，迦勒底的還是波斯的，或是羅馬的，甚至印度的，其蘊涵的意識狀態都統統融入到了希臘語世界中去。希臘人熟悉當時的一切宗教，就像我們現代人一樣。他們熟悉當時的所有宗教信仰與哲學思想，也了解當時的所有問題以及解決辦法。對他們來說，這實在太沉重了。他們懂得的太多，他們所懂得的東西使他們麻木了，耗盡了他們的精力。耶穌可能不太精通希臘語，但稍稍懂一些。我們猜想他的母語可能是亞蘭語，因為這種語言當時在近東地區非常普遍。猶太會堂的影響以及他身上所具有的猶太民族性使他遠離了異族的諸神。但他一定非常熟悉那些異教神廟，比如供奉伊西斯的神廟，以及供奉密特拉神或巴克斯神的神廟。在他眼裡，這些神廟一定是一道風景。就像當異教徒用鮮花與祭品舉行露天祭神儀式時，他也一定曾經遠遠地欣賞過。異教徒的各種宗教活動，耶穌一定全都目睹過，而且非常熟悉，也並不反感。我們實在感覺不到他對這樣的情景懷有絲毫的仇恨心理。而且我們覺得，他肯定認為這樣的情景非常美好。他是一個鄉下孩子，不是在狹隘的城市氛圍下長大的。在鄉村，只要是存在著的事物就會被人們很自然地接受。很可能加利利鄉村裡的異教小神廟曾讓他覺得十分美好，所以當他看到

耶路撒冷的大神殿竟然成了商販們做買賣的地方時，他感到極其痛心且非常憎惡。[262]

加利利有很多神廟，異教氛圍無處不在。耶穌怎麼可能對此視而不見！只有愚蠢而麻木的人才會對人人都感知到的事物毫無察覺。耶穌可能對於密特拉、伊西斯以及奧菲斯的祕教並沒有非常確切的了解。但是他的身邊有很多人都在參加這些宗教儀式，他怎麼會對此毫不注意？又怎麼會對這些宗教儀式的重要性一無所知？耶穌的天賦是極其優秀的，他的感知力非常敏銳。有誰能說，對於戴歐尼修斯、奧菲斯的祕教或者密特拉與伊西斯的祕教，耶穌竟然是渾然不知的？供奉這些神靈的神廟當時一定就矗立在加利利的海邊。只有傻子才會對所有人都矚目的事情毫不在意。如果我在大街上看到了天主教的慶祝隊伍，我能無動於衷嗎？我能不去問問這些人在做什麼嗎？

同樣，耶穌一定也對異教中的祕教有所了解，因為祕教氛圍就像空氣一樣，在他身邊無處不在。他就住在異教地區，所以他也一定對古代天文理論以及古代宗教符號有所了解。早在巴比倫時代初期，古老的迦勒底[263]人就開始觀察星辰的運行規律，而猶太人則從一開始就常常與他們一起觀察星辰。儘管抄寫經書的人總是把有關星辰的內容刪掉，但是

---

[262] 《約翰福音》，2:13-25。
[263] 西元前七世紀至前六世紀的巴比倫王國也被稱為迦勒底王國，是由迦勒底人建立的。

星辰早已扎根在猶太人的內心深處。倘若一個民族一直深切關注某件事，那麼誰也無法把這件事從這個民族的心靈中徹底抹除掉。就算把一些主要的星星變成大天使，可是你仍舊無法真正擺脫對星星的關注。

星星距離我們非常遙遠，它們散落在廣闊無垠的太空裡。相對於廣闊的太空而言，星星實在非常孤單寂寥。但這是我們用科學的方式、以客觀的角度觀察到的。我們初次觀察星星時所使用的角度卻是純粹主觀的。

我認為，在我們所了解的歷史範圍裡，人類意識的發展過程經歷了至少三個重要階段，每個階段都形成了獨特的文化。首先是非常久遠的集體意識階段，那時人類憑著本能共同思考、共同感受，就像鳥群或者狼群一樣。他們沒有獨立的思想也沒有獨立的情感，他們的思想與情感都是部落共有的，每一個思想與情感都能夠被群體同時感知到，這些思想與情感的頂點與核心就是首領。

這種共同的情感是非常深邃的，且具有宗教性。在最高層面上，這就是純粹的宗教性情感。在這裡，所謂「宗教性」就是指一種與萬物相連的感覺。在這種情感的最深處，早期的這種共同意識使人類感知到宇宙，感知到自己與廣闊、深邃且令人畏懼的宇宙之間存在著緊密的連繫，感知到宇宙與萬物生靈渾然一體。在原始部落時期，人與宇宙之間毫無屏障，人與宇宙進行直接的交流，人的意識融於

集體的意識，然後集體的意識融入宇宙深處。在宗教儀式裡，在與天地直接交流的盛大儀式裡，人們從宇宙中獲得生命力、活力、勇氣以及力量，即「pouvoir」、「macht」、與「might」[264]。部落或者民族集中展現在一個人身上，那就是首領，他是在集體中處於最高位置的人物。這個處於最高位置的人物能夠感應到宇宙的最深處，即太陽的核心，然後把宇宙的生命力傳遞給族人，這些族人儘管本來就很強壯但仍充滿渴望。

這是史前人類的狀態，或者說是剛剛進入文明初期階段的人類的狀態。這是古墓文明與金字塔文明階段。金字塔的形狀象徵著人數龐大的集體最終在位於頂端的首領或英雄身上得以完美展現。這是純宗教性的文化，因為其中的一切都是宗教性的，每個行為都與廣闊的宇宙相連。然而此時人們的頭腦中並沒有神靈的概念。在這個時期，人，也就是部落或集體的成員，直接與宇宙交流，尚不需要神靈。

後來人類感覺到自己與宇宙之間出現了斷裂，發覺自己孤獨且不完整，是殘缺的。於是人開始需要神靈，這就是所謂的「墮落」。人墮落到知識中，或者說是墮落到自我意識中，自此陷入悲劇與「罪惡」之中。人的性別就意味著人的不完整。陽物就是一個端點，人正是在這個端點上與萬物分

---

[264] 這三個詞分別是法語詞、德語詞與英語詞，意思相同，都是「力量、能力、權力」的意思。

離，但也正是在這個端點上人可以與萬物再次交融。人的性意識，其實就是對自身孤獨而殘缺狀態的感知，因而性意識總是與人的羞恥感和犯罪感相伴相生。

人的意識是如何與宇宙分離的，我們不得而知。但是我們知道這意味著知識的出現。因為人對知識的追求就是主觀與客觀相分離的結果。我們也知道，這其實是一種悲劇。我們還知道，這也可以被稱為「罪」，因為這是一種「墮落」，人從此便脫離了渾然和諧的狀態。

我們還知道，正是因為這種分裂，人類心靈開始需要神靈。在人與宇宙之間必須存在一個媒介，否則人就徹底失去了宇宙。在人與宇宙之間必須有一種「意識」充當媒介，它必須能夠理解它所連接的兩端，既能夠理解偉大的、充滿創造力的且深奧莫測的宇宙，又能夠理解人類的靈魂。總之，宇宙中必須存在一個偉人，或者一個靈魂，或者「神」。

接下來人類就進入了諸神共存的偉大歷史時期，造物主烏拉諾斯被新的統治者克洛諾斯推翻，後來克洛諾斯又被雷電之神宙斯推翻。宙斯就是天父，他能夠與他的孩子們講話[265]。最後，戴歐尼修斯極有可能成為宙斯的顛覆者，或者說他終將取代宙斯，耶穌取代了天父的一半，而聖靈則取代了全能神。

這就是人類一再「墮落」、逐漸陷入「自我意識」的過

---

[265] 宙斯能夠與孩子們講話，意思就是宙斯能夠發揮連繫天與人的作用。

程。由造物主到統治者,再由統治者到天父,繼而由天父到聖子,最後聖子與聖靈也消失了,只剩下思想,再次回到無神的狀態。最後一個階段似乎與第一個階段是相同的,因為都是無神的。但是在最後這個階段中,人並不與生機勃勃的宇宙進行直接的交流,只有赤裸而無依託的思想迷失在一個同樣赤裸而無依託的宇宙中,進入一種奇怪的涅槃狀態。這就是科學、現代物理學以及現代物理學家的最終狀態。若要真正「理解」物理學中的終極理論,人必須獲得一種神祕的體驗,類似於聖人們的迷狂狀態,或者類似於涅槃的狀態,要麼像婆羅門的聖者一樣抵達「定」的狀態,要麼像奧菲斯教中的皈依者一樣進入迷狂的狀態。

這就是人類的三種狀態,即宇宙宗教狀態、神靈宗教狀態,以及哲學科學狀態。耶穌代表著神靈宗教階段的尾聲。目前,我們現代人正處於哲學狀態的末期。下一個狀態會是什麼?我們不知道。

現在世界上仍有一些原始部落,這些部落裡依稀殘存著偉大的宇宙宗教時代的人性。過去發現的一些洞穴人也是一樣,也是偉大宇宙宗教時代的零星殘存,由於遭遇地質災難而遠離了人類主流社會。但他們都不代表人類的初始狀態,僅是人類偉大時代留下的尾聲。

同樣的,耶穌時代的諸多異教也不過就是宙斯時代或天父時代的宗教殘留下來的退化了的形式,發出從遠古時代傳

來的神祕迴響，即對造物主甚至對宇宙的直接信仰。

我相信，當人初次「墮入」知識或者自我意識中時，他做的第一件事就是躺下來凝視星空，於是他感到自己重新恢復了古老的狀態，又與強大而充滿生機的宇宙融為一體了。但可悲的是，這種感覺稍縱即逝，他從此以後注定只能以客觀的態度觀察星空了。

所以我相信最古老的宗教一定是以星辰崇拜為核心的。我相信最古老的史前文明，比如幼發拉底河流域、尼羅河流域以及印度河流域的所謂大河文明，其實最初都是「星辰文明」，這些文明的形成與天文學意義上的宇宙密切相關。

人類對星辰的信仰從來沒有徹底消失。這種信仰比對神靈的信仰更加持久，甚至直到今天仍然存在著。在耶穌生活的時代，星辰崇拜極大地衰落了，甚至和占星術與巫術混為一談。但那仍舊是星辰崇拜，天空仍舊是令人敬畏且令人讚嘆的，行星仍然是強而有力的統治者。

耶穌對於星辰崇拜一無所知嗎？這根本不可能。對於一個想像力豐富且性情活潑的人來說，這絕對不可能。猶太人曾經兩次遷移到巴比倫。他們對迦勒底人的天文理論極為熟悉。大約西元前四百年，猶太祭司、抄經人以及律師們，已經確立了摩西五經中摩西律法，所以肯定會竭盡所能地掩蓋經文中包含的天文理論。後來的抄經人在整理後半部分經書時，也就是整理從《以賽亞書》與《以西結書》到《但以

理書》這部分經書時，肯定會更加嚴格地掩蓋天文理論。但是即便如此，經文中仍保留了大量天文理論，這足以讓我們感受到古代巴比倫的文明狀態，那個時期遠遠早於伯沙撒[266]統治時代。《以西結書》裡提到的巨輪無疑就是阿那克西曼德的巨輪。儘管《以西結書》裡的巨輪明顯經過反覆的加工修改，但毫無疑問那就是阿那克西曼德的巨輪。阿那克西曼德是一位希臘人，生活在伊奧尼亞，大約出生在西元前 600 年之前。他是人類歷史上早期的思想家之一，他的思想促進了科學的形成，他的天空巨輪之說氣勢恢宏，就連現代人也對之深深著迷。以西結在剛剛成為先知的時候看到了全能神的異象，於是以西結以及《以西結書》的整理者們就把阿納克西曼德的巨輪與全能神的異象混合在一起。

現在人們認為那些巨輪是阿那克西曼德想像出來的，但是實際上應該是迦勒底人即巴比倫人想像出來的。他們已經在璀璨的星空下生活了數千年，而伊奧尼亞的繁榮時期不過是短短的幾十年。現代人認定科學起源於古希臘，不願意繼續往前追溯哪怕一步。我認為，在伊奧尼亞人開始磕磕巴巴地學說希臘語之前，迦勒底人已經傳授給伊奧尼亞人大量的思想與知識。我們為什麼要害怕面對比古希臘更早的偉大的古代世界？隨著時間的流逝，那個偉大的時代距離我們越來越遙遠，幾乎被遺忘在歷史的最深處。

---

[266] 巴比倫最後一位國王。

　　猶太人一直都掌握著深厚的天文知識，其中很多都是從異教那裡學來的。耶路撒冷神廟裡頭腦簡單的正統派祭司確立了律法，然後粗暴地壓制星辰崇拜與異教神靈。但是在此後的千百年裡，猶太人的思想與夢想仍然超出了摩西律法的限制。

　　耶穌就是這樣一個夢想者。而早期的基督教教父們則是非常嚴厲的壓制者。使徒保羅與約翰早就意識到基督教必須形成自己的信仰體系──畢竟他們是猶太人。他們都接受過異教文化的教育，所以他們深諳壓制異教思想的方法。保羅不僅是猶太人，他來自一座信奉斯多葛派思想的城市，因此在很大程度上他還是斯多葛主義者，也就是古代的清教徒。使徒約翰撰寫的書信讓人感覺他彷彿是一個受盡磨難的異教徒，這真的令人難以理解。很顯然，約翰與保羅都熟悉奧菲斯祕教，至少懂得很多這方面的事情。他們倆憑著本能意識到，在這個新創立的宗教中應該去除掉哪些東西──首先應該去除掉的就是天文理論，因為此時的天文理論已經變成了問卜算卦的迷信思想，根本毫無價值；其次就是「血禮」，因為這種儀式已經與魔法混為一談；再其次就是對個體的神化，即人在皈依儀式中獲得的榮耀；接下來就是對「力量」的崇拜，異教徒認為皈依者會獲得各種力量；然後就是對幻象與預言的崇拜，這些很可能會破壞人與人之間的兄弟情誼；最後就是異教的整個象徵符號體系，因為異教的象徵符號體

系會使人們回到異教信仰的老路上去。

　　從使徒們開始，早期的教父們都傾向於壓制這些東西。透過長期努力，西元二世紀時，基督教已經基本清除掉邪惡的異教與星辰崇拜，可就在最後一個環節上教父們竟然沒有將其趕盡殺絕，這個古老的惡魔赫然出現在《聖經》的最後一部分，也就是《天啟》裡。隨後基督教的大門就徹底關閉了，針對異教星辰崇拜的清洗運動從此大規模地開展起來。基督徒們竭力銷毀所有的異教思想殘餘，這種做法甚至一直持續到今天。五十年前，在信奉天主教的偏遠村莊裡，或者在信奉清教的村莊裡，只要是讓人感覺不對勁的書或手稿，都會被上交給教區神父或牧師。這位神父或牧師若是也從中嗅到非基督教的氣味，就會立刻將其付之一炬。這種焚書行為竟然持續了一千九百年！異教文化幾乎被燒得乾乾淨淨。現在我們只能透過殘留的一點點蛛絲馬跡來感受偉大的古代世界。

　　就連《天啟》也差點失傳。在安條克[267]、拜占庭以及亞歷山大，東方教父們曾經做過艱苦卓絕的鬥爭，希望能夠把《啟示錄》從《聖經》中去除掉。他們當然想要這麼做！因為他們非常清楚，在那些古老的國度裡，這部《啟示錄》的真實含義究竟是什麼。然而義大利與非洲的拉丁教父們卻更加強硬，他們一定要把《啟示錄》收錄在《聖經》裡。這

---

[267] 古敘利亞首都。

首先是因為當時人們以為該書的作者是偉大的使徒約翰，其次是因為這部書有利於打擊羅馬帝國。在這部書裡，巴比倫其實指的就是羅馬帝國。後來，這部書又成為打擊羅馬教會的重錘，而且人們終於知道了拔摩島的約翰根本不是使徒約翰，而是另有其人。

一共有三位約翰：施洗約翰，他有一套奇怪的教義，甚至在耶穌升天後，他仍舊信奉這套教義；然後就是使徒約翰，他寫了《第四福音書》和一部分《使徒書信》；最後就是拔摩島的約翰，被稱為聖人。[268]

人們認為，拔摩島的約翰在島上寫《啟示錄》時已經是一位老人。在他之前，早已有很多猶太天啟流傳於世，就連《但以理書》的末尾其實也是天啟。所謂天啟就是來自塵世之外的啟示。實際上，天啟就是通往天國的路。約翰所寫的《啟示錄》顯然就是這類書。

這部書使用的是希臘語，但讀起來非常奇特，不符合語法規範，晦澀難懂。現代釋經者認為，拔摩島的約翰與耶穌一樣，也是加利利人；他晚年來到以弗所，後來因宗教觀點上的分歧惹怒了以弗所的羅馬政府，於是被流放到拔摩島若干年，但最終回到了以弗所；根據傳統觀點，他在以弗所得享高壽。

---

[268] 基督教的傳統觀點是，《啟示錄》的作者就是使徒約翰，他曾在晚年被流放到拔摩島。但是一些現代學者認為《啟示錄》的作者是拔摩島的約翰，與使徒約翰並非同一人。這兩種觀點至今並存。

但是似乎沒有什麼依據可以斷定約翰來自加利利，或者斷定，他是個不通文墨的鄉巴佬，到了晚年時才從鄉下來到希臘的城市。其實，《啟示錄》的作者絕不是頭腦簡單的鄉野村夫。他是一個極典型的猶太人。而且他肯定還是個住在城市裡的猶太人，一生中的大部分時間裡都在閱讀「宗教」並且討論宗教。他肯定也是一位遠離故土的猶太人，這類猶太人保留著極為鮮明的民族特徵，但同時又對異教有著濃厚的興趣。他是新派的猶太人，對祕教以及充滿象徵意味的祕教儀式非常著迷。而且在間接影響下，他還很可能對當時以弗所各類異教中的巫術也非常著迷。直到現在，我們都能感受到他散發出的巫師氣質，他的思維方式一定程度上可能就是巫師的思維方式。

有一件事是確定無疑的，那就是他缺少真正的基督徒精神。「在基督中愛同伴」的新精神，他幾乎一點也沒有。可這種精神卻是藉以理解另一位約翰即使徒約翰的關鍵所在，也是理解聖保羅的關鍵所在。拔摩島的約翰並不是耶穌那樣的「先知」。他是一位「預見者」，此前從未有過這樣的人。這類預見者能夠看到可怕的神祕幻象，其預言方式屬於巫術的方式與神祕學的方式。

人們依據書裡的線索認定《天啟》這部書完成於西元96 年，但實際上很可能早於這個時間。從這部書的整體思路與精神實質上來推斷，也可以確定這部書的成書時間的確應

該比這早很多，儘管這並不是確認成書時間的準確依據。把這部書反覆讀上幾遍，就會不由得生出這樣的感覺，這部書根本不符合基督教精神。這意味著，這部書的作者對《福音書》與《使徒書信》並不了解，甚至對那幾位使徒也所知甚少。耶穌只是作為一個名字被放在了書裡，以取代舊先知的名字彌賽亞。但這顯然仍是一部彌賽亞式的書。彌賽亞是猶太人想像出來的半巫術性質的神祕人物，被視為可怕的具有巫術能力的幽靈，能夠把世界搞得天翻地覆。這位彌賽亞從來都不是那位「溫文爾雅的耶穌」。這樣的耶穌在他身上連一點影子都看不到。書裡反覆出現關於「人子」的可怕幻象，而這位人子總是一副幽靈般可怕而詭異的樣子，與全能神的形象非常一致，也與異教的時間之靈、造物主以及主宰者的形象非常相似，卻與《福音書》裡的耶穌卻毫無關係，也與將要拯救世界的「羔羊」毫無關係。這部書裡的「羔羊」非常神祕莫測，呈現出猶太教與異教的混合特點。如果我們必須接受這樣的「羔羊」，那可就頗具諷刺意味了。

當然，釋經者們推定的成書時間，即廣為人們接受的西元 96 年，也有可能是正確的。但還有另外一種可能性是，書裡提到神殿被毀指的是猶太聖殿第二次被毀，即希律·安提帕斯 [269] 的那次，而不是第三次被毀，即提圖斯 [270] 的那次。

---

[269] 即《新約》裡常常提到的希律王。
[270] 古羅馬的一位皇帝。

這樣的話，《天啟》的成書時間應該早於西元 96 年，大概是西元 50 年，早於《福音書》與《使徒書信》的成書時間。或許，使徒們在寫《福音書》之前就知道《天啟》這部書。如果他們真的早就了解這部書的話，那麼他們肯定會下定決心不惜任何代價，絕不讓基督教朝著《天啟》的方向發展。

我們務必要相信，使徒聖約翰與聖保羅都深受希臘文化的薰陶，不僅具有敏銳的本能，可以覺察到在當下流行的宗教思想中哪些是必須杜絕而不能任其進入基督教的，而且還具有相當深厚的哲學素養，能夠準確地判斷出哪些思想具有潛在的危險。他們從小就生活在各種宗教思想既衝突又融合的環境中，身邊到處是形形色色半巫術性質的宗教信仰。但是他們的靈魂渴望呼吸到更為新鮮的空氣，所以他們堅決反對巫術性質與祕教性質的信仰。當然，聖約翰的確記錄了耶穌的一些神跡，但這些神跡毫無巫術的性質。這些神跡的真實目的是想告訴人們，僅憑信仰人就可以安然無恙。約翰甚至還記錄了迦拿的婚筵上耶穌把水變成酒的故事 [271]，這個故事明顯包含著奧菲斯祕教的意味。但是毫無疑問，約翰的目的是從一開始就明確告訴人們耶穌具有施行神跡的能力，而這種能力是神性的一部分，然後由此得出一條新的教義，也就是耶穌所說的 —— 我從不在暗中教導世人，我從來都是光明正大地講話。

---

[271]《約翰福音》，2:1-11。

除了這幾處有關耶穌實施神跡的紀錄之外，在《新約》中再也找不出任何巫術、幻術、起死回生以及星相之類的內容了。其中的原因一定是接受過斯多葛教育的聖保羅格外堅決地抵制這類東西。我們不禁覺得，在《福音書》被不斷修改的過程中，散亂地遺留在其中的異教成分都被基督教導師們逐漸清除乾淨了，而這些導師們非常清楚這一舉措的重要意義。

我們還覺得，《天啟》也曾被基督教清理過，只不過清理的效果差多了。聖保羅肯定抵制過這部書。但是這部書對於底層信徒具有巨大的吸引力。不僅如此，甚至直到今天這部書仍能夠滿足人們低層次的宗教想像，因為這部書的內容幾近於巫術。早期的基督徒們對這部書真的是割捨不下。所以真實的情況可能是這樣的，諸多釋經者一直抱怨的那位所謂不知名的「編輯者」，其實不只是一位，《天啟》的手稿在漫長的歲月裡一直被不停地刪改，一點一點地刪改，目的就要去除掉那些刺目的異教色彩，以更加鮮明的基督教特點代替。寫給七教會的七封信一定也經歷了這樣的刪刪改改，所以現在讀起來這麼空洞乏味。信中提到的七個福報可能多多少少保留了原來的內容，因為這些福報的意思是用「靈」壓制人的七個本性之後得到的福報。但即便如此，這些福報的內容仍然是含混晦澀的。《天啟》中有很多地方令人感覺含混不清。毫無疑問，這是因為在大約西元 150 年之前歷代

基督教抄經者們以及宗教導師們有意弄成這樣的。他們的目的很明確，就是要掩蓋書裡的異教痕跡。教父們最終選定了一部手稿作為權威版本。其原因在於，在這部手稿裡，原書的基本結構已經被徹底破壞，毫無修復的可能。既然原書的基本結構已經蕩然無存，那麼原書的本來面目也就毫無復原的可能了。

但是《天啟》中仍有幾處似乎是未經改動的。我個人覺得從拔摩島的約翰手中傳下來的《天啟》可能是完整的。但後來人們硬是往這部書裡添加了很多內容，又篡改了很多內容，以使這部書符合基督教教義。被破壞得最嚴重的是這部書的開頭與結尾部分，中間部分的情況相對好一些。

但即便如此，熟悉古代宗教符號的人仍會敏銳地發覺，這是一部隱含著無限深意的書，在文字之下隱藏著一個關於人類獲得新生的神祕「計畫」。或者說，這部書所描述的其實是異教皈依者進入生命更高形式的過程。在這個過程中，人必須經歷神祕的死亡，必須在冥世走上一遭，然後皈依者的「靈」走出冥世，進入更高層次的光明世界中，或者說是來到光明的天堂；接下來就是肉體的重生（可能是以嬰兒的形式），然後是靈魂融入救世主從而獲得重生；最後一步就是，新生的肉體與新生的靈魂，在諸神永遠不滅的榮耀中，或者說是在天堂中，重新結合。

正統派的釋經者有一套非常巧妙的方法來解釋《啟示

錄》的基本內容。他們把這部書視為「預言」，效仿的是《但以理書》最後幾章隱含的歷史預言模式。他們認為，《天啟》主要是在預言基督教將要發生的事情。首先，書裡提到了早期教會受到羅馬帝國的迫害。這種迫害愈演愈烈，直到最後，殉教者們全部犧牲，基督教被徹底摧毀。根據預言所說，摧毀基督教的有可能是羅馬人。如果你是現代新教徒，你會認為，在兩千年後的今天，摧毀基督教的應該是由金錢、商業以及享樂所構成的新「巴比倫」。在殉教者全部犧牲之後，基督就會再次降臨，毀滅整個世界，毀滅國王、皇帝以及世上的一切。然後世界進入千禧年，聖人與殉教者將全部復活，並登上寶座，統治世界。到那時，不再有皇帝與君主，只有聖人才是世界的統治者。在聖人的統治下，世上將不再有商業，也不再有苦難。聖人將統治世界一千年，然後一切都將毀滅。整個世界都不復存在。亡者的靈魂將被召出天堂、塵世以及地獄，接受審判。這就是「最後的審判」，惡人將被判處第二次死亡。但義人卻將免於第二次死亡，他們將升入用珠寶建起來的新耶路撒冷。

這是人們所能得到的最好的解釋，既照顧了教會的觀點，又不與書裡的字面意思相衝突。但是這部書的開頭與結尾卻實在太混亂了。而且教會的解釋讓這部書的中間部分顯得毫無意義。

我們必須承認，在拔摩島的約翰的思想裡，「教會」這

個概念是根深蒂固的。在他的頭腦中，「基督徒」是一個整體。他是道地的猶太人，「選民」的觀念與生俱來。因此，他根本無法擺脫集體觀念。但同時他還有另一個更為根深蒂固的觀念，即個體的肉體與「靈」也可以獲得救贖並實現新生。《天啟》這部書其實更偏重於個人而不是教會整體。作為個體，信徒必須經歷神祕的死亡。這個死亡過程不是在瞬間完成的，而是分為七個階段。相應的，人有七個屬性，人生有七重境界，人的意識有七個動力中心。這些意識中心，自下而上，依次被位於上層的意識或精神征服。這個過程有點像「苦路」上的七個階段[272]。人征服自己的本性，需要經歷七個階段，也就是經歷七個程度上的征服。

　　自然人的被征服過程恰好與其成長過程相反。人在成長過程中要經歷很多個階段，從嬰兒到兒童，從兒童到少年，從少年到成人，從成人到丈夫，從丈夫到父親，從父親或一家之主到最後成為家族中的長者或者國家的棟梁。這只是一個相對粗淺的例子，可以用來說明人在成長過程中需要經歷的七個階段，以及人的意識所具有的七個層面。

　　但是，當人開始努力征服自我時，他就開始經歷逆向的生命過程與成長過程，而這種偉大的自我征服包含著神祕的

---

[272] 原文是「seven stages of the Cross」，指的是耶穌身背十字架前往加爾瓦略山途中的事蹟。現代基督教中有「苦路十四處」的說法，即在這條苦難歷程中有十四處事蹟。但是最早只有「苦路七處」的說法，分別為：1. 耶穌接受十字架；2. 耶穌第一次跌倒；3. 耶穌途中遇母親；4. 聖女為耶穌拭面；5. 耶穌第二次跌倒；6. 耶穌被釘在十字架上；7. 耶穌葬於墳墓。

死亡體驗。也就是說，他的自我征服過程與太陽的運行方向相逆。在第一次自我征服中，他的自我是長者、首領，或者世俗中的權威；第二次，他的自我是父親或者一家之主；然後就是丈夫或者以性別為突出特徵的身分；接下來是少年，有著少年人的好奇心與自私心理；接下來的自我就是孩子，此時他篤定而自信；他最後一個自我是嬰兒，或者說是一個具有生理機能的生物體。人逆著成長的方向，一步步地征服自己的本性，在每一個階段中都經歷一次死亡。在第七階段或第六階段，他將經歷最後一次死亡。這次死亡之後將會獲得某種自由，作為這一過程的見證者的真我就會呈現，然後人會經歷一次重生，肉體與靈將再次結合。

古代心理學認為，人的確具有雙重屬性，既有魂也有靈，有女性趨向也有男性趨向，有血也有「水」。而肉體則是血與「水」、女性趨向與男性趨向以及魂與靈結合之後形成的第三重屬性。所以，魂與靈一旦分離，肉體就會消失。在人的「三位一體」中，肉體才是「聖靈」，肉體意味著另外兩者的結合，即血與「水」、「溼」與「乾」以及魂與靈的結合。

因此一個完整的「祕儀」必然包含雙重的死亡，即魂的死亡與靈的死亡。但是古人認為魂就是血液，所以我們現代人傾向於這樣說，死亡是指靈與肉的雙重死亡，而復活也是指靈與肉的雙重復活。但實際上，死亡是指魂與靈的死亡，

在死亡的最深處，肉體（或者說世界）就消解了；而復活則指的是魂與靈的復活，當此二者再次升起並再次融合的時候，一具新的肉體就附著在二者之上出現了，這具新肉體就是新耶路撒冷。一個鮮為人知的奧祕就是，所謂新耶路撒冷其實就是人獲得新生之後所擁有的新肉體，也可以說就是基督教的新教會，即耶穌的新娘[273] 所獲得的新肉體。

這一切可能在現代人看來都是荒誕不經的胡謅八扯。但是這種說法展現了人真實而急切的渴望 —— 人渴望了解自己神祕而複雜的本性。我必須坦白地說，在我看來，這種說法比所謂的「心理學」更能使人理解自己的本性，而且具有更豐富的啟示性。當然，我的這個話說得有點草率而粗略，其實我的意思並不是說古人的這種說法本身有多麼正確，而是說，從深層的本質上來看，這種說法是古代異教在試圖表達心理學觀點時採用的象徵手法。如果我們認真地理解古人的這種說法中所包含的心理學觀點，而且如果我們的認知也具有異教的深度與廣度，即用象徵的方式來理解萬物，我們就會立刻明白，現代人對於人自身的理解是多麼狹隘且毫無價值。從理解能力與情感方面來說，比起古代異教徒，我們真的是太渺小也太愚蠢了。我們僅僅是在智力上優越於古人，但是從生理、情感以及生命力上來講，我們則比聖約翰時代

---

[273] 在《新約》中，基督教教會常常被用「新娘」來指代，而耶穌則常常被用「新郎」來指代。

充滿智慧的異教徒渺小而愚蠢得多。

　　另外，如果我們仔細思考古代「科學家」們的觀點，我們就不會因為他們的觀點帶有濃厚的古代宗教色彩而嘲笑他們。泰利斯說：「水是萬物的物質起源。」這樣的觀點讓現代科學家幾乎忍不住嗤之以鼻。但若要弄清楚泰利斯所說的「水」究竟代表什麼，我們就必須仔細研究西元前六世紀異教的宇宙觀。人們認為泰利斯還說過另一句話，即「萬物都包含著神靈」，這個觀點同樣令現代科學家們大為反感。他們認為泰利斯不可能說出這樣的話。但是在西元前七世紀末，一個具有「科學」思維的人完全可能說出這樣的話。這句話能夠引導現代人更加深入地理解泰利斯所說的「神靈」究竟是什麼意思。這樣的深入研究其實是非常有趣的，也非常具有啟發性。阿那克西曼德說，萬物皆形成於對立面之間的矛盾鬥爭，比如燥與潤，冷與溼。「有創造，就一定有二元對立」。無論是在宗教中還是在科學中，這個觀點都似乎是一種最古老也最根深蒂固的觀念。在對立的二元之外，第三個要素就是「無限」，這是世界自身固有的性質，不是後來生成的。阿那克西曼德所說的天空的巨輪，就是被厚重的空氣（或雲）包裹起來的巨大火環。整個世界都是由這樣的二元對立因素構成的，冷與熱，溼與乾。在人的肉體中，這樣的二元對立因素就是血與水，魂與靈。而肉體則是二元對立之外的協力廠商，來自於「無限」。色諾芬說：「只要是

經歷生成與成長的事物 [274]，皆由水與土構成。」赫拉克利特說：「萬物皆由火轉化而來。」赫拉克利特還說：「氣盡則火生，火盡則氣生。」

這種「不虔誠的異教二元論」思想後來完完整整地從宗教進入了哲學。其實人類思想中最古老的那一部分全部源於宗教。後來，這些古老的思想在哲學中被分解成碎片，再被逐一闡述，最後科學就誕生了。

人理解宇宙的方式其實有兩種：宗教的方式與科學的方式。宗教的理解方式意味著我們要實實在在地接受自己的感官印象，接受自己的知覺，然後憑藉本能把這些感覺與印象連繫起來，逐漸形成完整的認知。這是一個聯想的過程，在這個過程中，人把散亂的碎片連接起來，思考的方向是追根溯源，回到完整的事物本身。這是詩性的意識，也是宗教性的意識，是一種出自本能的整合行為。「哦，我的愛人就像一朵紅紅的玫瑰」 [275]，這句詩展現的就是一種整合，把愛人與紅玫瑰這兩個意象融合在一起，透過詩性的聯想而使兩者成為和諧的整體。這種做法具有宗教性，這是一種整合與恢復，或者是一種連接。而這種整合應該是一種自發的行為。在宗教中，信仰是明確的，所以人會有意識地把所有感知都整合起來並使之具有最終的指向 —— 神。「主啊，您世世代

---

[274] 意思是，有生有滅的事物，區別於永恆。比如前文提到的「無限」，就是世界自身固有的屬性，不是後來生成的。

[275] 詩人彭斯的著名詩句。

代作我們的居所」[276]。於是，我們把自己，把自己的世世代
代，以及自己的居住之地，都一併融於「主」這個概念。這
固然是詩，但這是一種具有特定含義的宗教詩。所有的詩，
就其情與思的流動過程來說，都具有宗教性，無論其內在思
想觀點如何。我們甚至可以確定地說，任何宗教只有具有了
詩性，才真正具有了宗教性。所謂宗教性，就是指一種整合
過程，讓人的意識回歸「整體」並與「整體」發生連繫。而
詩就其本質來說，就是一種生動的聯想過程，而宗教恰恰也
必須包含這樣一個過程。詩與宗教的唯一區別就在於——宗
教具有一個明確的指向或中心，即神，萬物皆與神相關；而
詩雖然也具有連繫萬物的魔力，卻並沒有明確的指向。當萬
物之間的關係呈現出新的狀態時，萬物間的連接方式也隨之
變化了。

　　而科學卻是一種與宗教和詩歌截然相反的意識模式。這
種鮮明的差異十分怪異。科學意識會本能地對直接獲得的印
象進行割裂式的分析，而這只是第一步。然後邏輯思維就會
介入，進行推理。而宗教卻接受完整的印象，並以此為出發
點，進而聯想到其他的印象。科學首先質疑印象，將之與另
一印象進行對比，使兩者處於對立的關係。

　　黎明時分，我們看到了鮮紅的太陽在地平線上緩緩升
起，漸漸變得明亮起來。宗教與詩會立刻說：太陽像剛剛從

---

[276]《詩篇》，90:1。

房間裡走出來的新婚男子，或者像剛剛出洞的雄獅，或者其他類似的聯想。但是科學精神會說：那個發光的東西究竟是何物？它每天真的都是從山那邊升起來嗎？如果真的如此，那麼它又是如何回到山的那一邊，以便在第二天的黎明時分能夠再次升起？它的運行原理是怎樣的？

於是我們看到了人類的兩種意識模式。每當看到夕陽西下，我就會對自己說：太陽就要離開我們了，它正在注視著我們，向我們告別，它即將抵達世界的邊緣，馬上就要進入另一個世界。這是每個人在凝視落日時必然生出的感覺，哪怕這個人是當世最偉大的科學家。只要人仍是人，人就一定會有這樣的感覺。這是我們對落日的最直接感受。但是為了消除或者「糾正」這種感受，我們就會刻意改變思考方式，然後說：不，不是太陽在下沉，而是地球在圍繞著太陽旋轉，地平線遮住了太陽，其實太陽並沒有移動。於是我們擁有了第二種認知方式來理解落日，並且我們相信只有第二種認知方式才能揭示「真理」。

但是很明顯，真理的存在形式有兩種。對於我們的感官來說，鮮紅的太陽像浸沒在水裡一樣緩緩下沉。這就是「真理」，而且這可能是更加鮮活有力的「真理」，因為這是我們每天的真實感受。另外一方面，我們經過長長的邏輯推導過程得知，太陽落山是地球自轉造成的現象。這是另外一種真理，是解釋性真理。為了得到這第二種真理，我們必須放

棄對落日的感官印象。反過來也是一樣，為了保持對落日的感官印象，我們必須過濾掉其他感官印象，因為那些印象與「太陽像浸沒在水裡一樣緩緩下沉」這種感覺相違背。

真理之所以有兩種模式，是因為我們有兩種意識模式。這世上沒有什麼東西都能夠阻擋我們對落日的感知，沒有什麼東西能阻擋我們透過感知來理解落日。無論怎樣，我們都會有這樣的感覺：夕陽就像浸沒在水裡一樣緩緩下沉。然而，這世上也沒有什麼東西能篡改我們的知識，即透過推導而獲得的知識，所以我們定會認知到太陽根本就沒有下沉，而是自轉的地球遮擋住了太陽。至少我個人認為，這一「事實」是永遠都不會被篡改的。

我們的意識的確具有雙重模式。在觀察落日這件事上，一種意識模式排斥另一種意識模式。當我看到太陽落山時，我所看到的絕不是太陽靜止在那裡而自轉的地球漸漸遮擋住了太陽。我所看到的絕不可能是這樣的。但是當我一旦知道了太陽本身是一動也不動的，是自轉的地球遮擋住了太陽，我就再也「看」不到落日了。我的感知被抽象化了，而且必然被抽象化。如果我的感知沒有被抽象化，我看到的就應該是一輪紅日緩慢地消失在地平線的下方，正在前往另一個世界的天空。這兩種意識模式，真的是水火不容啊。

只要我們認知到意識具有雙重性，異教徒思維方式中的所謂瀆神的雙重性就會出現在我們自己身上。人這種生物天

然就具有兩種意識模式。這既是人的榮耀，也是人的痛苦。這兩種意識模式永遠無法一致起來，我們幾乎被這兩種意識模式撕裂，被拉扯得疲憊不堪。但儘管如此，我們至今仍完整地存在著，兩種意識模式可以在我們身上和諧共存，每一種意識模式都可以完整而獨立地存在。這兩種意識模式根本不必相互對抗。我為什麼不可以對落日同時形成兩種概念或者兩種認知呢？畢竟這兩種認知都是自然而然形成的啊。

　　如果我們能夠採取這樣一種意識模式，即不對現象進行質疑，接受事物帶給我們的直觀印象，我們在對印象與感覺的不斷確認中進行思考，那麼我們就能夠更好地理解異教徒的意識模式。而異教徒的意識模式是一種更為古老的意識模式。在西元前，人類早已有了以質疑為基礎的意識模式。在印度和伊奧尼亞，這種意識模式尤為明顯。但是無論在何時何地，這種意識模式都必須與更為古老的意識模式抗爭。因為在更為古老的意識模式中，當面對活生生的事物或者鮮活的認知時，「質疑」是一種可惡的甚至不虔誠的行為。質疑神靈是不虔誠的行為。這種感覺一直持續到今日，而且還會永遠持續下去，因為人類意識的原始模式，或者說首要模式，就是毫無置疑地肯定，在對直觀形象的不斷肯定中進行思考。就連上個世紀的科學家也「看」到了他們的科學，並建立起許多由形象構成的體系來解答各種科學問題。克耳文

勳爵[277]只有在抓住可感知的形象的情況下才能真正理解一個事物。這個形象，按他的話說，就是一個模型。達爾文在連續的形象中像先知一樣「看」到了他的演化論。他所看到的諸多形象向他呈現出問題的答案，儘管這些形象是從骸骨或化石中重構而成的。就連我們的宇宙觀，比如地球圍著太陽轉，各大行星按照規律運行等等，也是從我們觀察天空時獲得的視覺形象中轉換而來的思維形象。只不過這是經過再加工的圖像而不是最初獲得的直接圖像而已。

但是現在，據說科學，甚至包括物理學在內，都已經超越了具體形象。原子是無形的，其樣貌根本無法想像。因此，在大多數人的頭腦中，至少是在我的頭腦中，原子已經成為一個虛無的概念。在我的頭腦中，現代人所謂的原子就是一種令人絕望的虛無，科學已經不是真實存在的東西。我對科學再也提不起興趣來了。我認為，現在的物理學家已經陷入超級冥想狀態，他們注視著原子，就如同佛教徒參禪入定一般，最終他們也會進入類似涅槃或三摩地[278]的狀態，或者進入神祕的狂喜狀態，就像一個剛剛通靈的異教徒一樣。就在這樣的狀態中，物理學家們與我們分道揚鑣了。

所以說，無論是在不斷肯定直觀印象的意識模式中，還是在不斷質疑直觀感受的意識模式中，我們其實都是從一個

---

[277] 英國物理學家、數學家。
[278] 人所能達到的最高入靜狀態。

形象進入另一個形象。兩種意識模式的唯一區別僅僅在於不同形象之間的轉換方式。人的思想必須棲靠在形象之上。在肯定直觀印象的意識模式中，各種形象不斷累加，形成一種共鳴，就像一群蜜蜂一樣。最終，人的意識達到頂點，在這一群形象中出現了核心，上帝的概念在其中構建完成，在意識中形成最強烈的共鳴，於是意識實現了超越，猛然進入一種覺醒狀態，這種狀態同時又有點類似於一種狂喜，頭腦中一片空白，於是人就抵達了宗教意識中最關鍵的狀態。不僅宗教意識是這樣的，就連一首偉大的詩也會使人在詩所構建的框架內進入一種和諧忘我的至高境界。

但是在對直觀印象不斷質疑的過程中，在哲學思考與科學研究的過程中，甚至即便是在物理學這種極為看重精確性的學科中，人的意識最終也抵達了同樣的或類似的狀態。只要懂得最高境界的宗教意識究竟是一種怎樣的狀態，就一定會明白現代物理學家和數學家 [279] 如今已經合為一體，他們也處於同樣的思維狀態或心靈狀態中，並且甚至可能已經超越了這種狀態，把自己的理論建立在對這種狀態的描述的基礎上。也就是說，他們已經完全脫離具體的形象，令人無法想像其理論所對應的現實世界。人的宗教思維與科學思維最終都排除了事物的具體形象，都是令人難以透過想像來感知

---

[279] 現代物理與經典物理所包含的思維方式完全不同。經典物理，是可感知的物理學，即包含具體的物體形象以及對於速度、溫度、重量的感知。但是現代物理，是不可感知的物理學，完全依靠數學公式的推導。

的，只能用一種特殊的方法來轉述。而現代物理學的目的就是把這樣的狀態用科學的語言講述出來。

這兩種意識模式的最終結果是一樣的，要麼抵達一種絕對的明確狀態，要麼就抵達一種絕對的虛無狀態。但是此二者所採用的途徑是不同的。一個是採用聯想與整合的方式，另一個是採用對比與區分的方式。精神的、理性的以及思維的意識方式都以對比為基本途徑。聖子的存在本身就是對聖父的質疑，是作為對立面而增加的角色。

所有問題的關鍵就在於，我們本不必在這兩種意識模式之間爭論出個高低對錯，但事實上我們一直在為此而爭執不休。而且很可能這種爭執會永遠持續下去，因為人的本性就是喜歡爭論是非對錯。其實，這種爭執真的是毫無必要。

所以讓我們乾脆遠離質疑，盡力恢復古老的思維方式，對現象與感知不斷進行肯定。我們會發現，我們的思維將在各種具體形象之間展開，從一個具體形象進入另一個具體形象，再也沒有邏輯加工的過程，而是憑藉抽象能力從一個形象切換到另一個形象，即一種在不同形象之間進行感性聯想的過程。

補遺三　天啟（二）

　　《詩篇》的開頭大約是這樣的：啊，為什麼要如此對抗神呢？[280] 這短短的一句話可能表達出了全部思想。但是這樣一句話卻也可能過濾掉了幾乎全部情感因素。我們現在就是這樣的處境。

　　那是在遙遠的古代 —— 當然，也並不是距今非常遙遠的古代 —— 那時的語言是我們現代人幾乎根本無法理解的，即便被翻譯成了現代語言也是晦澀難懂的。《詩篇》所包含的思維方式與現代人的思維方式格格不入。現代人的思維過於抽象化，邏輯性太強，所以現代人根本無法理解希伯來人的讚美詩中非邏輯性的形象思維。那是一種混沌的思維，永遠不會直線向前。而且在古人的認知當中，世上從來都不存在直線型發展的事物。一個形象就是一個在情感體驗中形成的概念，達到圓滿之後，就被另一個形象或者另一個情感性概念接替。古人的情感連續切換過程常常令現代人感到困惑，因為在古人的認知模式中，是各種形象引發了各種不同的感知序列，而現代人的情況卻正好是反過來的，各種不同的感知序列製造了現代人頭腦中的形象。

　　現在我們能夠理解了，當古希臘人真正懂得了如何思考，擺脫了具體形象而開啟了抽象思維，擺脫了物體本身而發現了原理與法則時，他們該是多麼欣喜若狂。在古代，一

---

[280] 《詩篇》的第一篇並不是這樣開頭的。在第二篇裡有類似的問句：外邦為什麼爭鬧？萬民為什麼謀算虛妄的事？此處可能是勞倫斯的模糊記憶，或者約略的概述。

個數字可能意味著一排石頭。那時沒有「七」這個數字，只有七塊卵石或者七個籌碼。早期的畢達哥拉斯派認為，「三」是一個完美的數字，因為當你把「三」拆開來時，你會看到有一個中心守護者，兩邊各有一翼，恰好構成完美的平衡。而「四」——即偶數——卻是不完美的，因為當你把「四」拆開來時，你會看到中間留下一道鴻溝。我們看到，在畢達哥拉斯派的這個觀點中，所謂「三」與「四」就是指排成一列的三塊卵石與四塊卵石。當畢達哥拉斯——或者其他什麼人——突然想到把卵石排成四邊形或者三角形而不是長列時，算術就產生了。把卵石排成四邊形，令人立刻想到乘法；把卵石排成底邊是四塊卵石的三角形，就令人想到了十進位，其構成方式是：1＋2＋3＋4。這就構成了所謂的「自然」數。「所有希臘人與蠻族人都只數到十，然後重新開始數，這是他們自然而然形成的習慣」[281]。

畢達哥拉斯生活在西元前五世紀，在此之前算術並未真正形成，尚且蟄伏在太初的混沌之中。當人們發現了純粹的數字，發現了數字的規律，再也不必借助石頭來計算時，人們該是何等的驚喜！人類的意識也隨之發生了翻天覆地的變化。於是，群星密布的蒼穹，儘管是神靈的居所，卻成了人類研究的物件，人們想知道它受什麼支配，而不是它如何支

---

[281] 這是當時以為名叫波奈特（Burnet）的學者評價畢達哥拉斯的思想時說的一句話。

配萬物。到了西元前 600 年，人類的意識模式發生了根本性
的變化。在此之前，人們相信宇宙是由力量與諸神構成的。
可是到了此時，宇宙淪落至從屬地位，受制於一個更加強大
的力量。在當時的古代世界裡出現了一種新的狂熱本能，促
使人們渴望證明這樣一個觀點，即偉大的諸神都從屬於「獨
一的主宰」。在人們的思想意識中，由諸多國王共同統治的
時代結束了。人與宇宙的直接連繫斷裂了。人與宇宙分隔
了，甚至在某種意義上處於對立的狀態。人決心靠自己的力
量探索宇宙，並最終征服宇宙。從此天地間的偉大構思不再
是宇宙透過大地上國王的統治向人們傳遞生機，而是人類要
團結一致，運用思想的力量來征服宇宙。人必須彼此相愛，
這樣人才能齊心協力實現征服宇宙的目標。然而，真正的征
服者其實是思想。思想就是「一」，是無法拆解的整體。

　　人類意識發生了如此的劇變，這給人類自身帶來雙重影
響。人因為這樣的轉變而欣喜若狂，感覺自己終於逃離了宇
宙的掌控，也逃離了肉體的掌控，因為肉體也是宇宙的一部
分。人覺得自己進入了思想的國度，而思想是永恆不滅的。
但與此同時，人也因此變得倦怠消極，陷入深深的絕望之
中，因為他感到內在的死亡，即肉體的死亡。柏拉圖是對這
個變化最為興奮而激動的人，而他最終卻陷入巨大的悲觀之
中。人們因為發現了思維的規律，發現了思想的原理，發現
了邏輯、語法，而感到興奮難抑、狂喜不止。在柏拉圖的著

作中，蘇格拉底因為擁有了運用理性的能力而陶醉在一種勝利感之中。他真的是醉了！在《對話集》中，我們有時會看到蘇格拉底非常狡點，詭計多端，令人厭惡，他用似是而非的幼稚觀點逗弄對方，以至於我們不禁納悶，那個人怎麼會咽得下這口氣。我們記得他的辯論方式。在當時，辯證法尚屬剛剛出現的新事物，所以任何荒謬結論，只要是用邏輯哪怕是用表層邏輯推導出來的，人們只能啞口無言地接受。古希臘哲學具有濃厚的辯論色彩，可是其中的很多辯論到頭來都只推導出一堆廢話。但這是純思維性的、符合理性的廢話，所以人們就認為這些廢話是可接受的。於是，非理性的真理被當成了廢話，理性的廢話卻被奉為真理。在純哲學領域裡，也就是思考有關人的問題的哲學領域裡，情況也是這樣。就連柏拉圖的「理念論」也不過就是用理性推導出的廢話罷了。但人們仍將之視若圭臬，因為人們堅守的傳統觀念是 —— 理性無價，理式至尊。

　　現在我們懂得，理性不過就是一種功能罷了，就像人擁有的其他功能一樣。而所謂理念，哪怕是柏拉圖的理念，無論我們怎樣為之辯護，其實也不過就是對感性經驗的一種抽象概括。從一些前提中推導出的結論無論有多麼偉大，那前提本身卻是從感性經驗中提煉出來的。意識的起點是感性經驗，這個感性經驗我們可以稱之為「感知」或者其他什麼名稱。而意識的終端是剝離了感性經驗的理性抽象，也就是我

們所說的「概念」、「理念」或其他什麼類似名稱的東西。

　　一切都以感性經驗為基礎。在我們的意識中，原子、電子都是具體可感的東西，否則它們就是空洞的概念。所謂「心靈」也是我們的一種體驗，只不過是一種更為精細微妙的感性體驗。就連上帝，倘若他並非虛無，其實也只是我們的感性體驗。我們的意識所賴以存在的基礎就是感性經驗，意識的感性領域極其深廣，甚至沒有邊界。但是人卻一直在為自己的感性意識劃定邊界，結果就是人必將枯萎，直至死去。

　　人的感性意識，宏大而有力。與感性意識相伴而生的是思維。思維是一種功能，能夠把感性體驗進行抽象化處理。在抽象化過程中，思維建立了另一個現實世界。如果用卵石拼出一個四方形，每個邊都有四塊石頭，那麼總共有十六塊石頭。規律就是如此，永遠不變。無論是卵石，還是人，還是房子，四乘以四永遠等於十六，即 $4 \times 4 = 16$。那麼再看一看，什麼才是真實的？是卵石拼出的正方形，還是那個永恆的定律，四的平方是十六？哪個才是真正的永恆？用十六塊卵石在地面上擺出來的正方形，還是那個永不變化的定律或者理念，$4 \times 4 = 16$？究竟在哪裡可以見到上帝？是在地面上的十六塊卵石裡，還是在那個不可觸摸的「$4 \times 4 = 16$」裡？究竟是哪一個在支配萬物？規律，還是實在的物體？

　　當然，答案是兩者都不是萬物的支配者。世界並不是

由「規律」來支配的。所謂「規律」無非就是事物所具有的相對微妙的屬性。排列卵石時，規律的確是這樣的，$4 \times 4 = 16$。排列房子或人，也是同樣的規律，$4 \times 4 = 16$。實際上這是一切事物的普遍規律，適用於萬物，$4 \times 4 = 16$，沒有例外。這是規則，不容許例外。這個規則支配萬物[282]，四乘以四永遠等於十六，無論是昨天還是今天，永遠都等於十六。這就是永恆的「統治者」。這就是宇宙中的所謂永恆不變、不容爭辯的主宰，即規律。既然各個規律是從人的思維中得來的，那麼這些規律的真正根源必定是一個偉大的「思想」[283]。因此世界的永恆而無限的統治者就是至高無上的「思想」，而這「無上的思想」統治世界的方式就是不斷創造出永恆的「理念」或「規律」。這就是「邏各斯」，這就是柏拉圖的「理念」，也是現代人對「上帝」的理解。肉體必須臣服於這個至高無上的「思想」，一直到死。這就是耶穌。肉體獻祭給「思想」，然後復活，獲得新的生命。當「思想」獲得勝利時，一切罪惡與悲傷、混亂與衝突都將徹底消失。或者當「心靈」取得勝利時，「心靈」便化作一股巨大的衝動，臣服於「思想」。這就是渴望自我犧牲並超越肉體的「心靈」。這樣一來，人人皆為義人，天堂就會降臨大地。

---

[282] 此處勞倫斯的文字略顯混亂。結合整部書，可以判斷勞倫斯在此處是想說明人是如何誤把規律當作萬物的「統治者」的。他在這段中演示了人類認知發生偏差的過程。後面的論述中還有這種現象，譯者無法糾正，也無權糾正，只好懇請讀者自行分析辨認。

[283] 此處原文是大寫。

　　柏拉圖相信，所謂幸福就是指用「思想」控制肉體。換句話說，這就是他所信仰的「哲學王」。所謂「哲學王」就是古希臘意義上的舊式專制者，這位專制者接受理性、哲學以及永恆的「思想」的統治。國王統治國家，「思想」統治國王。柏拉圖認為，這樣就可以建立起一個理想的國度。柏拉圖曾擔任一位僭主的顧問[284]，但相當不成功。用思想來掌控國王這種做法一點作用也沒有。事實上，歷史上的那些遵循某種思想來管理國家的國王，無論是遵循自己的思想還是遵循他人的思想，都把國家搞得一團糟，甚至給子孫後代留下了最為千瘡百孔的爛攤子。國王的必備素養是品格，而思想對品格的形成只能發揮有限的作用。

　　所以，由「思想」統治的國家與毫無思想的國家一樣，都是令人感到痛苦的。[285] 因此，真正的錯誤在於王國這種體制，統治這種行為本身就是錯的。不要再有什麼國王或者統治者了，也不要有什麼統治。讓人們聽從內心裡「靈」的召喚吧！現在我們知道了，所謂「靈」，就是一種臣服於「思想」、「規律」或他人並渴望犧牲「自我」的意志。「思想」說，應該由「美好的理性」實施統治，肉體就忍不住歡呼表示贊同。這就是雪萊。世俗的國王與統治者統統是邪惡的。根本就不應該對國家進行統治，若要進行統治也應該

---

[284] 柏拉圖與古希臘敘拉古的僭主（tyrant）狄奧尼西奧斯一世以及其繼任者關係甚密。

[285] 這一段裡，勞倫斯是在進行反諷，讓讀者明白理性主義信仰的謬誤所在。

是「愛」的統治，所謂「愛」就意味著臣服，臣服於寄身在「靈」之中的甜美理性。

這個過程非常漫長：徹底消滅君主統治，徹底消滅統治人類心靈的一切力量，把人與宇宙割裂開來，讓人感受不到古老的宇宙對自己的主宰；最後，逆轉千百年來的統治秩序：人類聯合起來，統治宇宙，讓思想統治事物，實現人子的統治——所謂人子就是人的心靈與思想。於是基督教中的偉大的千年統治就真的實現了。

預言中的千年統治距離我們只有一步之遙。古老的君主統治制度已經徹底覆滅。任何人都不是統治者。人集合成群體，不同群體間會時常發生衝突。人類發明了飛機、無線電、汽車，思想對宇宙的征服就在這些事件中逐步完成。如此說來，此時此刻就應該實現千年統治。

唉，一切都已經步入歧途。世界行將毀滅，人類的福祉愈發遙不可及。

人類已經鑄成了大錯。「思想」絕不可以成為統治者，「思想」只不過是一個工具。自然規律並不「統治」萬物。簡單來說，「自然規律」僅僅是「事物」[286] 的共同屬性。比如，「事物」的一個共同屬性就是，任何物體都要占據一定的空間。$4 \times 4 = 16$ 不是「真實」，也就是說，它本身並不真實存在。它只是萬物所共有的永恆屬性，其永恆性被人

---

[286]　此處原文是大寫。

類的頭腦意識到了而已。這就好比「甜」是糖的屬性一樣。
理念並不是現實的統治者，理念也不是現實的創造者，理念
僅僅是人在某些事物中發現的特性。邏各斯也是一樣。邏
各斯就是人類從事物中提煉出永恆的屬性並牢記這些屬性的
能力。上帝也無外乎如此。我們設想出來的上帝與邏各斯一
樣，並不能創造出任何事物。我們所理解的上帝是偉大而全
知的，甚至或許就是所有萬物的總和，但祂什麼也「做」不
了。我們頭腦中的上帝沒有具體的存在形式，也不是實體，
祂僅僅是「思想」；上帝其實是偉大的「衍生物」。是上帝從
宇宙之中「衍生」而來，而不是宇宙從上帝之中衍生而來。
上帝從宇宙之中衍生而來，這就如同每一個理念都是從宇宙
中衍生而來一樣。

　　宇宙不是上帝。上帝不過是一個概念，宇宙卻是真實存
在的。卵石是真實存在的，$4 \times 4 = 16$ 不過是卵石的一個屬
性。人是真實存在的，思想僅僅是人的一個屬性。宇宙當然
具有意識，但那是因為宇宙中的老虎、袋鼠、魚、水螅、海
藻、蒲公英、百合、蚯蚓以及人擁有意識。不要再講水、岩
石、太陽以及星辰也具有意識之類的話了。真正的意識源於
接觸。而思想卻脫離了與萬物的接觸。

　　全部問題的關鍵就在於，人的意識具有雙重性。接觸，
保持接觸，這是全部意識的基礎，而且這是獲得持久幸福的
基礎。但思維只不過是意識的從屬形式，思想是存在的從屬

形式，它脫離了與現實的接觸，永遠保持明晰，以便在真實的接觸中做出恰當的調整。

　　人啊，可憐的人，不得不學會同時掌握這兩種意識形式。如果人處於與世界相接觸的狀態中，那麼他就是處於非思維的狀態，他的頭腦相對停滯下來，而他肉體裡的各個意識中心則變得活躍起來。當人的頭腦變得活躍起來，進行真正的思維活動，那麼肉體裡的意識中心就沉靜下來，甚至關閉了，於是人就脫離了與現實的接觸。動物始終活在觸覺之中。而人，尤其是可憐的現代人，一心崇拜他的上帝，儘管那上帝不過就是他自己思想的映射。他因此而永遠地脫離了與真實世界的接觸。倘若一直與真實世界保持接觸，他就會時常感到自己被這種接觸感囚禁起來了。但是如果永遠脫離了與現實的接觸，人最終會陷入極度的痛苦，因為這是一種虛無的狀態，不知自己為何物，也不知自己身在何處，同時感受到一種痛苦與萎靡，並習慣於這種痛苦與萎靡。

　　上帝究竟是什麼？宇宙是有生命的，但宇宙並不是上帝。儘管如此，如果我們與宇宙保持接觸，宇宙就會給予我們生命。而偉大的主宰者是生命本身，生命真實地存在於宇宙之中，宏偉而精妙。如果我們融入生命，我們就會成為它的一部分。但假如我們妄想用「思想」征服生命，那麼我們就是在與偉大的宇宙為敵，痛苦與悲傷將如洪水般把我們吞沒。如果這樣，那麼在宇宙中運行的星辰將像上帝的碾石一

般反覆碾壓我們，直至我們化作齏粉，灰飛煙滅。我們只有依靠宇宙才能活著，也只能活在宇宙之中。凡是能夠與宇宙密切接觸的，就能夠為我們帶來生命，這才是名副其實的統治者。反之，凡是否定宇宙並竭力征服宇宙的，無論是用思想還是用心靈亦或是用機械，都是死亡的傳播者，是人類的真正敵人。在《天啟》中，聖約翰竭力用思想征服宇宙，而這正是千年統治的含義——首先，整個基督教會，連同邏各斯或者「思想」，將被世俗的君主們摧毀；然後基督將再次降臨，殉道者們則統統成為君主，統治人類一千年；因為到那時，原來的統治者都已經被推翻並被投入地獄；最後，一千年之後，也就是殉道者的統治時期結束之後，偉大的「末日」就會來臨，整個宇宙將不復存在，上帝將進行最後的審判。

　　他們，這些靠著思想和心靈活著的人，在內心深處是多麼盼望宇宙被徹底毀滅啊！他們所做的一切努力就是為了征服世界，然後毀滅世界。但是啊，他們只能毀滅地球，毀滅生命，毀滅人類，卻無法毀滅宇宙。人不可能毀滅宇宙，這一點毋庸置疑。但是還有一點也是毋庸置疑的，那就是宇宙可以毀滅人類。人終將毀滅自己，因為他一直與宇宙對抗。或許這就是人的宿命。

　　「思想」尚未形成的時候，人類一點也不愚蠢。

電子書購買

爽讀 APP

國家圖書館出版品預行編目資料

末日啟示錄，大衛‧赫伯特‧勞倫斯論「天啟」：批判理性主義 × 正視自然本質，重新詮釋《啟示錄》，一部關於人類浩劫的預言 / [英] 大衛‧赫伯特‧勞倫斯（D. H. Lawrence）著，程悅 譯 .-- 第一版 . -- 臺北市：崧燁文化事業有限公司，2024.01
面；　公分
POD 版
ISBN 978-626-357-892-0(平裝)
1.CST: 勞倫斯 (Lawrence, D. H. (David Herbert), 1855-1930) 2.CST: 啟示錄 3.CST: 聖經研究
241.8　　　112020952

末日啟示錄，大衛‧赫伯特‧勞倫斯論「天啟」：批判理性主義 × 正視自然本質，重新詮釋《啟示錄》，一部關於人類浩劫的預言

臉書

作　　　者：[英] 大衛‧赫伯特‧勞倫斯（D. H. Lawrence）
譯　　　者：程悅
發 行 人：黃振庭
出 版 者：崧燁文化事業有限公司
發 行 者：崧燁文化事業有限公司
E - m a i l：sonbookservice@gmail.com
粉 絲 頁：https://www.facebook.com/sonbookss/
網　　　址：https://sonbook.net/
地　　　址：台北市中正區重慶南路一段六十一號八樓 815 室
Rm. 815, 8F., No.61, Sec. 1, Chongqing S. Rd., Zhongzheng Dist., Taipei City 100, Taiwan
電　　　話：(02) 2370-3310　　　傳　　真：(02) 2388-1990
印　　　刷：京峯數位服務有限公司
律師顧問：廣華律師事務所 張珮琦律師

定　　　價：399 元
發行日期：2024 年 01 月第一版
◎本書以 POD 印製